효과적인 예비교사교육을 위한 뇌 기반

영유아 건강교육 2판

「2019 개정 누리과정」, 「제4차 표준보육과정」 반영

양수영 저

Health Education for Young Children

학지사

이 저서는 2016년 대한민국 교육부와 한국연구재단의 지원을 받아 수행된 연구임
(NRF-2016S1A5A8020262)

머리말

'건강'은 삶의 질과 직결되는 것으로 행복한 삶을 영위하기 위해서는 일생 동안 건강에 대한 관리가 매우 중요하다고 할 수 있다. 건강은 의도적인 관리 없이 저절로 유지되지 않는다. '건강한 삶'을 살기 위한 의도적인 관리를 하려면 건강에 대한 바른 인식을 가져야 하며, 올바른 인식에 기초한 생활습관 형성이 매우 중요하다.

건강에 대한 인식과 건강습관 형성은 생애 초기에 학습되고, 생애 초기의 학습 효과는 평생 지속된다고 할 수 있다. 이러한 이유에서 미국에서는 만 5세 이하 영유아가 있는 가정을 대상으로 가정방문을 통해 건강교육(Meternal Infant and Early Childhood Home Visiting Program: MIECHV)을 실시해 왔고, 영국 등 일부 선진국에서는 만 2세 이하 영아가 있는 가정을 대상으로 교육을 실시하던 데서 최근 만 5세까지 그 교육의 폭을 확대해 나가고 있다. 하지만 가정방문 교육이 일회성에 그치고 있다는 지적이 있어 영유아 교육기관을 통해 지속적인 양질의 건강교육이 이루어질 필요가 있다.

교육기관에서의 질 높은 건강교육이 이루어지기 위해서는 건강교육을 실천하는 교사의 수행능력이 매우 중요하다. 그러므로 향후 교사가 될 예비교사들을 대상으로 건강교육 수행능력을 증진하도록 교육하는 것이 필요하다.

이 책은 예비교사들이 효과적으로 건강교육 수행능력을 증진하도록 뇌 과학 연구 결과에 기반하여 개발되었다. 개발 원리는 다음의 2가지로 설명할 수 있다.

첫째, 예비교사들의 학습효과를 증진하고자 성인기 뇌 발달 특성에 맞추어 교수단계를 조직하여 각 장의 내용을 구성하였다.

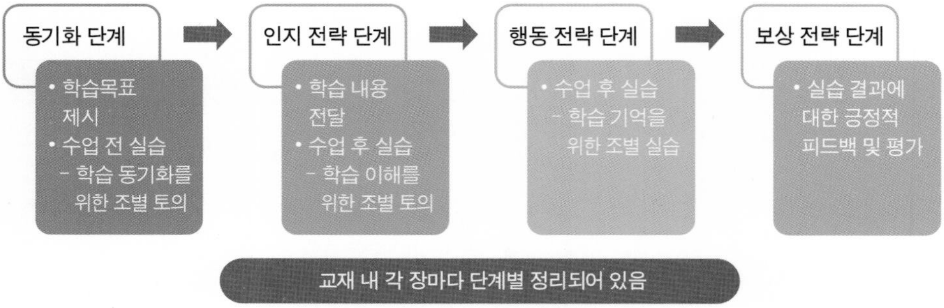

뇌 기반 교수 단계에 따른 교재 구성

교재 내 각 장마다 동기화 단계, 인지 전략 단계, 행동 전략 단계, 보상 전략 단계의 내용이 순서대로 구성되어 있어 이 책을 활용하여 교육을 함으로써 예비교사들은 효과적으로 학습 내용을 이해하고, 학습한 것을 이후 현장에서 실천할 수 있는 능력을 기를 수 있게 된다. 이러한 예비교사 대상 뇌 기반 교육의 교육적 효과는 저자의 관련 연구 결과들을 통해서 이미 밝혀져 왔다.

둘째, 예비교사의 학습자가 될 영유아가 효과적으로 건강교육의 내용을 이해하여 바른 인식을 갖고 올바른 건강습관을 형성하도록 돕기 위해 영유아의 뇌 발달 특성에 적합한 교수 · 학습 방법을 포함한 실제 건강교육 활동안을 제시하였다. 영유아 뇌 발달 특성에 따른 건강교육 교수 · 학습 방법은 주로 실제 편의 주된 구성 방향이며, 이론 편의 영유아 대상 교육 내용 조직 및 교수 · 학습 방법에도 구체적으로 적용되어 있다. 이를 통해 예비교사들은 미래 학습자인 영유아의 효과적 학습 효과까지도 고려한 건강교육을 이해할 수 있을 것이다.

이 책의 건강교육 내용은 크게 이론 편과 실제 편으로 나뉘어 있으며, 이론 편에서 배운 내용을 실제 편을 통해 교육으로 어떻게 수행해야 하는지를 서로 관련지어 이해하고 실천해 볼 수 있다. 이론 편과 실제 편 모두 건강교육의 내용을 총 5가지 항목으로 구분하여, 3~4장의 운동, 5~6장의 영양, 7장의 생활습관, 8장의 정신건강, 9~10장의 안전습관으로 제시하고 있다. 또 각 항목별로 영아와 유아를 구분하여 관련 건강교육 내용을 제시함으로써 다른 책과 달리 영아 대상 건강교육에 대한 충실한 이해가 이루어지도록 돕고 있다. 실제 편에서도 영아를 위한 교육의 실제가 유아와 구분되어 제시된다는 점이 다른 교재들과의 큰 차이점이라고 할 수 있다.

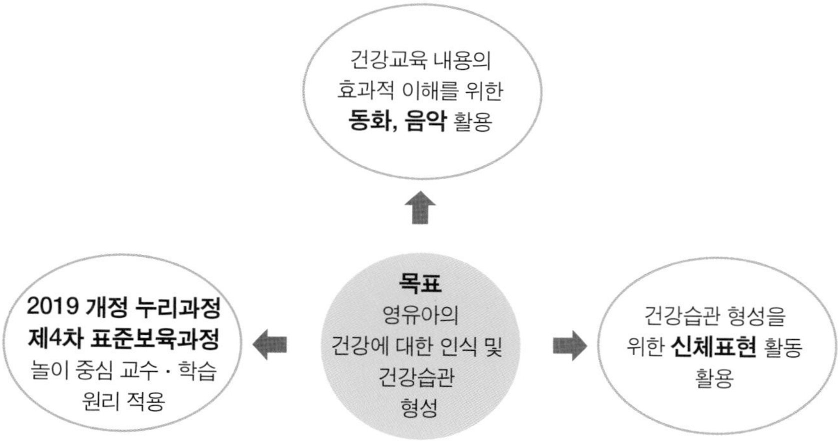

영유아 뇌 발달 특성에 따른 건강교육 교수 · 학습 방법 구성

이 책은 대학에서 영유아 건강교육을 가르치는 교재로 활용되어, 예비교사들이 건강교육에 대해 효과적으로 이해하고 향후 교육현장에서 실천력을 증진할 수 있는 결과가 있으리라고 기대할 수 있겠다. 또한 영유아를 둔 가정에서도 부모 등 양육자들이 이 책을 참고하면 가정 내 건강교육에도 큰 도움이 될 것이라고 기대한다.

이 책이 나오기까지 뇌 기반 건강교육 프로그램 개발 연구에 도움을 주신 한국연구재단과 한양대학교 소아정신과 교수님 등 여러 교수님께 감사를 드리며, 책이 출판될 수 있도록 도움을 주신 학지사의 직원분들께도 감사의 마음을 전한다.

2021년 1월
저자 양수영

차례

Part 1

이론편

Chapter

01

영유아 건강교육의 필요성과 목적

이 장에서는 예비교사들로 하여금 영유아 건강교육의 실천력을 증진하기 위한 태도 및 신념을 기르도록 돕고자 한다. 이를 위해 영유아를 대상으로 하는 건강교육이 필요한 이유를 구체적으로 정리하고, 영유아 건강교육의 목적을 제시하였다. 이를 통해 예비교사들은 영유아를 대상으로 하는 건강교육의 필요성과 목적을 이해하고, 현장에서 영유아 건강교육을 실천하기 위해 필요한 태도 및 신념을 기를 수 있다.

학습목표

영유아 건강교육의 필요성과 목적을 이해하고, 영유아를 대상으로 건강교육을 수행하는 데 있어 교사의 중요성을 설명할 수 있다.

수업 전 실습

학습 동기화를 위한 조별 토의

✿ 영유아 건강교육의 필요성을 한 가지씩 생각해 보고, 조별로 생각을 나눠요.

생각에 도움이 될 만한 질문

- 예비교사들에게 '영유아 건강교육' 과목은 왜 필요할까요?
- 특별히 '영유아기'에만 정규 교과로서 건강교육을 실시하는 이유는 무엇일까요?

I. 건강 및 건강교육의 개념

1) 건강의 개념

건강이란 삶의 질과 직결되는 것으로 행복한 삶을 영위하기 위해서 매우 중요하다. 또한 인간 생명과 가치의 근본으로, 이를 기초로 하여 모든 인간의 활동이 이루어진다. 한자 풀이를 통해 그 개념을 구체적으로 파악해 보면, '건(健)'은 신체적으로 튼튼함을 의미하며, '강(康)'은 정신적으로 편안함을 의미한다. 따라서 건강이란 신체적인 안녕과 정신적인 안녕을 모두 의미한다고 할 수 있다.

건강의 개념은 현재까지 다음의 변화를 거쳤다. 과거 17~18세기 인간의 이성을 통한 깨우침을 강조한 계몽주의의 대표적 학자인 로크(Locke)는 건강한 정신은 건강한 신체에서 비롯된다고 보고, 영유아기 신체 단련을 통한 신체적 건강을 중시하였다. 이후 19세기에 들어서는 낭만주의, 신인문주의의 영향으로 이성으로 설명할 수 없는 인간의 감정과 내면을 탐구하기 시작하면서 신체적 측면뿐만 아니라 정신적 측면의 건강도 함께 중시하였다. 20세기 들어서는 그 의미가 더욱 확장되어 세계보건기구(World Health Organization: WHO)의 정의에 따르면 '건강이란 질병이 없고 허약하지 않을 뿐만 아니라 신체적 · 정신적 · 사회적으로 완전히 행복한 상태'를 의미한다. 즉, 신체적 건강과 정신적 건강, 사회적 건강을 모두 강조하며, 이 세 가지 건강영역이 조화롭게 유지된 상태가 '건강함'임을 주장하고 있다. 세계보건기구가 언급한 세 가지 건강영역의 의미를 살펴보면 다음과 같다.

신체적 건강이란 생명유지, 신체 발달과 관련한 것으로 생명과 직결될 수 있다는 측면에서 매우 중요하게 여겨진다. 신체적 건강은 안색이나 외모, 체격 등을 통해 그 건강상태를 쉽게 파악할 수 있다.

정신적 건강이란 정서적 · 심리적으로 평안한 상태를 의미한다. 심리적 행복감과 관련이 크다. 하지만 신체적 건강과 달리 그 건강상태를 겉으로 파악하기가 힘들다.

사회적 건강이란 타인과의 건강한 관계를 의미한다. 사회적 차원에서 건강한 사람은 적절한 대인관계기술을 활용해 다른 사람과 관계 맺는 것에 편안함을 느끼고

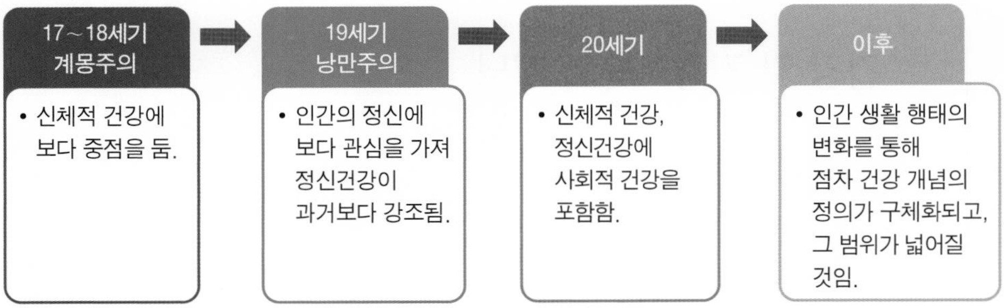

[그림 1-1] 건강 개념의 변화

타인의 입장을 이해하며 배려한다. 영유아기 사회적 건강과 관련하여서는 또래관계 속에서의 사회적 건강도 중요하지만, 영유아가 주변 어른들과의 사회적 관계를 건강하게 맺는 것도 중요하다. 즉, 어른들과의 관계 속에서 예의 바르기를 강요당하는 희생적 수직관계가 아닌, 건강한 관계를 맺을 수 있도록 돕는 것이 필요하다. 이는 영유아 안전과도 관련이 있다. 예를 들어, 성학대나 유괴 등은 영유아가 주변 어른으로부터 당하는 것이 대부분이고, 우리 사회가 영유아에게 예절 바르기만을 강요했기 때문이라고 할 수 있다. 따라서 영유아가 자신의 안전을 지키기 위해 어른들의 의도를 파악하여 예의 바른 행동과 예의 바른 거절을 적절히 실천할 수 있도록 교육하는 것이 중요하다. 이는 영유아기 건강교육에서 그동안 간과되어 온 것으로 이에 대한 교육을 통해 어른들로부터의 성폭력이나 유괴 등 위험 상황을 예방하도록 도와야 할 것이다. 이러한 신체적 · 정신적 · 사회적 건강이 유지되면 개인은 보다 행복하고 성공적인 삶을 영위할 수 있으며, 더 나아가 건강하고 행복한 사회를 조성할 수 있을 것이다.

이상에서 본 바와 같이 건강의 개념은 시대가 변화하면서 점차 구체화되고, 보다 그 범위가 넓어지고 있다. 인간생활의 행태가 변화함으로써 건강의 개념이 변화하는 것이다. 따라서 이후에도 건강의 개념은 더욱 구체화되고, 확장될 것이라고 전망할 수 있겠다.

2) 건강교육의 개념

앞의 건강 개념을 통해 다음의 건강교육의 영역을 5가지로 구체화할 수 있다.

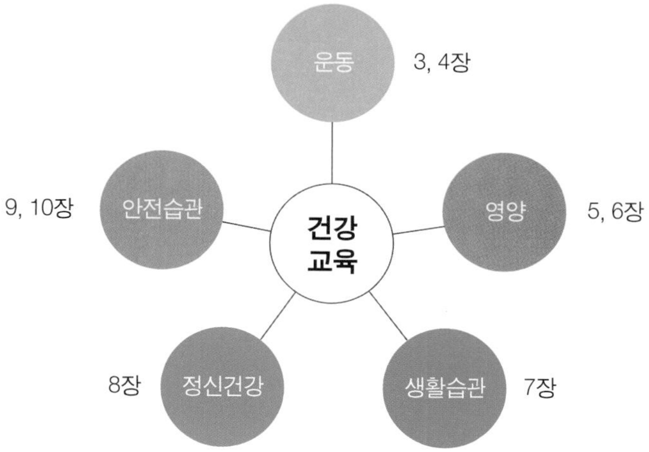

[그림 1-2] 건강교육 영역(관련 교재 장)

[그림 1-2]와 같이, 영유아 대상 건강교육을 위해서는 발달에 적합한 신체운동능력 증진을 위한 교육이 필요하며, 음식과 영양 간의 관계, 영양과 건강과의 관계 이해를 통해 스스로 균형 있는 영양 섭취를 할 수 있도록 돕는 교육이 필요하다. 또한 면역력 증진 및 질병 예방을 위한 손 씻기, 양치질 등의 생활습관 교육이 요구되며, 영유아 정신건강을 돕는 교육이 필요하다. 마지막으로, 안전습관 교육을 통해 영유아가 스스로 위험에서 자신을 보호하는 능력을 기를 수 있도록 도와야 한다.

따라서 영유아 건강교육은 [그림 1-3]과 같이 앞서 언급된 건강 개념을 토대로

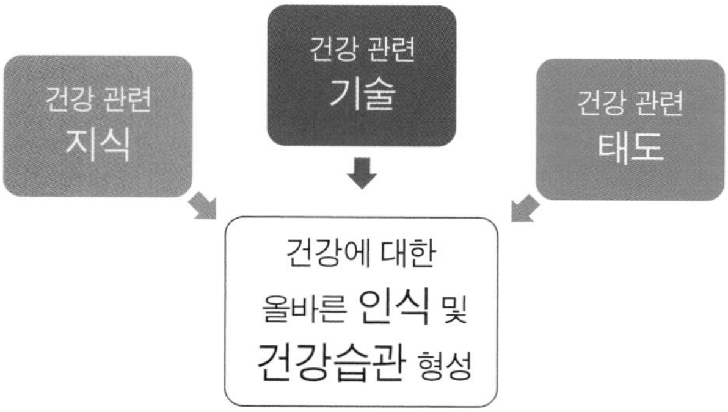

[그림 1-3] 영유아 건강교육의 개념

구체화한 5개 교육영역에 대해 영유아에게 건강을 관리할 수 있는 지식과 기술, 태도를 가르쳐 건강에 대한 올바른 인식 및 건강습관을 형성하도록 돕는 것이라고 할 수 있다. 미국건강교육협회(American Association for Health Education)에서는 건강은 관리 없이 저절로 유지되는 것이 아니므로 건강한 삶을 영위하기 위해서는 반드시 건강교육이 이루어져야 하고, 건강교육을 위해서는 건강과 관련된 지식, 기술, 태도를 가르쳐 건강에 대한 올바른 인식 및 건강습관이 형성되도록 해야 한다고 주장하였다.

2. 건강교육의 필요성

1) 환경의 변화로 인한 필요성

현대사회는 영유아들이 건강을 잘 유지할 수 없는 환경이라고 해도 과언이 아니다. 과거 영유아가 생활하던 환경은 대체로 건강한 환경이었지만, 현대사회는 다양한 원인들로 인해 건강을 영유아 스스로 지키기에는 어려우며, 가정 내 문제로만 방치하기에도 난해한 문제들이 있다. 따라서 환경 변화 특성에 따라 영유아에 적합한 건강교육이 이루어지도록 교육기관에서 적극적 교육을 수행해야 하며, 이를 통해 환경 변화에 대처하는 건강관리가 제대로 이루어지도록 해야 한다.

첫 번째 환경 변화는 급속도로 이루어진 산업화로 인해 공기 및 수질 오염의 문제가 심각해진 것이다. 특히, 대기오염과 관련해서는 [그림 1-4]와 같이, 최근까지 미세먼지 농도는 계속적으로 증가하고 있고, 이에 따른 사망자 수도 증가하고 있다. 대국민 캠페인을 통해 미세먼지 농도에 대처하는 방법이 대중적으로 잘 알려지고는 있지만, 미세먼지가 건강에 왜 위험한지, 대처 방법은 왜 적절한 것이며, 어떤 점에서 적절하다고 할 수 있는지 등에 대한 의식적, 자발적 대처 행동을 이끌어 내는 교육의 수준은 아니라고 할 수 있다. 장나리(2019)의 연구 결과에서도 미세먼지에 대한 인식수준은 높지만, 생활 속에서 대처 행동을 실행하는 수준은 낮다고 보고되었다. 따라서 적극적 건강교육을 통해 환경 변화에 대처하여 자발적, 의식적 행동을 지속적으로 이끌어 낼 수 있는 실천적 교육이 필요하다고 할 수 있다.

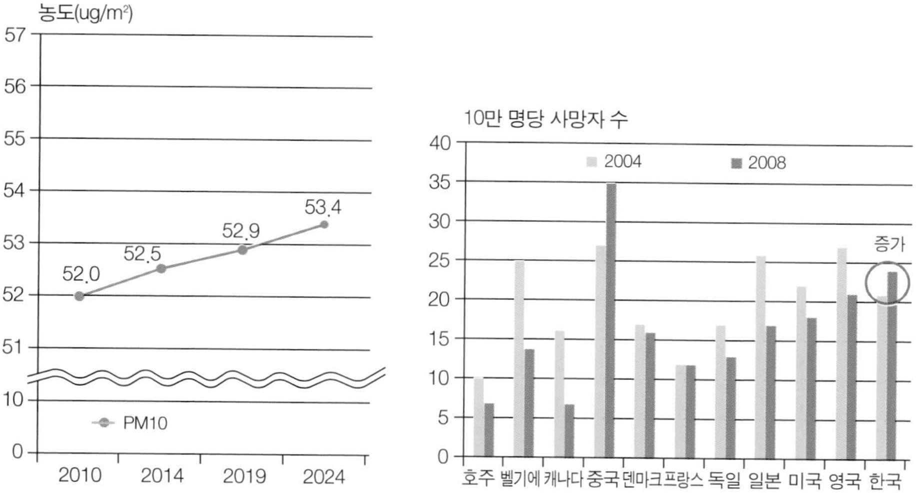

[그림 1-4] **미세먼지 오염도 전망 및 국가별 대기오염으로 인한 사망자 수**

출처: 환경부 (2013). 제2차 수도권 대기환경관리 기본계획.
수도권 대기환경청 (2013). 제2차 수도권 대기환경관리 기본계획 수립.

두 번째 환경 변화는 과학기술의 발달로 인한 생활행태의 변화를 들 수 있다. 과거 또래와 바깥에서 뛰어놀며 상호작용하던 영유아는 점점 인간을 마주하는 시간보다 정적인 자세로 기계를 마주하는 시간이 점점 길어지고 있다. 한국인터넷진흥원이 조사한 결과에 따르면, 영유아 인터넷 이용률이 전체 50%를 넘어서며 꾸준히 증가하고 있다고 지적하였다(미래창조과학부, 한국인터넷진흥원, 2016).

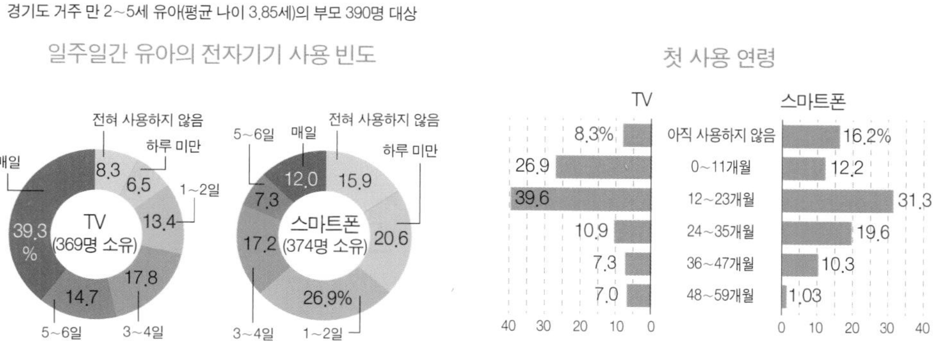

[그림 1-5] **유아 TV 스마트폰 사용실태 조사 결과**

출처: 이재윤 (2018. 05. 30.).

[그림 1-5]에서도 유아들의 전자기기 사용 빈도가 높은 수준이며, 처음 사용하는 연령도 만 2세 이전이 절반 이상임을 알 수 있다. 또한 류미향(2014)에 따르면 스마트폰 앱의 경우에는 부모들이 영유아에게 스마트폰 앱 사용의 경험이 필요하다고 인식하고 있어 매우 허용적으로 스마트폰 앱 사용이 무분별하게 이루어지고 있음을 알 수 있다. 하지만 양수영(2017)의 연구에서 스마트폰과 인터넷 사용 등의 경험은 미래사회에 대비해 유아에게도 필요하지만, 반드시 적절한 교육방법을 활용해 이루어져야 한다고 주장하고 있다. 무분별한 허용적 태도는 영유아의 시각 발달 및 인지 발달 등 전반적 건강에 악영향을 미치며 그 효과가 장기적으로 지속되어 나타나기 때문이다. 따라서 적극적 건강교육을 통해 미래사회에 대비한 적절한 교육이 이루어지도록 해야 할 것이다.

세 번째 환경 변화는 주거형태의 변화로 인해 아이들의 신체활동이 제한되고 있고, 여러 사회범죄 및 교통안전 등의 위험성 때문에 실외놀이의 시간마저 줄어들고 있다. 김정연(2010)의 연구에서도 과거와 다른 환경 변화로 인해 부모들조차 대처 방법을 생각해 내기 쉽지 않아 단순히 영유아의 실외놀이를 제한하고 있고, 이러한 실태는 영유아의 신체운동 건강에 적합하지 못한 것으로 인식하고 있음을 알 수 있었다. 따라서 교육기관에서 영유아 발달에 적합한 신체운동 건강과 관련한 다양한 실외활동을 통해 건강교육이 이루어질 필요가 있으며, 실외놀이 시 발생할 수 있는 다양한 위험 요소에 대해 안내하고, 이를 인식하여 적절한 대처행동을 실천할 수 있도록 교육하는 것이 적절하다고 할 수 있다.

〈표 1-1〉 가정에서의 실외놀이 실시 충분 여부 *N*(%)

구분		계
가정에서의 실외놀이 실시 충분 여부	예	37(23.9)
	아니요	118(76.1)
계		156(100.0)

출처: 김정연 (2010).

〈표 1-2〉 실외놀이 실시의 어려움

N(%)

구분	계
안전문제	49(31.6)
시설문제	26(16.8)
다양한 놀이 프로그램 부족	45(29.0)
사교육으로 인한 놀이시간 부족	3(1.9)
함께 놀이할 또래의 부족	26(16.8)
자녀와 함께 할 시간적 여유 부족	68(43.9)
기타	2(1.3)
계	155(100.0)

출처: 김정연 (2010).

그 외에도 영유아의 건강에 영향을 미치는 다양한 환경 변화가 있을 것이다. 이러한 환경 변화는 과거와 다르기 때문에 건강교육을 단순히 가정 내 교육으로 방치하는 경우, 영유아들의 건강은 잘 지켜지기가 어려울 수 있다. 또한 이를 해결하기 위해 정책을 마련하는 데도 한계가 있다. 이에 변화하는 환경에 대처하는 건강능력을 증진하도록 돕기 위해서는 영유아들에게 건강한 환경이 무엇이고, 건강하지 못한 환경에서 건강하기 위해 실천할 수 있는 행동 및 기술을 알려 주는 등 건강 증진을 돕는 기관에서의 적극적 교육이 필요하다.

신종 코로나 바이러스 감염증(COVID-19) 예방 수칙

손바닥, 손톱 밑 등
꼼꼼하게 손 씻기

외출 시
반드시 **마스크 착용하기**

기침할 땐
옷소매로 가리기

최근 신종 코로나 바이러스 감염증(COVID-19)과 관련하여 정부의 예방수칙이 발표되었으나, 잘 지키지 않은 사람들이 있어 확진자 수가 계속적으로 증가하였다. 환경 변화에 따른 건강 위험 요소는 무엇이고, 예방 수칙들이 왜 건강을 지키기 위해 적절한 것인지 알도록 함으로써 보다 의식적 행동을 이끌어 낼 수 있는 적극적 교육이 필요하다고 할 수 있다.

출처: 질병관리본부 (2020).

2) 영유아기 발달적 특징으로 인한 필요성

영유아기 발달적 특징으로 인한 필요성을 살펴보기에 앞서, 발달의 개념에 대해 살펴보는 것이 필요하다. 발달은 성장, 성숙, 학습으로 구분하여 살펴볼 수 있다. 성장(growth)은 주로 유전적 요인에 의한 신체의 양적인 변화를 의미하는 것으로 몸무게와 키 변화 등이 속한다. 성숙(maturation)은 주로 유전적 요인에 의한 신체 기능의 질적인 변화를 의미하는 것으로 신경계와 면역계 변화 등이 속한다. 하지만 환경적 요인이 성숙에 미치는 영향력 또한 간과할 수 없다. 학습(learning)은 주로 환경적 요인에 의한 여러 경험을 통한 변화를 의미하는 것으로 인지적 능력의 변화 등이 속한다.

(1) 영유아기 발달은 이후 발달(성숙)의 기초이며, 누적된다.

영유아기는 생의 초기로서 전 생애에서는 아주 짧은 기간이지만 이 시기 발달은 이후 발달(성숙)의 토대가 된다. 성숙은 발달의 하나로 신체 기능의 질적인 변화를 의미한다. [그림 1-6]에서와 같이 사람의 발달곡선을 살펴보면, 생식기계를 제외하고 영유아기 면역계, 신경계, 기타 신체 기능 발달이 급격하게 일어나고, 이후 발달의 기초가 됨을 알 수 있다.

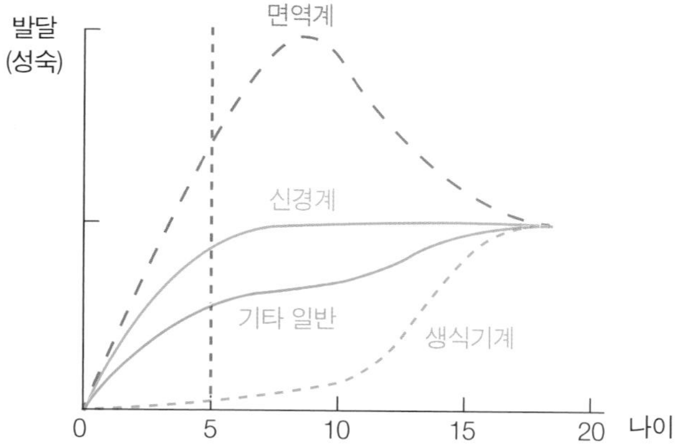

[그림 1-6] **사람의 발달곡선**

출처: 국가건강정보포털 (2010).

[그림 1-7]과 같이, 시력은 생후 2~3개월에 급격해 발달해 생후 1년이 되면, 거의 성인수준과 가까워지지만, 약 7~8세가 되어서야 거의 완성된다고 할 수 있다. 따라서 시력 발달이 진행되는 과정에서 영화관에서 영화를 보여 준다든지, TV 화면이나 스마트폰 사용을 무분별하게 허용한다든지 등의 나쁜 환경적 요인을 제공하는 경우 평생의 시력에 악영향을 미칠 수 있다.

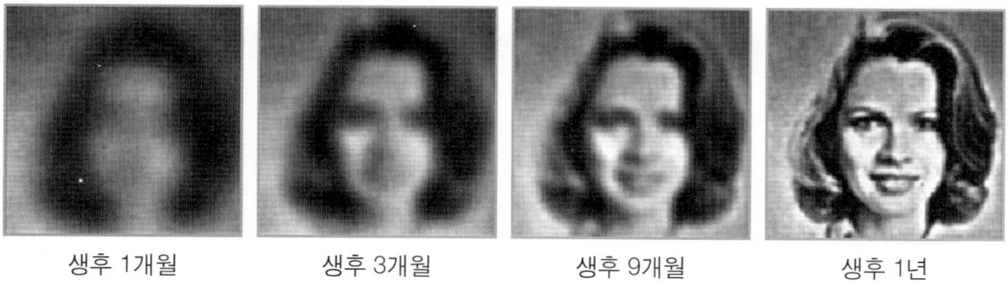

[그림 1-7] **생후 1년 동안의 시각 발달**

출처: Valenti (2006).

이는 Blackmore와 Mitchell(1973)의 연구에서도 밝혀진 것으로, 고양이를 낳자마자 어두운 우리 속에서 가두어 빛을 보지 못하게 하여 길렀더니 그 후 정상적인 환경으로 돌아온 후에도 시력이 좋아지지 못하고, 계속 시력장애를 보였다.

따라서 영유아의 올바른 신체 기관의 성숙을 위해 기관에서의 적절한 건강교육이 필요하며, 가정과의 연계까지 도모할 수 있어야 할 것이다.

(2) 영유아기는 발달(학습)의 최적기(결정적 시기)이며, 불가역적 특성을 지닌다.

영유아기는 발달(학습)의 결정적 시기라고 할 수 있다. 결정적 시기란, 발달을 하는 데 최적의 시기이며, 그 이후 아무리 좋은 환경적 요인을 제공해도 적절한 발달을 기대하기 어려움을 의미한다. 학습은 성숙과 유사하며, 질적인 변화를 의미하나, 환경적 요인인 경험과 연습을 통해 변화가 이루어진다. 따라서 영유아 시기 경험이 발달을 좌우하고, 이 시기가 지나면 아무리 좋은 경험을 제공한다고 하더라도 양질의 발달을 기대하기는 어렵다고 할 수 있다. 이를 발달의 불가역성(不可逆性)이라고 말한다. 즉, 이 발달의 최적기에 형성되지 못한 발달은 이후 보완되거나 교정하기가 매우 힘들다는 의미이다. 예를 들어, 동물행동학자인 Lorenz 박사는 애착 형성의 결정적 시기를 주장하였는데, 어미 거위가 낳은 알을 두 집단으로 나누어 한 집단은 어미 거위가 부화시켰고, 다른 집단은 부화기에서 부화를 시켰다. 부화하자마자 어미 거위를 본 집단의 새끼 거위들은 어미 거위를 따르는 반면, 부화기에서 나와 로렌츠 박사를 본 새끼 거위들은 로렌츠를 따라다녔다. 즉, 로렌츠를 어미라고 여긴 것이다.

그리고 모글리 신드롬(Mowgli Syndrome)은 사람이 적절한 시기에 적절한 교육을 받지 못하면, 이후 아무리 좋은 교육을 받아도 정상적 발달이 어려운 현상을 의미한다. 이와 관련한 것이『정글북』동화에 나오는 주인공 모글리이며, 실제로 1996년 나이지리아의 한 숲에서 발견된 아이는 생후 6개월에 버려져 2년 반 동안 침팬지에게서 자랐다. 발견된 아이는 곧바로 적절한 교육을 받았지만, 결국 언어 발달의 문제와 사회성의 문제를 극복하지 못하였다. 또한 Arthur(2013)에 따르면, 인간의 성격 발달도 영유아기가 결정적 시기로, 이때 양육자들과의 생활 경험이 성격 형성에 매우 중요한 영향을 미친다고 한다.

김영훈(2012)이 언급한 발달영역별 결정적 시기를 그래프로 나타내면 [그림 1-8]과 같다.

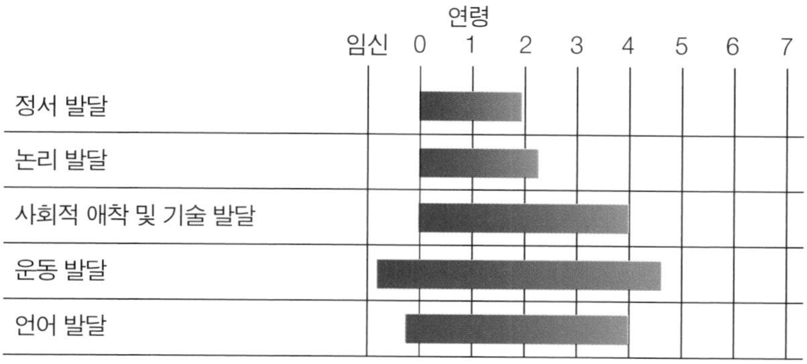

[그림 1-8] 발달영역별 결정적 시기

Havighurst 또한 인간 발달을 6단계로 시기를 구분하고, 각 시기별 발달과업을 정리하면서, 그 시기에 발달과업을 잘 성취하는 경우, 이후 과업도 성공적으로 성취할 수 있다고 주장하였다.

〈표 1-3〉 Havighurst의 발달 단계별 주요 발달과업

발달 단계	발달과업
영유아기	보행 학습, 고형분 음식의 섭취 학습, 언어 학습, 배설 통제 학습, 성차인식, 생리적 안정 유지, 환경에 대한 단순 개념 형성, 타인과의 정서적 관계 형성 학습, 양심의 발달
아동기	놀이에 필요한 신체기술 학습, 자신에 대한 건전한 태도 형성, 또래 친구 사귀는 법 학습, 성역할 학습, 기본 학습기술의 습득, 일상생활에 필요한 개념학습, 양심 · 도덕 · 가치체계의 발달, 사회집단과 제도에 대한 태도 발달
청소년기	자신의 신체 및 성역할 수용, 동성 또는 이성친구와의 새로운 관계 형성, 부모와 다른 성인으로부터 정서적 독립, 경제적 독립의 필요성 인식, 직업선택 및 준비, 유능한 시민으로서의 기본적인 지적 기능과 개념 획득, 사회적 책임에 맞는 행동, 결혼과 가정생활 준비, 과학적 세계관에 근거한 가치체계의 발달
청년 · 성인 초기	배우자 선택, 배우자와의 생활방법 학습, 가정 형성, 자녀 양육과 가정관리, 시민으로서의 의무 완수, 친밀한 사회적 집단 형성
중 · 장년기	사회적 의무의 완수, 경제적 표준생활 확립과 유지, 10대 자녀의 훈육과 선도, 적절한 여가 활용, 배우자와의 친밀한 관계 유지, 중년기의 생리적 변화 인정 및 적응, 노년기 부모에의 적응
노년기	신체적 건강쇠퇴에의 적응, 은퇴와 수입 감소에의 적응, 배우자의 사망에 대한 적응, 동년배와의 유대관계 재형성, 사회적 시민의 의무 수행, 생활에 적합한 물리적 환경의 조성

한편, 영유아기는 발달의 결정적 시기이기 때문에 다른 어느 시기와 달리 잘못된 것을 수정하고 바로잡기 위한 최적의 시간이기도 하다. 예를 들어, 소아마비 영유아들을 대상으로 감각지각운동 프로그램에 참여시켜 긍정적 치료 효과를 만들어 내는 것이 가능하기도 하다(Bumin & Kayihan, 2001). [그림 1-9]에서와 같이 트램펄린을 활용하여 소아마비를 치료하고 있다. 그 외에도 수영, 공 던지고 받기, 균형잡기 등을 활용해 영유아기의 잘못된 발달 교정이 가능하다.

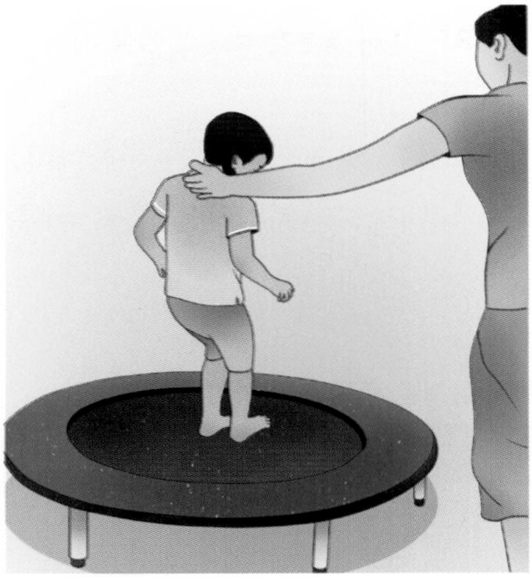

[그림 1-9] **감각지각운동 프로그램(SPM)을 활용한 소아마비 치료**

출처: Bumin, G. & Kayihan, H. (2001).

결정적 시기를 놓친 '지니'

지니(Genie)는 폭력적인 아버지와 무기력한 어머니 사이에서 태어났다. 지니는 태어나자마자 아버지로부터 감금을 당하고 유아용 변기의자에 묶인 채로 수년간 지냈다. 지니는 말소리를 들을 기회가 거의 없었다. 만약 지니가 울거나 소리를 지르면 아버지는 지니에게 신체적 학대를 가했기 때문에 지니는 아무 소리도 내지 않도록 노력했다. 그렇게 영유아기를 보낸 지니는 13세의 나이에 어머니의 도움

으로 탈출에 성공한다. 하지만 신체적 움직임뿐만 아니라 언어적 상호작용에서 비정상적 모습을 보였다. 이후 언어학, 뇌 신경학, 교육학 등 수많은 전문가들이 지니를 연구하며 도움을 주었지만 끝내 정상적인 발달은 잘 이루어지지 않았다.

발달의 결정적 시기를 놓친 지니에게는 이후 아무리 좋은 경험도, 양질의 교육도 정상적 발달에 도움이 되지 못한 것이다.

출처: Russ, R. (2011).

3) 영유아기 상호작용 환경 특성으로 인한 필요성

영유아기는 다른 발달 시기와 비교하면, 직접 상호작용하는 환경이 매우 제한적이다. [그림 1-10]과 같이 Bronfenbrenner는 다양한 환경체계를 구체화하였는데, 주로 영유아가 직접 상호작용하는 환경은 미시체계이다. 영유아기는 자신을 돌보아 주는 가족과 교사 그리고 또래가 직접 경험하는 환경 대부분이고, 그들로부터 매우 큰 영향을 받는다. 이와 반대로 청소년기나 성인기 건강은 각종 대중매체나 인터넷 정보 등을 통해 스스로 유용한 정보와 상호작용할 수 있다. 이러한 이유로 영유아기 건강은 그들이 경험하는 환경 특성에 따라 매우 편차가 클 수밖에 없다. UNESCO의 EFA(Education for All) 보고서에 따르면 대다수의 나라에서 영유아의 복지가 향상되고 있기는 하지만 영유아들의 건강 불평등이 심각함을 밝히고 있다. 또한 건강 불평등은 한 국가 내에서도 소득계층에 따라 그 차이가 크게 나타나 건강에 대한 위협을 받고 있는 영유아들이 여전히 많이 존재하고 있음을 언급하였다 (UNESCO, 2008). 이렇듯 영유아가 상호작용하는 환경이 제한적이므로 기관에서 받는 교육의 영향력은 그 어느 시기보다 매우 크다고 할 수 있다. 따라서 올바른 건강교육을 통해 영유아들이 경험하는 환경적 차이를 극복하고, 스스로 관리하도록 도움으로써 모든 영유아의 건강이 평등하게 유지되고, 증진되도록 하는 노력이 필요하다.

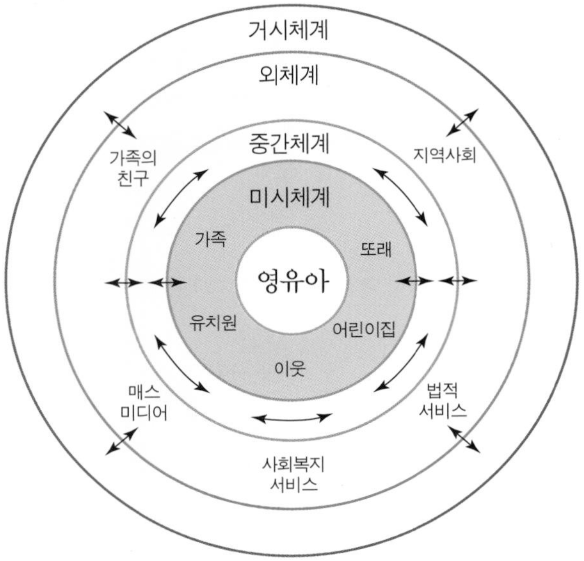

[그림 1-10] 브론펜브레너(Bronfenbrenner)의 생태학적 체계이론

브론펜브레너(Bronfenbrenner)의 생태학적 체계이론

인간과 환경 간의 상호작용에 대한 이론으로, 환경과의 조화 속에서 인간이 성장한다고 여긴다. 인간과 환경의 특성은 인간은 성장하고, 인간이 살아가는 환경 또한 변화하는 특성을 지닌 것으로 정의하였다.

환경에 대한 이해를 돕기 위해 4가지 체계로 구분하였다.

- **미시체계**: 영유아와 가장 밀접한 환경이며, 가장 많은 시간을 보내는 환경을 의미한다. 예를 들어, 부모, 형제자매, 또래, 교사 등이 여기에 속한다.
- **중간체계**: 미시체계 환경들 간의 상호작용을 의미한다. 예를 들어, 부모와 교사 간의 관계, 부모와 형제자매와의 관계 등이 여기에 속한다.
- **외체계**: 영유아와 직접 상호작용은 없지만 발달에 영향을 미칠 수 있는 환경을 의미한다. 예를 들어, 부모의 직장 등이 여기에 속한다.
- **거시체계**: 미시 · 중간 · 외체계를 포함하는 사회문화, 정치 등이 해당된다.

4) 부모의 인식과 실행수준

부모는 영유아의 삶에 가장 큰 영향을 미치는 요인으로, 다른 어느 시기보다 영유아기 건강 발달에 중요한 영향을 미친다(김현주, 김은영, 황인주, 이승미, 2008). 그러나 대부분의 부모가 영유아 건강에 대한 지식이 부족하고, 두려움을 가지고 있는 것으로 나타났다(박지윤, 방경숙, 2013; 서현미, 전미양, 최나영, 2009). 또한 부모의 영유아 건강교육에 대한 인식과 실행수준은 사는 지역의 규모, 경제 형편에 따라 그 편차가 있음이 보고되었다. 즉, 대도시에 사는 부모일수록, 소득수준이 높을수록 자녀 건강에 대한 관심과 인식수준이 높고, 실행 정도도 높다고 할 수 있다(장혜진, 이정림, 윤은주, 김해인, 2013). 이러한 부모의 건강교육에 대한 인식과 실행수준의 편차는 영유아의 성장 발달에도 영향을 미치며, 나아가 건강한 사회 형성을 저해할 수 있다. 실제로 OECD(2015) 국제 비교에 따르면 건강에 대한 인식이 우리나라가 가장 최하위인 것으로 나타났고, 건강과 관련된 각종 지표에서도 우리나라가 많은 부분에서 낮은 수준임을 알 수 있었다. 앞서 UNESCO의 EFA 보고서에서는 교육정책 권고사항으로 모든 영유아의 건강증진을 도모하는 효과적인 교육 프로그램이 필요하며, 교육현장이나 가정에서의 실천력 확대를 위한 노력이 요구된다고 주장하였다(UNESCO, 2008). 따라서 모든 영유아의 건강한 삶을 보장하기 위해서는 적절한 건강교육이 필요하다고 할 수 있다.

다문화 가정의 교육적 소외

우리나라의 다문화 가정의 학생 수는 아래 통계자료에 따르면 점차 증가하고 있는 것을 알 수 있다.

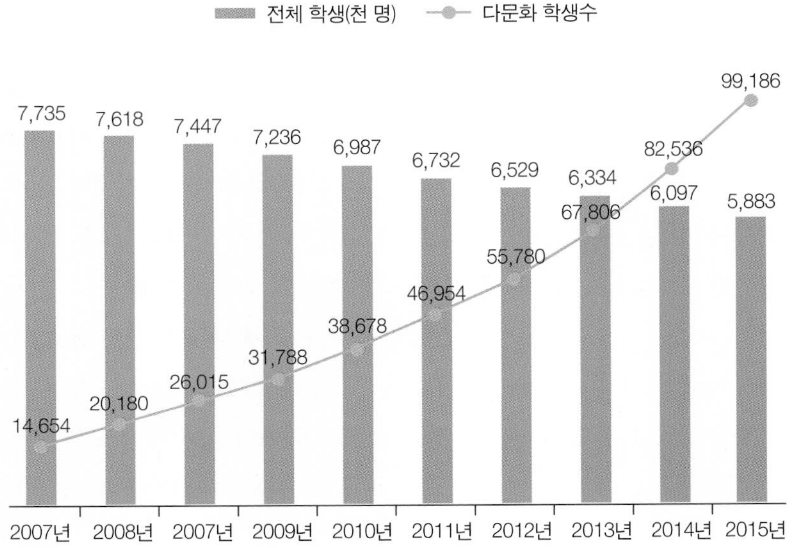

출처: 통계청 (2016).

하지만 다문화가정은 의사소통의 문제 등으로 인해 많은 교육에 있어서 차별과 소외를 받고 있는 것이 현실이다. 따라서 영유아에게 생명과도 직결되는 건강교육을 가정 내 교육으로 방치한다면, 점차 증가하고 있는 다문화 가정의 영유아들에게 가장 큰 문제가 될 수 있다. 따라서 기관에서 적극적 교육을 통해 모든 영유아가 부모의 사회경제적 지위 및 국적에 상관없이 공평하게 건강교육을 받을 수 있도록 해야 할 것이다.

5) 기관의 역할 확대

2012년 5세 누리과정을 시작으로 2013년 3~5세 연령별 누리과정, 그리고 2019년 개정 누리과정이 국가수준으로 운영되면서 기관을 이용하는 유아에게 계층에 상관없이 유아 학비가 지원되고 있으며, 어린이집을 이용하는 영아 · 유아에게도 보육비가 지원되고 있다. 이에 따라 기관을 이용하는 비율이 증가하고 있으며, 기관 이용시간도 많아지고 있다. 또한, 어린이집도 맞벌이 부부의 가정을 지원하기 위해 24시간 운영하는 곳도 생겨났다. 이러한 변화로 인해 부모의 양육 책임이 상대적으로 감소하고, 기관의 역할이 과거보다 더욱 확대되고 있다. 하지만 지금까지 국내에서는 영유아 건강교육 측면이 가정의 역할로만 막연히 여겨져 왔고, 기관에서의 체계적인 교육은 이루어지지 못했다(조형숙, 유은영, 2011). 영유아 교사들 역시 건강교육에 대한 개념 인식조차 낮은 실정이었다(하새봄, 2014). 하지만 이제 영유아 교사들의 건강교육 역량이 무엇보다 요구된다고 할 수 있다. OECD(2012)에 따르면, 우수한 교사는 가정의 긍정적 변화까지도 가능하게 하므로 영유아의 건강한 삶을 위해 영유아 교사의 건강교육에 대한 역량은 매우 중요하다고 할 수 있다. 따라서 예비교사들이 영유아 건강교육 역량을 증진하여, 향후 현장에서 영유아의 건강한 삶을 위한 건강교육을 실천할 수 있도록 해야 할 것이다.

3. 건강교육의 목적

영유아 건강교육의 목적은 영유아로 하여금 건강에 대한 올바른 인식을 토대로 건강습관을 기르도록 돕는 것이다. 이를 통해 영유아는 자신의 건강을 스스로 관리하고, 위험으로부터 자신을 안전하게 보호할 수 있을 것이다.

수업 후 실습

학습 이해를 위한 조별 토의

✿ 영유아 교사가 되어 영유아 건강교육의 필요성 5가지를 활용해 기관에서의 영유아 건강교육 필요성을 설명하는 부모교육 내용을 만들어 보세요.
그리고 부모들이 할 수 있는 질문 한 가지와 답변 한 가지를 생각해 보세요.

생각에 도움이 될 만한 질문

- 어떻게 설명을 해야 부모님들이 건강교육의 필요성에 대해 효과적으로 이해할 수 있을까요?
- 내가 영유아 부모라면, 어떤 궁금증이 떠오를까요?

학습 기억을 위한 조별 실습

✿ 앞서 토의한 내용을 토대로 조별로 부모-교사가 되어 역할극을 해 보세요.

✿ 역할극을 보며 생각해 보세요.

- 교사 설명이 부모를 이해시키기에 적절하다고 여겨지나요?
- 그 이유는 무엇인가요?
- 부모의 질문과 교사의 답변은 적절하다고 여겨지나요?
- 내가 만약 부모의 질문에 답변을 해 본다면, 어떤 답을 할 수 있을까요?

Chapter

02

영유아 건강검진

이 장에서는 예비교사들로 하여금 실제 가정에서 의무적으로 행해지고 있는 영유아 건강검진에 대한 기초적 이해를 돕고자 한다. 이를 통해 발달에 따른 건강검진 내용의 차이를 이해하고, 그 필요성에 대해 전문가적으로 생각의 기회를 가질 수 있다.

학습목표

영유아 가정에서 의무적으로 행해지는 영유아 건강검진의 발달적 차이를 이해하고, 그 필요성을 설명할 수 있다.

수업 전 실습

학습 동기화를 위한 조별 토의

✿ 가정의 영유아가 의무적으로 정기 건강검진을 받아야 하는 필요성에 대해 생각해 보고, 조별로 생각을 나눠요.

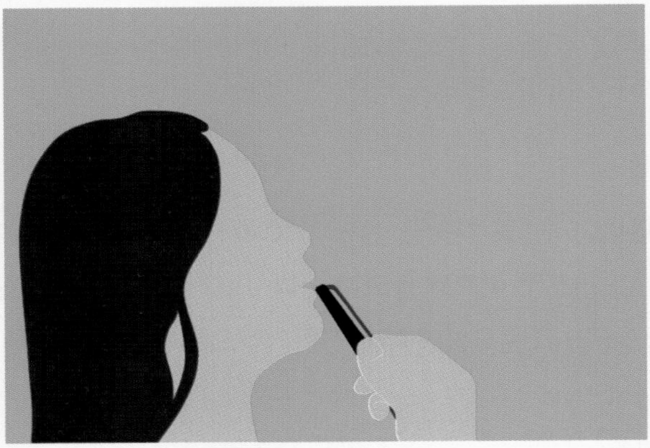

생각에 도움이 될 만한 질문

- 생후 개월 수에 따라 어떤 항목의 건강검진을 받아야 할까요?

I. 영유아 건강검진 이해

영유아 건강검진은 생후 4개월부터 71개월(6세 미만)까지의 영유아를 대상으로 성장 이상이나 발달 이상, 비만, 안전사고, 영아 돌연사 증후군, 청각 이상, 시각 이상, 치아 우식증 등의 발달 사항을 총 10회(구강검진 3회 포함) 체크하고 관리하는 검진이다. 영유아 시기는 발달적 가소성의 시기로 모든 면에서 급속한 성장과 발달이 일어나는 시기라고 할 수 있다. 따라서 영유아 시기에 건강의 위험성을 미리 진단하여, 정상적 발달로의 효과적 도움을 주기 위함이며, 이를 통해 영유아의 건강증진을 도모하고, 건강하게 성장하도록 도울 수 있다. 또한, 부모교육 차원에서 영유아 사망원인 1위인 안전사고에 대한 이해를 돕고, 이를 위한 예방과 올바른 건강 및 영양관리 교육을 통해 영유아 시기별로 필요한 육아지침을 제공할 수 있다.

영유아 국가건강검진 사업은 「건강검진기본법」 제5조(국가와 지방자치단체의 의무), 「국민건강보험법」 제52조(건강검진) 및 같은 법 시행령 제25조, 「의료급여법」 제14조(건강검진)에 의거하여 영유아 월령에 적합한 건강검진을 실시하여 영유아의 성장 발달 사항을 추적 관리하고 보호자에게 적절한 건강관리 교육 프로그램을 제공하고 있다. 2008년부터 영유아를 대상으로 건강검진이 실시되었으며, 2009년에는 만 4세(42~48개월)가 대상으로 추가되었고, 2012년에는 66~71개월 유아가 추가되었다. 검진 시기와 비용은 다음과 같다.

〈표 2-1〉 영유아 건강검진 시기와 비용

구분		1차	2차	3차	4차	5차	6차	7차
검진 시기	일반	생후 4~6개월	생후 9~12개월	생후 18~24개월	생후 30~36개월	생후 42~48개월	생후 54~60개월	생후 66~71개월
	구강	-	-	생후 18~29개월	-	생후 42~53개월	생후 54~65개월	-
검진 비용		본인 부담 없음(건강보험 가입자: 건보재정, 의료급여 수급권자: 국비 및 지방비)						

검사 항목은 총 5개 분야로 문진 및 진찰, 신체계측, 발달평가 및 상담, 건강교육 및 상담, 구강검진이다. 검진 시기에 따른 검사 항목은 다음과 같다.

〈표 2-2〉 영유아 건강검진 시기에 따른 검사 항목

검사 항목		목표 질환	검진 시기						
			1차 검진 (4~6개월)	2차 검진 (9~12개월)	3차 검진 (18~24개월)	4차 검진 (30~36개월)	5차 검진 (42~48개월)	6차 검진 (54~60개월)	7차 검진 (66~71개월)
문진 및 진찰	손전등 검사	시각이상(사시)	●	●	●	●	●	●	●
	시각문진		●	●	●	●	●	●	●
	시력검사	굴절이상(약시)					●	●	●
	청각문진	청각이상	●	●	●	●	●		
	안전사고	안전사고	●	●	●	●	●	●	●
	영양문진	영양결핍(과잉)	●	●	●	●	●	●	●
	영아돌연사증후군 예방문진	영아돌연사 증후군	●						
	구강문진	치아 발육 상태		●					
	대소변 가리기 문진	대소변 가리기			●				
	전자미디어 노출 문진	전자미디어 노출				●			
	정서 및 사회성 문진	사회성 발달					●		
	개인위생 문진	개인위생						●	
	취학 전 준비 문진	취학 전 준비							●
신체 계측	키	성장이상	●	●	●	●	●	●	●
	몸무게		●	●	●	●	●	●	●
	머리둘레		●	●	●	●	●	●	●
	체질량지수	비만				●	●	●	●
발달평가 및 상담		발달이상		●	●	●	●	●	●
건강 교육 및 상담	안전사고 예방	안전사고	●	●	●	●	●	●	●
	영양	영양결핍(과잉)	●	●	●	●	●	●	●
	영아 돌연사 증후군 예방	영아 돌연사 증후군	●						
	구강	치아 발육 상태		●					
	대소변 가리기	대소변 가리기			●				
	전자미디어 노출	전자미디어 노출				●			
	정서 및 사회성	사회성 발달					●		
	개인위생	개인위생						●	
	취학 전 준비	취학 전 준비							●
구강 검진	진찰 및 상담	치아우식증			●		●	●	
	치아검사		※ 1차 구강검진(18~29개월), 2차 구강검진(42~53개월), 3차 구강검진(54~65개월)						
	기타 검사 및 문진								
	구강보건교육 (보호자 및 영유아)								

※ 검진을 실시한 후 유소견자에 대해서는 정확한 진단을 위해 전문 의료기관에 의뢰.

검진 항목 중 발달평가는 과거 첫 영유아 검진 시기인 4~6개월 월령을 제외하고, 총 6번 실시된다. 발달평가를 위해 과거에는 외국 도구인 K-ASQ(Korean-Ages and Stages Questionnaires), DENVER-II를 사용해 왔으나, 우리나라 영유아의 특성과 정서사회적 배경 등을 반영하여 발달 지연에 대한 정확한 진단 및 효율적인 영유아 건강관리를 위해 보건복지부(2012)가 대학소아과학회와 함께 「한국 영유아 발달선별검사 도구(Korean Developmental Screening Test for Infants & Children: K-DST)」를 독자 개발하였다. 이는 국내 영유아 국가건강검진에 현재 적용되고 있다. 한국형 도구가 사용됨으로써 검사의 정확성과 편리성이 향상되었고, 외국의 검사도구 사용에 따른 저작권 문제가 해소되었다. 또한 검사 결과를 시각적 디자인으로 표현해 냄으로써 수요자 맞춤형으로 개선되어 국민들이 검사 결과를 보다 쉽고 빠르게 이해할 수 있도록 하였다.

주로 변경된 사항을 정리하면, 한국형(K-DST) 검사도구는 우리나라 문화 및 언어 환경에 적합하고 쉬운 언어로 문항을 구성하였으며, 세분화된 4점 척도로 응답하도록 함으로써 결과의 정확성을 향상시켰다. 또한, 평가 영역에 정서 및 행동문제를 검사하는 질문을 추가 구성하였으며, 부모가 직접 작성할 수 있는 부모작성형으로 검사가 간편하게 이루어질 수 있도록 하였다. 웹(Web) 구현으로 수요자 접근성이 향상되었으며, 우리나라 영유아 건강검진 월령주기(4~71개월)를 모두 포함하였다.

〈표 2-3〉 영유아 발달검사(K-DST) 주요 변경 내용

	과거(K-ASQ, DENVER-II)	현행(K-DST)
검사자	아동건강 전문가 · 부모작성형	부모작성형
평가 영역	전체운동, 미세운동-적응, 언어, 개인-사회성	대근육 · 소근육운동, 인지, 언어, 사회성, 자조
응답법	예 · 아니요 · 가끔	전혀 할 수 없다 · 하지 못하는 편 · 할 수 있는 편 · 잘할 수 있다

2. 영유아 발달검사(K-DST)

보건복지부(2014a)가 개발한 영유아 발달검사(K-DST)는 각 월령에 따른 영유아 발달 사항을 반영하여 20개의 개별적인 검사 세트로 구성되어 있다. 생후 4개월부터 71개월 사이의 영유아를 대상으로 실시된다. 나이가 어린 월령집단의 경우는 발달속도가 매우 빠른 반면, 상위 월령집단인 만 4~5세 집단은 상대적으로 발달속도가 느리기 때문에 이러한 발달 특성을 반영하여 각 월령집단의 간격을 2개월에서 6개월 차이로 구성하였다.

〈표 2-4〉 K-DST의 검사 세트별 월령 구간

검사 세트	대상 월령	간격	검사 세트	대상 월령	간격
세트 1	4~5개월	2개월	세트 11	24~26개월	3개월
세트 2	6~7개월	2개월	세트 12	27~29개월	3개월
세트 3	8~9개월	2개월	세트 13	30~32개월	3개월
세트 4	10~11개월	2개월	세트 14	33~35개월	3개월
세트 5	12~13개월	2개월	세트 15	36~41개월	6개월
세트 6	14~15개월	2개월	세트 16	42~47개월	6개월
세트 7	16~17개월	2개월	세트 17	48~53개월	6개월
세트 8	18~19개월	2개월	세트 18	54~59개월	6개월
세트 9	20~21개월	2개월	세트 19	60~65개월	6개월
세트 10	22~23개월	2개월	세트 20	66~71개월	6개월

출처: 보건복지부 (2014b).

발달검사(K-DST)의 평가 영역과 내용, 발달지연과의 관련성은 다음과 같다.

평가 영역과 내용	발달지연 관련성
① 대근육운동 영역	
팔, 다리와 고개, 몸통 등을 움직이는 행동, 즉 목 가누기, 기기, 걷기, 달리기, 차기 등을 평가	중추신경계나 말초신경계, 혹은 근골격계의 정상적인 발달에 문제가 있을 때 나타나는 운동장애와 직접적으로 관련

② 소근육운동 영역	
팔, 손, 손가락을 사용하는 미세한 운동과 사물의 조작능력, 협응 운동 발달을 알 수 있는 잡기, 블록 쌓기, 쓰기, 그리기, 자르기 등의 미세운동 평가	소근육운동 발달은 몸이 균형을 잡게 되는 시기부터 더욱 활발하게 진행되며, 이후 지능 발달에도 밀접한 연관
③ 인지 영역	
주변 환경과의 관계에 대한 시청각적, 통합적 지각, 사고, 추리, 비교와 분류, 기억 및 모방, 수개념, 공간개념, 문제해결 등과 관련된 행동 평가	인지 발달은 초기에는 운동 발달과 밀접한 연관을 갖게 되며, 언어 발달과 사회성 발달에 많은 영향을 주며 점차 상호작용을 하게 되고, 인지 발달이 지연될 경우 정신지체를 보일 수 있음
④ 언어 영역	
옹알이, 말하기, 듣기 등 의사소통능력을 포괄적으로 평가	청각이나 조음기관의 문제가 있을 때는 언어 발달상의 문제 발생 가능
⑤ 사회성 영역	
타인과 상호작용하는 데 필수적으로 요구되는 기술들을 포함 눈 맞춤, 공동주시(joint attention), 모방행동, 타인의 감정 파악, 규칙이 있는 놀이하기, 상상놀이 등의 행동 평가	기타 운동 발달이나 인지 발달상의 지연이 관찰되지 않음에도 불구하고 사회성 영역의 두드러진 지연이 나타난다면 자폐 범주성 장애 의심 가능
⑥ 자조 영역	
아동이 환경에의 적응과 생존을 위해 독립적인 일상생활을 하는 데 필요한 기술들을 포함 식사하기, 대소변 가리기, 옷 입고 벗기, 청결과 위생 등의 행동 평가	자조능력을 개발하기 위해서는 어느 정도의 대근육운동 및 소근육운동 발달이 선행되어야 하며, 자조능력의 발달은 대인관계 및 사회활동의 바탕이 됨

출처: 보건복지부 (2014b).

월령별 평가 내용은 평가하는 영역당 8문항으로 구성되어 있으며, 18개월 미만의 영아는 40문항, 18개월~71개월 영유아는 48문항으로 구성되어 있다.

- 18개월 미만 영아: 대근육운동, 소근육운동, 인지, 언어, 사회성 발달 평가
- 18~71개월 영유아: 자조 영역이 포함된 6개 영역 발달 평가

※ 자조는 일정한 발달기술을 획득한 후 개발되는 특성을 지니고 있기 때문에 18개월 미만의 경우 독립적으로 평가하기에 어려움이 있음.

검사도구의 각 문항은 양육자가 이해하기 간단하며, 직접적인 용어를 사용하여 구성되었고, 일부 문항의 경우에는 양육자가 질문을 보다 쉽게 이해하도록 그림으로 제시하였다.

6	가구를 붙잡은 상태에서 넘어지지 않고 자세를 낮춘다. 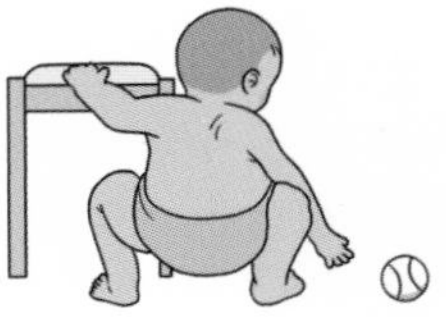	③ ② ① ⓪

※ ⓪은 전혀 할 수 없다, ①은 하지 못하는 편이다, ②는 할 수 있는 편이다, ③은 잘할 수 있다를 의미함.
출처: 보건복지부 (2014b).

[그림 2-1] K-DST의 그림문항 예시(세트 3의 대근육운동 문항)

보건복지부(2014a)에 제시된 검사도구 중 발달적 특징이 두드러지는 몇 개 월령별 평가 영역과 평가 내용은 다음과 같다.

1) 4~5개월용

대근육운동

1	등을 대고 누운 자세에서 반쯤 뒤집는다.	③ ② ① ⓪
2	엎드려 놓으면 고개를 잠깐 들었다 내린다. 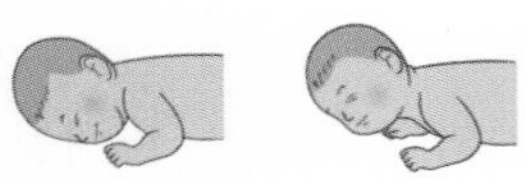	③ ② ① ⓪
3	누운 자세에 두 팔을 잡고 일으켜 앉힐 때 목이 뒤로 처지지 않고 따라 올라온다. 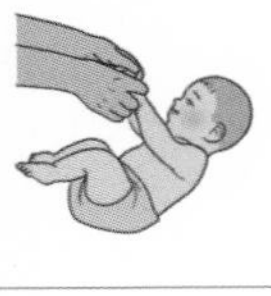	③ ② ① ⓪

5	엎드린 자세에서 뒤집는다.	③ ② ① ⓪
6	등을 대고 누운 자세에서 엎드린 자세로 뒤집는다(팔이 몸통에 깔려 있지 않아야 한다.).	③ ② ① ⓪
7	누워 있을 때 자기 발을 잡고 논다. 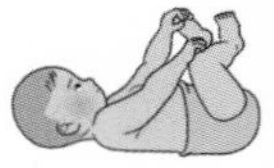	③ ② ① ⓪

4	엎드린 자세에서 가슴을 들고 양팔로 버틴다. 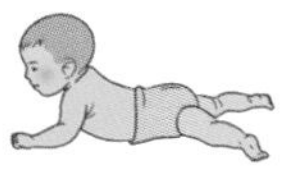	③ ② ① ⓪
8	앉혀 주면 양손을 짚고 30초 이상 혼자 버티고 앉아 있다. 	③ ② ① ⓪

소근육운동

1	등을 대고 누운 자세에서 두 손을 가슴 부분에 모은다. 	③ ② ① ⓪
2	손에 딸랑이를 쥐어 주면 잠시 쥐고 있다.	③ ② ① ⓪
3	앉은 자세에서 안겨 있을 때 양손을 모아 쥐거나 손가락을 만진다.	③ ② ① ⓪
4	손에 쥐고 있는 딸랑이를 자기 입으로 가져간다.	③ ② ① ⓪
5	딸랑이를 손 가까이 주면 잡는다.	③ ② ① ⓪
6	앉은 자세로 안겨 있을 때 탁자 위의 장난감을 향해 손을 뻗는다(장난감이 실제로 손에 닿지 않아도 된다.).	③ ② ① ⓪
7	작은 장난감을 집어들 때, 손바닥에 대고 손가락으로 감싸 쥔다. 	③ ② ① ⓪
8	딸랑이를 쥐고 있는 손에 다른 장난감을 주면 쥐고 있던 딸랑이를 떨어뜨리고 새 장난감을 잡는다.	③ ② ① ⓪

인지

1	소리 나는 곳을 쳐다본다.	③ ② ① ⓪
2	눈앞에서 장난감을 움직이면 시선이 장난감의 움직임을 따라간다.	③ ② ① ⓪
3	어떤 소리를 듣고 있다가 새로운 소리가 들리면 거기로 관심을 돌린다.	③ ② ① ⓪
4	자기 손과 손가락을 자세히 바라본다.	③ ② ① ⓪
5	딸랑이를 흔들거나 바라보거나 입에 넣는 등 딸랑이를 가지고 논다.	③ ② ① ⓪
6	딸랑이나 숟가락과 같은 물건을 바닥에 두드리면서 논다.	③ ② ① ⓪
7	장난감이 떨어져 있는 곳을 쳐다본다.	③ ② ① ⓪
8	친숙한 어른이 안으려고 하면 팔을 벌린다.	③ ② ① ⓪

언어

1	‘아’, ‘우’, ‘이’ 등 의미 없는 발성을 한다.	③ ② ① ⓪
2	아이를 어르거나 달래면 옹알이로 반응한다.	③ ② ① ⓪
3	웃을 때 소리를 내며 웃는다.	③ ② ① ⓪
4	장난감이나 사람을 보고 소리를 내어 반응한다.	③ ② ① ⓪
5	두 입술을 떨어서 내는 투레질 소리(젖먹이가 하는 ‘푸푸’ 같은 소리)를 낸다.	③ ② ① ⓪
6	‘브’, ‘쁘’, ‘프’, ‘므’와 비슷한 소리를 낸다.	③ ② ① ⓪
7	‘엄마’, 또는 ‘아빠’와 비슷한 소리를 낸다(의미 없이 내는 소리도 포함된다.).	③ ② ① ⓪
8	아이에게 ‘안 돼요’라고 하면 짧은 순간이라도 하던 행동을 멈추고 목소리에 반응한다.	③ ② ① ⓪

사회성

1	엄마(보호자)가 자리를 비웠다가 다시 나타나면 엄마(보호자)를 알아보고 울음을 그친다.	③ ② ① ⓪
2	아이가 엄마(보호자)와 이야기를 하거나 놀 때 엄마(보호자)의 얼굴을 바라본다.	③ ② ① ⓪
3	어른이 아이를 보며 말하거나 웃기 전에, 어른을 보고 먼저 웃는다.	③ ② ① ⓪
4	어른들의 얼굴(머리카락, 코, 안경 등)을 만져 보거나 잡아당긴다.	③ ② ① ⓪
5	거울 속에 보이는 자신의 모습을 보고 웃거나 웅얼거린다.	③ ② ① ⓪
6	아이의 이름을 부르면 듣고 쳐다본다.	③ ② ① ⓪
7	가족 등 친숙한 사람을 보면 다가가려고 한다.	③ ② ① ⓪
8	낯가림을 한다(일정한 연령이 되면 낯선 사람을 꺼리는 행동이 정상적으로 나타나며, 이것을 ‘낯가림’이라고 한다.).	③ ② ① ⓪

2) 10~11개월용

대근육운동

1	누워 있다가 혼자 앉는다.	③ ② ① ⓪
5	가구를 양손으로 붙잡고 옆으로 걷는다. 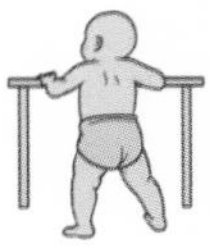	③ ② ① ⓪

2	양손과 무릎으로 기어간다. 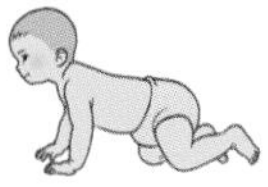	③ ② ① ⓪
3	가구를 붙잡고 일어선다.	③ ② ① ⓪
4	가구를 붙잡은 상태에서 넘어지지 않고 자세를 낮춘다. 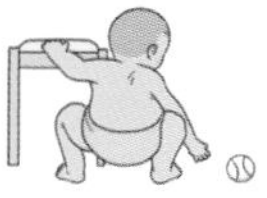	③ ② ① ⓪

6	가구나 벽에서 손을 떼고 5초 이상 혼자 있다.	③ ② ① ⓪
7	한 손으로 가구를 붙잡고 걷는다.	③ ② ① ⓪
8	아무것도 붙잡지 않고 혼자서 일어선다.	③ ② ① ⓪

소근육운동

1	딸랑이를 쥐고 있는 손에 다른 장난감을 주면 쥐고 있던 딸랑이를 떨어뜨리고 새 장난감을 잡는다.	③ ② ① ⓪
2	두 개의 물건을 양손에 각각 따로 쥔다.	③ ② ① ⓪
3	엄지와 다른 손가락을 이용해 작은 과자를 집는다. 	③ ② ① ⓪
4	장난감을 한 손에서 다른 손으로 옮겨 쥔다.	③ ② ① ⓪

5	손잡이를 사용하여 컵을 잡는다.	③ ② ① ⓪
6	우유병을 혼자서 잡고 먹는다.	③ ② ① ⓪
7	엄지손가락과 집게손가락 끝을 '집게 모양'처럼 만들어 작은 알약 크기의 과자를 잡는다. 	③ ② ① ⓪
8	바퀴가 달린 장난감을 잡고 앞으로 굴러가도록 민다.	③ ② ① ⓪

인지

1	친숙한 어른이 안으려고 하면 팔을 벌린다.	③ ② ① ⓪
2	그림책에 재미있는 그림이 있으면 관심 있게 쳐다본다.	③ ② ① ⓪
3	리듬에 맞추어 몸을 움직인다.	③ ② ① ⓪
4	상자 안에서 물건을 꺼낸다.	③ ② ① ⓪

5	아이가 내는 소리를 어른이 따라 하면, 아이가 다시 그 소리를 따라 한다.	③ ② ① ⓪
6	장난감에 있는 버튼을 눌러 소리가 나게 한다.	③ ② ① ⓪
7	자신이 좋아하는 한 개의 장난감을 가지고 3~4분 정도 논다.	③ ② ① ⓪
8	아이가 보는 앞에서 작은 장난감을 컵으로 덮고 감추면, 컵을 열어 장난감을 찾는다.	③ ② ① ⓪

언어

1	아이에게 "안 돼요."라고 하면, 짧은 순간이라도 하던 행동을 멈추고 목소리에 반응한다.	③ ② ① ⓪
2	'무무', '바바바', '다다', '마마마' 등의 소리를 반복해서 발성한다.	③ ② ① ⓪
3	동작을 보여 주지 않고 말로만 '빠이빠이', '짝짜꿍', '까꿍'을 시키면 최소한 한 가지를 한다.	③ ② ① ⓪
4	엄마에게 '엄마' 혹은 아빠에게 '아빠'라고 말한다.	③ ② ① ⓪
5	자음과 모음이 합쳐진 소리(자음 옹알이)를 낸다(예: '다', '가', '모', '버', '더' 등).	③ ② ① ⓪
6	동작을 보여 주지 않고 말로만 '주세요', '오세요', '가자', '밥 먹자'를 말하면 두 가지 이상은 뜻을 이해한다.	③ ② ① ⓪
7	원하는 것을 손가락으로 가리킨다.	③ ② ① ⓪
8	'좋다(예)', '싫다(아니요)'를 고개를 끄덕이거나 몸을 흔들어 표현한다.	③ ② ① ⓪

사회성

1	낯가림을 한다(일정한 연령이 되면 낯선 사람을 꺼리는 행동이 정상적으로 나타나며, 이것을 '낯가림'이라고 한다.).	③ ② ① ⓪
2	친숙한 어른에게 안아 달라고 팔을 벌린다.	③ ② ① ⓪
3	어른을 따라서 손뼉을 치며 짝짜꿍 놀이를 한다.	③ ② ① ⓪
4	다른 아이들 옆에서 논다(함께 놀이를 하지는 못해도 된다.).	③ ② ① ⓪
5	어른을 따라서 까꿍 놀이를 한다.	③ ② ① ⓪
6	어른을 따라서 '빠이빠이' 하면서 손을 흔든다.	③ ② ① ⓪
7	어른의 관심을 끌기 위한 행동을 한다(예: 어른이 못 본 척하면 '예쁜 짓'을 한다.).	③ ② ① ⓪
8	'짝짜꿍'이나 '곤지곤지' 같은 말만 들어도 양손을 움직거린다.	③ ② ① ⓪

추가 질문

		예 [1]	아니요 [0]
1	한쪽 손만 주로 사용한다.	[1]	[0]
2	서거나 걸을 때 발바닥을 잘 딛지 못하고 '항상' 까치발을 한다(가끔 까치발을 하고 걷는 경우는 제외한다.).	[1]	[0]

3) 12~13개월용

대근육운동

1	가구를 붙잡은 상태에서 넘어지지 않고 자세를 낮춘다. 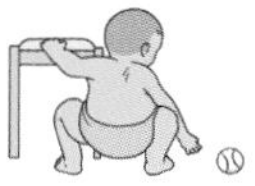	③ ② ① ⓪
2	가구를 양손으로 붙잡고 옆으로 걷는다. 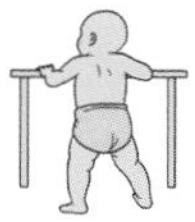	③ ② ① ⓪
3	가구나 벽에서 손을 떼고 5초 이상 혼자 서 있다.	③ ② ① ⓪
4	한 손으로 가구를 붙잡고 걷는다.	③ ② ① ⓪
5	아무것도 붙잡지 않고 혼자서 일어선다.	③ ② ① ⓪
6	한 손을 잡아 주면 몇 걸음 걷는다(이미 혼자 잘 걸으면 '잘할 수 있다'로 표기하세요.). 	③ ② ① ⓪
7	혼자 두세 발자국 걷는다.	③ ② ① ⓪
8	혼자 열 발자국 정도 걷는다.	③ ② ① ⓪

소근육운동

1	엄지와 다른 손가락을 이용해 작은 과자를 집는다. 	③ ② ① ⓪
2	손잡이를 사용하여 컵을 잡는다.	③ ② ① ⓪
3	우유병을 혼자서 잡고 먹는다.	③ ② ① ⓪
5	엄지손가락과 집게손가락 끝을 '집게 모양'처럼 만들어 작은 알약 크기의 과자를 집는다. 	③ ② ① ⓪
6	바퀴가 달린 장난감을 잡고 앞으로 굴러가도록 민다.	③ ② ① ⓪
7	(색)연필의 윗부분을 잡는다. [(색)연필의 중간 부분이나 아랫부분을 잡으면 '잘할 수 있다'로 표기하세요.] 	③ ② ① ⓪

4	잡고 있던 물건을 놓치지 않고 내려놓는다.	③ ② ① ⓪
8	(색)연필과 종이를 주면 선을 이리저리 그리며 낙서를 한다. 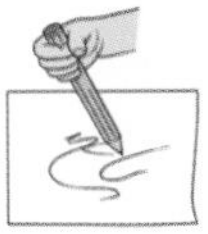	③ ② ① ⓪

인지

1	그림책에 재미있는 그림이 있으면 관심 있게 쳐다본다.	③ ② ① ⓪
2	리듬에 맞추어 몸을 움직인다.	③ ② ① ⓪
3	상자 안에서 물건을 꺼낸다.	③ ② ① ⓪
4	아이가 내는 소리를 어른이 따라 하면, 아이가 다시 그 소리를 따라 한다.	③ ② ① ⓪
5	장난감에 있는 버튼을 눌러 소리가 나게 한다.	③ ② ① ⓪
6	자신이 좋아하는 한 개의 장난감을 가지고 3~4분 정도 논다.	③ ② ① ⓪
7	아이가 보는 앞에서 작은 장난감을 컵으로 덮고 감추면, 컵을 열어 장난감을 찾는다.	③ ② ① ⓪
8	다른 사람의 역할을 흉내 낸다(예: 부모님이 하는 것처럼 인형을 안거나 업거나 우유를 먹여 준다.).	③ ② ① ⓪

언어

1	동작을 보여 주지 않고 말로만 '빠이빠이', '짝짜꿍', '까꿍'을 시키면 최소한 한 가지를 한다.	③ ② ① ⓪
2	엄마에게 '엄마' 혹은 아빠에게 '아빠'라고 말한다.	③ ② ① ⓪
3	자음과 모음이 합쳐진 소리(자음 옹알이)를 낸다(예: '다', '가', '모', '버', '더' 등).	③ ② ① ⓪
4	원하는 것을 손가락으로 가리킨다.	③ ② ① ⓪
5	동작을 보여 주지 않고 말로만 '주세요', '오세요', '가자', '밥 먹자'를 말하면 두 가지 이상은 뜻을 이해한다.	③ ② ① ⓪
6	'좋다(예)', '싫다(아니요)'를 고개를 끄덕이거나 몸을 흔들어 표현한다.	③ ② ① ⓪
7	'엄마', '아빠' 외에 말할 줄 아는 단어가 하나 더 있다[예: '무(물)', '우(우유)'처럼 평소 아이가 일정하게 의미를 두고 하는 말].	③ ② ① ⓪
8	보이는 곳에 공을 두고 "공이 어디 있어요?" 하고 물어보면 공이 있는 방향을 쳐다본다.	③ ② ① ⓪

사회성

1	다른 아이들 옆에서 논다(함께 놀이를 하지는 못해도 된다.).	③ ② ① ⓪
2	어른을 따라서 까꿍 놀이를 한다.	③ ② ① ⓪
3	어른을 따라서 '빠이빠이' 하면서 손을 흔든다.	③ ② ① ⓪
4	어른의 관심을 끌기 위한 행동을 한다(예: 어른이 못 본 척하면 '예쁜 짓'을 한다.).	③ ② ① ⓪
5	'짝짜꿍'이나 '곤지곤지' 같은 말만 들어도 양손을 움직거린다.	③ ② ① ⓪
6	아이에게 손을 내밀어 장난감을 달라고 하면 장난감을 주려고 한다.	③ ② ① ⓪
7	다른 사람에게 어떤 행동이나 물건을 보여 주고 싶을 때, 그 사람을 끌어당긴다.	③ ② ① ⓪
8	어른의 도움이 필요할 때 도움을 요청한다.	③ ② ① ⓪

추가 질문

		예 1	아니요 0
1	한쪽 손만 주로 사용한다.	1	0
2	서거나 걸을 때 발바닥을 잘 딛지 못하고 '항상' 까치발을 한다(가끔 까치발을 하고 걷는 경우는 제외한다.).	1	0
3	아이가 보호자와 눈을 잘 맞추지 않는다(다른 것에 집중하고 있어서 눈을 맞추지 않는 경우는 해당되지 않는다.).	1	0
4	이름을 불러도 대부분 쳐다보지 않는다(청력에 이상이 있거나 다른 것에 집중하고 있어서 불러도 쳐다보지 않는 경우는 해당되지 않는다.).	1	0

4) 24~26개월용

대근육운동

1	제자리에서 양발을 모아 동시에 깡충 뛴다. 	③ ② ① ⓪
5	발뒤꿈치를 들어 발끝으로 네 걸음 이상 걷는다(까치발로 네 걸음 이상 걷는다.).	③ ② ① ⓪

2	계단의 가장 낮은 층에서 양발을 모아 바닥으로 뛰어내린다.	③ ② ① ⓪
3	서 있는 자세에서 팔을 들어 머리 위로 공을 앞으로 던진다. 	③ ② ① ⓪
4	난간을 붙잡고 한 발씩 번갈아 내디디며 계단을 올라간다. 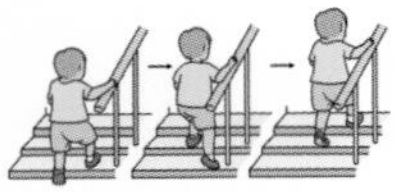	③ ② ① ⓪

6	난간을 붙잡지 않고 한 계단에 양발을 모은 뒤 한 발씩 한 발씩 계단을 올라간다(좌우 한 발씩 번갈아 올라가도 할 수 있는 것으로 표기하세요.). 	③ ② ① ⓪
7	아무것도 붙잡지 않고 한 발로 1초간 서 있는다. 	③ ② ① ⓪
8	균형을 잡고 안정감 있게 달린다.	③ ② ① ⓪

소근육운동

1	숟가락을 바르게 들어(음식물이 쏟아지지 않도록) 입에 가져간다.	③ ② ① ⓪
2	블록을 네 개 쌓는다. 	③ ② ① ⓪
3	블록 두 개 이상을 옆으로 나란히 줄을 세운다. 	③ ② ① ⓪
4	문손잡이를 돌려서 연다.	③ ② ① ⓪

5	(색)연필의 아랫부분을 잡는다.	③ ② ① ⓪
6	유아용 가위를 주면 실제로 종이를 자르지는 못해도 한 손으로 종이를 잡고 다른 손으로는 가위 날을 벌리고 오므리며 종이를 자르려고 시도한다.	③ ② ① ⓪
7	신발 끈 구멍이나 구슬 구멍에 끈을 끼운 후 빼낸다. 	③ ② ① ⓪
8	수평선 그리는 시범을 보여 주면 흉내 내어 그린다(이미 그려져 있는 선 위에 따라 그리는 것은 해당되지 않는다.). 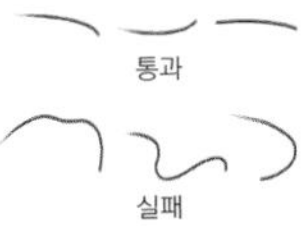 	③ ② ① ⓪

인지

1	그림책에 나온 그림과 같은 실제 사물을 찾는다(예: 열쇠 그림을 보고 실제 열쇠를 찾는다.).	③ ② ① ⓪		5	빨간, 노란, 파란 토막들을 섞어 놓으면 같은 색의 토막들끼리 분류한다.	③ ② ① ⓪
2	동물 그림과 동물 소리를 연결한다.	③ ② ① ⓪		6	동그라미, 네모, 세모와 같이 간단한 도형 맞추기 판에 세 조각 이상 맞춘다.	③ ② ① ⓪
3	지시에 따라 신체 부위 다섯 곳 이상을 가리킨다(예: 눈, 코, 입, 귀, 팔 등).	③ ② ① ⓪		7	'많다-적다'와 같은 '양'의 개념을 이해한다(예: 사탕 두 개와 사탕 여섯 개를 놓고 어떤 것이 더 많은지 물었을 때 많은 것을 가리킬 수 있다.).	③ ② ① ⓪
4	두 개의 물건 중 큰 것과 작은 것을 구분한다.	③ ② ① ⓪		8	두 개의 선 중 길이가 긴 것과 짧은 것을 구분한다.	③ ② ① ⓪

언어

1	그림책 속에 등장하는 사물의 이름을 말한다(예: 신발을 가리키며 "이게 뭐지?" 하고 물으면 신발이라고 한다.).	③ ② ① ⓪		5	단어의 끝 억양을 높임으로써 질문의 형태로 말한다.	③ ② ① ⓪
2	정확하지는 않아도 두 단어로 된 문장을 따라 말한다(예: "까까 주세요.", "이게 뭐야?"와 같이 말하면 아이가 따라 말한다.).	③ ② ① ⓪		6	자기 물건에 대해 '내 것'이란 표현을 한다.	③ ② ① ⓪
3	'나', '이것', '저것' 같은 대명사를 사용한다.	③ ② ① ⓪		7	손으로 가리키거나 동작으로 힌트를 주지 않아도, "식탁 위에 컵을 놓으세요."라고 말하면 아이가 바르게 수행한다.	③ ② ① ⓪
4	다른 의미를 가진 두 개의 단어를 붙여 말한다(예: "엄마 우유." "장난감 줘.", "과자 먹어.").	③ ② ① ⓪		8	'안에', '위에', '밑에', '뒤에' 중에서 두 가지 이상의 뜻을 이해한다.	③ ② ① ⓪

사회성

1	아이가 엄마(보호자)의 관심을 끌기 위해, 주변의 물건들이나 멀리 있는 사물을 손가락으로 가리킨다.	③ ② ① ⓪		5	다른 아이들의 행동을 보고 (간단한) 놀이의 규칙을 따른다.	③ ② ① ⓪
2	즐겁게 하던 것을 못하게 하면, '싫다'라고 말이나 동작으로 표현한다.	③ ② ① ⓪		6	자신의 기분을 좋으면 좋다고, 나쁘면 나쁘다고 표현할 수 있다.	③ ② ① ⓪

3	엄마(보호자)의 관심을 끌기 위해 흥미 있는 물건이나 자신이 만든 것, 그린 것 등을 가져다 보여 준다.	③ ② ① ⓪	7	3~4명과 어울려서 숨바꼭질, 술래잡기 등을 한다.	③ ② ① ⓪
4	어른이 시키면 "미안해.", "고마워." 라는 말을 한다.	③ ② ① ⓪	8	자기 손에 닿지 않는 물건을 다른 사람에게 건네 달라고 부탁한다(예: "물 좀 주세요.").	③ ② ① ⓪

자조

1	한 손으로 컵을 들고 마신다.	③ ② ① ⓪	5	어른이 코를 닦으라고 말해 주면, 휴지로 코를 닦는다.	③ ② ① ⓪
2	외투의 단추를 풀어 주면 혼자서 벗는다.	③ ② ① ⓪	6	단추나 끈을 풀어 주면 바지를 혼자서 벗는다.	③ ② ① ⓪
3	먹을 수 있는 것과 먹을 수 없는 것(예: 종이, 흙, 휴지 등)을 구별한다.	③ ② ① ⓪	7	뾰족한 가구 모퉁이나 난간 없는 층계 위험물을 피한다.	③ ② ① ⓪
4	혼자서 슬리퍼를 신는다(좌우 구별은 하지 않아도 된다.).	③ ② ① ⓪	8	음식을 먹다 흘리면 손이나 옷으로 닦지 않고 스스로 휴지나 냅킨으로 닦는다.	③ ② ① ⓪

추가 질문

		예 1	아니요 0			예 1	아니요 0
1	걷지 못한다.	1	0	4	이름을 불러도 대부분 쳐다보지 않는다(청력에 이상이 있거나 다른 것에 집중하고 있어서 불러도 쳐다보지 않는 경우는 해당되지 않는다.).	1	0
2	의미 있는 단어를 말하지 못한다(예: '멍멍', '맘마', '물' 등).	1	0	5	어른들의 관심을 끄는 행동(예: 손가락으로 물건을 가리키면서 보호자의 반응을 살피기, 물건 가져다 보여 주기, 같이 놀자고 조르기, 소리 내어 부르기 등)을 하지 않는다.	1	0
3	아이가 보호자와 눈을 잘 맞추지 않는다(다른 것에 집중하고 있어서 눈을 맞추지 않는 경우는 해당되지 않는다.).	1	0	6	상징 놀이를 하지 않는다(예: 인형에게 음식 주기, 재우기, 블록을 음식으로 대치하여 먹는 척, 국자를 전화기로 사용 등).	1	0

5) 36~41개월용

대근육운동

1	아무것도 붙잡지 않고 한 계단에 한 발씩 번갈아 내디디며 계단을 올라간다. 	③ ② ① ⓪
2	큰 공을 던져 주면 양 팔과 가슴을 이용해 받는다. 	③ ② ① ⓪
3	세발자전거의 페달을 밟아서 앞으로 나갈 수 있다.	③ ② ① ⓪
4	선을 따라 똑바로 앞으로 걷는다.	③ ② ① ⓪
5	제자리에서 양발을 모아 멀리뛰기를 한다. 	③ ② ① ⓪
6	아무것도 붙잡지 않고 한 발로 3초 이상 서 있는다. 	③ ② ① ⓪
7	보조 바퀴가 있는 두발자전거를 탈 수 있다.	③ ② ① ⓪
8	한 발로 두세 발자국 뛴다.	③ ② ① ⓪

소근육운동

1	자신의 옷이나 인형 옷의 단추를 푼다.	③ ② ① ⓪
2	원이 그려진 것을 보여 주면 원을 그린다(그리는 과정의 시범을 보지 않고도 그려야 한다.).	③ ② ① ⓪
3	종이를 두 번 연달아 접는다(접은 선은 정확하지 않아도 된다.).	③ ② ① ⓪
4	그려진 점선을 따라 선을 그린다.	③ ② ① ⓪
5	사각형이 그려진 것을 보여 주면 사각형을 그린다(그리는 과정의 시범을 보지 않고도 그려야 한다. 또한 각이 교차되도록 그리는 것은 괜찮지만, 둥글거나 좁은 각으로 그리는 것은 해당되지 않는다.). 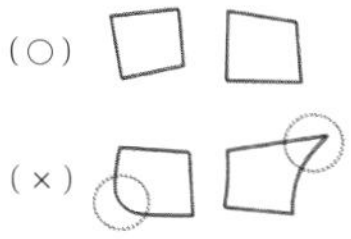	③ ② ① ⓪
6	가위로 직선을 따라 똑바로 오린다.	③ ② ① ⓪
7	뚜껑을 돌려서 연다.	③ ② ① ⓪
8	십자(+)가 그려진 것을 보여 주면 십자(+)를 그린다(그리는 과정의 시범을 보지 않고도 그려야 한다.). 	③ ② ① ⓪

인지

1	연관성이 없는 두 가지 지시사항을 시키면 두 가지를 순서대로 기억하여 수행한다(예: "휴지 버리고 책 가지고 오세요.").	③ ② ① ⓪
2	자신의 성별을 안다.	③ ② ① ⓪
3	'셋'이라는 개념을 이해한다(예: 사탕 여러 개를 책상 위에 놓고 "세 개 주세요."라고 하면 세 개를 준다.).	③ ② ① ⓪
4	과일, 탈것, 가구가 그려진 그림 카드를 섞어 놓았을 때, 아이가 같은 종류끼리 분류한다.	③ ② ① ⓪
5	'가장 많은', '가장 적은'의 개념을 모두 이해한다.	③ ② ① ⓪
6	다른 사람이 한 말을 전달한다.	③ ② ① ⓪
7	다섯 가지 이상의 색깔을 정확하게 구분한다.	③ ② ① ⓪
8	사람(예: 엄마, 아빠)을 그리라고 하면 신체의 세 부분 이상을 그린다. 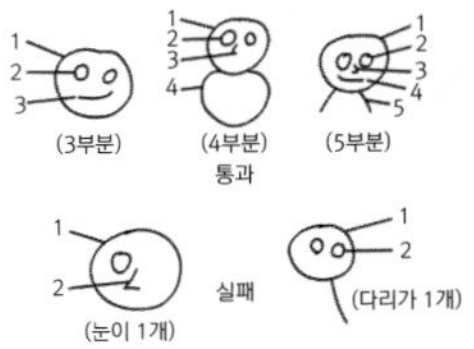 	③ ② ① ⓪

언어

1	"이름이 뭐예요?" 하고 물으면, 성과 이름을 모두 말한다.	③ ② ① ⓪
2	다른 의미를 가진 네 단어 이상을 연결하여 문장으로 말한다(예: "장난감 사러 가게에 가요.").	③ ② ① ⓪
3	'~했어요'와 같이 과거형으로 말한다.	③ ② ① ⓪
4	간단한 대화를 주고받는다.	③ ② ① ⓪
5	완전한 문장으로 이야기한다(예: "멍멍이가 까까를 먹었어.").	③ ② ① ⓪
6	'-은', '-는', '-이', '-가'와 같은 조사를 적절히 사용하여 문장을 완성한다(예: "고양이는 '야옹' 하고 울어요.", "친구가 좋아요.").	③ ② ① ⓪
7	같은 분류에 속한 것을 적어도 세 가지 이상 말한다(예: 동물을 말하도록 시키면, '강아지', '고양이', '코끼리'와 같이 말한다.).	③ ② ① ⓪
8	'~할 거예요', '~하고 싶어요'와 같이 미래에 일어날 일을 상황에 맞게 표현한다.	③ ② ① ⓪

사회성

1	어른이 이끄는 집단 놀이에서 규칙을 따른다(예: 기차놀이, 꼬리잡기, 사다리 터널 놀이 등).	③ ② ① ⓪
5	다른 사람에게 간단한 놀이의 규칙을 설명한다.	③ ② ① ⓪

2	자기 차례를 기다린다(예: 놀이터, 미끄럼틀).	③ ② ① ⓪
3	놀이 중에 도움이 필요한 친구를 도와주고 달래 준다.	③ ② ① ⓪
4	또래와 함께 이야기의 흐름이 있는 놀이를 한다(예: '인형놀이', '학교놀이' 등).	③ ② ① ⓪
6	다른 아이들과 있을 때, 차례를 지키고 놀잇감을 나누어 논다.	③ ② ① ⓪
7	다른 아이들의 행동에 대해 이야기한다(예: "ㅇㅇ가 과자를 가져 왔어.").	③ ② ① ⓪
8	'소꿉놀이', '학교놀이', '술래잡기' 등 여럿이 함께 어울려 하는 다양한 놀이를 한다.	③ ② ① ⓪

자조

1	양말을 혼자서 신는다.	③ ② ① ⓪
2	도와주지 않아도 혼자서 밥을 먹는다.	③ ② ① ⓪
3	단추를 풀어 주면 셔츠나 내의를 벗는다.	③ ② ① ⓪
4	장화(부츠)를 혼자서 신는다.	③ ② ① ⓪
5	옷의 앞과 뒤를 구분하여 입는다.	③ ② ① ⓪
6	혼자서 티셔츠를 입는다.	③ ② ① ⓪
7	외투의 큰 단추를 끼운다.	③ ② ① ⓪
8	혼자서 손을 깨끗이 씻고 수건으로 닦는다.	③ ② ① ⓪

추가 질문

		예 1	아니요 0
1	의미 있는 단어를 말하지 못한다(예: '멍멍', '맘마', '물' 등).	1	0
2	두 단어가 결합된 말을 하지 못한다(예: "밥 줘.", "우유 먹자." 등).	1	0
3	아이가 보호자와 눈을 잘 맞추지 않는다(다른 것에 집중하고 있어서 눈을 맞추지 않는 경우는 해당되지 않는다.).	1	0
4	이름을 불러도 대부분 쳐다보지 않는다(청력에 이상이 있거나 다른 것에 집중하고 있어서 불러도 쳐다보지 않는 경우는 해당되지 않는다.).	1	0
5	어른들의 관심을 끄는 행동(예: 손가락으로 물건을 가리키면서 보호자의 반응을 살피기, 물건 가져다 보여 주기, 같이 놀자고 조르기, 소리 내어 부르기 등)을 하지 않는다.	1	0
6	또래 아이들에게 관심이 없다. 또래와 함께 있어도 아이들을 지켜보거나, 행동을 따라 하거나, 함께 놀려고 시도하지 않는다.	1	0
7	2인 이상이 하는 역할놀이를 하지 않는다(예: 의사와 환자 되어 보기, 엄마와 아빠 되어 보기 등).	1	0

6) 48~53개월용

대근육운동

1	아무것도 붙잡지 않고 한 발로 3초 이상 서 있는다. 	③ ② ① ⓪
2	보조 바퀴가 있는 두발자전거를 탈 수 있다.	③ ② ① ⓪
3	한 발로 두세 발자국 뛴다.	③ ② ① ⓪
4	서 있는 자세에서 머리 위로 팔을 들어 공을 2m 이상 앞으로 멀리 던진다. 	③ ② ① ⓪
5	아무것도 붙잡지 않고 한 발씩 번갈아 내딛으며 계단을 내려간다.	③ ② ① ⓪
6	굴러가는 공을 발로 세운다.	③ ② ① ⓪
7	2m 거리에서 테니스 공 크기의 공을 던지면 두 손으로 잡는다. 	③ ② ① ⓪
8	공을 바닥에 한 번 튕길 수 있다.	③ ② ① ⓪

소근육운동

1	사각형이 그려진 것을 보여 주면 사각형을 그린다(그리는 과정의 시범을 보지 않고도 그려야 한다. 또한 각이 교차되도록 그리는 것은 괜찮지만, 둥글거나 좁은 각으로 그리는 것은 해당되지 않는다.).	③ ② ① ⓪
2	가위로 직선을 따라 똑바로 오린다.	③ ② ① ⓪
3	십자(+)가 그려진 것을 보여 주면 십자(+)를 그린다(그리는 과정의 시범을 보지 않고도 그려야 한다.). 	③ ② ① ⓪
4	계단 모양을 블록으로 쌓는다. 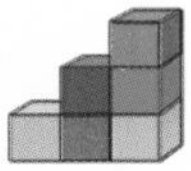	③ ② ① ⓪
5	색칠 공부의 그림 속에 색을 칠한다.	③ ② ① ⓪
6	네모를 가위로 오린다.	③ ② ① ⓪
7	피라미드 모양을 블록으로 쌓는다. 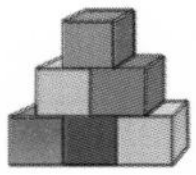	③ ② ① ⓪
8	엄지손가락과 다른 네 손가락을 차례로 맞닿게 한다. 	③ ② ① ⓪

인지

1	과일, 탈것, 가구가 그려진 그림 카드를 섞어 놓았을 때, 아이가 같은 종류끼리 분류한다.	③ ② ① ⓪
2	'가장 많은', '가장 적은'의 개념을 모두 이해한다.	③ ② ① ⓪
3	다른 사람이 한 말을 전달한다.	③ ② ① ⓪
4	물건을 하나씩 열(10)까지 센다.	③ ② ① ⓪
5	아침, 점심, 저녁, 오늘, 내일 등 시간의 개념을 이해한다.	③ ② ① ⓪
6	사람(예: 엄마, 아빠)을 그리라고 하면 신체의 세 부분 이상을 그린다. 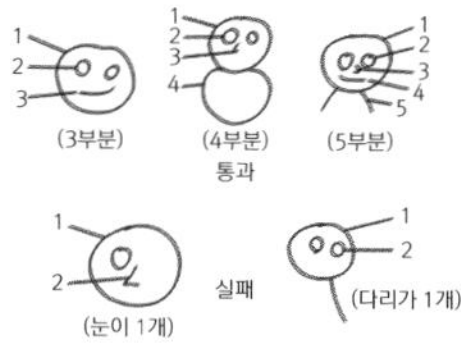	③ ② ① ⓪
7	손에 닿지 않는 물건을 도구를 사용하여 가져 온다(예: 책상 밑에 들어간 것을 막대기로 꺼낸다.).	③ ② ① ⓪
8	자신이 원하는 TV 채널을 찾는다.	③ ② ① ⓪

언어

1	'-은', '-는', '-이', '-가'와 같은 조사를 적절히 사용하여 문장을 완성한다(예: "고양이는 '야옹' 하고 울어요.", "친구가 좋아요.").	③ ② ① ⓪
2	같은 분류에 속한 것을 적어도 세 가지 이상 말한다(예: 동물을 말하도록 시키면, '강아지', '고양이', '코끼리'와 같이 말한다.).	③ ② ① ⓪
3	'~할 거예요', '~하고 싶어요'와 같이 미래에 일어날 일을 상황에 맞게 표현한다.	③ ② ① ⓪
4	그날 있었던 일을 이야기한다.	③ ② ① ⓪
5	친숙한 단어의 반대말을 말한다(예: 덥다 ↔ 춥다, 크다 ↔ 작다).	③ ② ① ⓪
6	간단한 농담이나 빗대어서 하는 말의 뜻을 알아차린다.	③ ② ① ⓪
7	단어의 뜻을 물어보면 설명한다(예: "신발이 뭐야?"라는 질문에 "밖에 나갈 때 신는 거요."와 같은 대답을 할 수 있다.).	③ ② ① ⓪
8	가족 이외의 사람도 이해할 수 있을 정도로 모든 단어의 발음이 정확하다.	③ ② ① ⓪

사회성

1	다른 사람에게 간단한 놀이의 규칙을 설명한다.	③ ② ① ⓪
2	다른 아이들과 있을 때, 차례를 지키고 놀잇감을 나누어 논다.	③ ② ① ⓪
3	'소꿉놀이', '가게놀이', '학교놀이', '병원놀이' 등 여럿이 함께 어울려 하는 다양한 놀이를 한다.	③ ② ① ⓪
4	자기보다 어린 아동을 돌봐 주는 행동을 한다.	③ ② ① ⓪
5	가위바위보로 승부를 정한다.	③ ② ① ⓪
6	처음 만난 또래와 쉽게 어울린다.	③ ② ① ⓪
7	또래와 함께 차례나 규칙을 알아야 할 수 있는 놀이를 한다(윷놀이, 보드게임).	③ ② ① ⓪
8	자기 생각을 이야기하고 다른 아이의 말을 귀 기울여 듣는다.	③ ② ① ⓪

자조

1	벙어리장갑의 좌우를 구분하여 손에 낀다.	③ ② ① ⓪
2	혼자서 손을 깨끗이 씻고 수건으로 닦는다.	③ ② ① ⓪
3	식사할 때 젓가락을 사용한다(연습용 젓가락도 포함).	③ ② ① ⓪
4	혼자서 비누칠을 하여 손과 얼굴을 씻고 수건으로 닦는다.	③ ② ① ⓪
5	대소변을 볼 때 혼자서 옷을 벗고 입는다.	③ ② ① ⓪
6	밤에 자는 동안 대소변을 가린다.	③ ② ① ⓪
7	대소변을 본 후 화장실 물을 내린다.	③ ② ① ⓪
8	숟가락 등을 사용하여 빵에 버터나 잼을 바른다.	③ ② ① ⓪

추가 질문

		예 [1]	아니요 [0]
1	아이가 보호자와 이야기를 하거나 놀 때 눈을 맞추지 않는다.	[1]	[0]
2	청력이 정상임에도 불구하고 이름을 불러도 쳐다보지 않는다.	[1]	[0]
3	어른들의 관심을 끄는 행동을 하지 않는다(멀리 있는 사물을 가리키기, 물건을 가져다 보여 주기, 같이 놀자고 건네주기, 소리 내어 부르기, 손가락으로 가리키기 등).	[1]	[0]
4	또래 아이에게 관심이 없다. 또래와 함께 있어도 아이들을 지켜보거나, 행동을 따라 하거나 함께 놀려고 시도하지 않는다.	[1]	[0]
5	간단한 규칙이 있으면서 편을 나누어 하는 놀이(예: 간단한 숨바꼭질, 잡기놀이, 쎄쎄쎄 등)와 인형을 가지고 하는 상상놀이(예: 인형에게 음식을 주기, 재우기, 로봇끼리 싸우기, 차를 타고 가기 등)를 전혀 할 줄 모른다.	[1]	[0]

7) 66~71개월용

대근육운동

1	굴러가는 공을 발로 세운다.	③ ② ① ⓪	5	깨금발로 좌우 한 발씩 번갈아 뛴다.	③ ② ① ⓪
2	2m 거리에서 테니스공 크기의 공을 던지면 두 손으로 잡는다. 	③ ② ① ⓪	6	줄넘기를 1회 한다.	③ ② ① ⓪
3	공을 바닥에 한 번 튕길 수 있다.	③ ② ① ⓪	7	두 손으로 한 발을 잡고, 닭싸움 자세로 세 번 이상 점프한다.	③ ② ① ⓪
4	무릎 아래 높이로 매어져 있는 줄을 뛰어넘을 수 있다.	③ ② ① ⓪	8	굴러오는 공을 발로 찰 수 있다.	③ ② ① ⓪

소근육운동

1	엄지손가락과 다른 네 손가락을 차례로 맞닿게 한다(반대편 네 손가락이 아니고 같은 손이어야 한다.). 	③ ② ① ⓪	5	주전자나 물병의 물을 거의 흘리지 않고 컵에 붓는다.	③ ② ① ⓪
2	삼각형이 그려진 것을 보여 주면 삼각형을 그린다(그리는 과정의 시범을 보지 않고도 그려야 한다.).	③ ② ① ⓪	6	마름모가 그려진 것을 보여 주면 마름모를 그린다(그리는 과정의 시범을 보지 않고도 그려야 한다.).	③ ② ① ⓪
3	종이에 그려진 동그라미를 가위로 오린다.	③ ② ① ⓪	7	집, 나무, 동물 같은 사물을 알아볼 수 있게 그린다.	③ ② ① ⓪
4	간단한 자동차 모양을 흉내 내어 그린다.	③ ② ① ⓪	8	리본 묶기를 한다(예: 운동화 끈).	③ ② ① ⓪

인지

1	자신의 왼쪽과 오른쪽을 구분할 수 있다.	③ ② ① ⓪	5	11부터 20까지 숫자 중에서 하나를 불러 주면 받아쓴다.	③ ② ① ⓪
2	요일을 순서대로 알고 있다.	③ ② ① ⓪	6	한 자리 숫자 뺄셈을 한다(예: 5-2=3).	③ ② ① ⓪

3	100원보다 500원짜리 동전이 더 가치가 있다는 것을 안다.	③ ② ① ⓪	7	엄마, 아빠 혹은 보호자의 전화번호를 기억한다.	③ ② ① ⓪
4	자기 생일을 알고 있다.	③ ② ① ⓪	8	달력에서 오늘 날짜(월, 일)를 바르게 가리킨다.	③ ② ① ⓪

언어

1	친숙한 단어의 반대말을 말한다(예: 덥다 ↔ 춥다, 크다 ↔ 작다).	③ ② ① ⓪	5	끝말잇기를 한다.	③ ② ① ⓪
2	간단한 농담이나 빗대어서 하는 말의 뜻을 알아차린다.	③ ② ① ⓪	6	자기 이름이랑 2~4개의 글자로 된 단어를 보지 않고 쓸 수 있다(예: 동생, 신호등, 대한민국).	③ ② ① ⓪
3	단어의 뜻을 물어보면 설명한다(예: "신발이 뭐야?"라는 질문에 "밖에 나갈 때 신는 거요."와 같은 대답을 할 수 있다.).	③ ② ① ⓪	7	간단한 농담을 말한다.	③ ② ① ⓪
4	"만약 ~라면 무슨 일이 일어날까?"와 같이 가상의 상황에 대한 질문에 대답한다(예: "동생이 있으면 어떨까?").	③ ② ① ⓪	8	간단한 속담을 이해하고 사용한다(예: '누워서 떡 먹기'와 같은 속담을 적절하게 사용한다.).	③ ② ① ⓪

사회성

1	처음 만난 또래와 쉽게 어울린다.	③ ② ① ⓪	5	다른 아이들과 적극적으로 어울리려고 한다.	③ ② ① ⓪
2	또래와 함께 차례나 규칙을 알아야 할 수 있는 놀이를 한다(윷놀이, 보드게임).	③ ② ① ⓪	6	시키지 않아도 아는 사람에게 "안녕하세요?"라고 인사한다.	③ ② ① ⓪
3	자기 생각을 이야기하고 다른 아이의 말을 귀 기울여 듣는다.	③ ② ① ⓪	7	친구에게 자기 집으로 와서 같이 놀자고 하거나 무슨 놀이를 하자고 제안한다.	③ ② ① ⓪
4	게임을 하는 방법에 대해 다른 아이와 이야기를 나눈다.	③ ② ① ⓪	8	친구나 가족에게 전화를 건다(집전화나 휴대전화 모두 해당).	③ ② ① ⓪

자조

1	숟가락 등을 사용하여 빵에 버터나 잼을 바른다.	③ ② ① ⓪
2	목욕한 후에 혼자서 몸을 수건으로 닦는다.	③ ② ① ⓪
3	윗옷의 지퍼를 혼자 끼워 올린다.	③ ② ① ⓪
4	옷이 더러워지면 스스로 알아서 갈아입는다.	③ ② ① ⓪
5	우유 종이팩을 어른의 도움 없이도 혼자서 연다.	③ ② ① ⓪
6	일정 기간(일주일 정도) 동안 집안일 하나를 맡아서 한다(예: 수저 놓기, 장난감 정리 등).	③ ② ① ⓪
7	머리 감기를 제외하면 혼자서 목욕을 한다.	③ ② ① ⓪
8	대변을 본 뒤 휴지를 사용하여 혼자서 뒤처리를 할 수 있다(비데 사용도 포함).	③ ② ① ⓪

추가 질문

		예 1	아니요 0
1	아이가 보호자와 눈을 잘 맞추지 않는다(다른 것에 집중하고 있어서 눈을 맞추지 않는 경우는 해당되지 않는다.).	1	0
2	이름을 불러도 대부분 쳐다보지 않는다(청력에 이상이 있거나 다른 것에 집중하고 있어서 불러도 쳐다보지 않는 경우는 해당되지 않는다.).	1	0
3	어른들의 관심을 끄는 행동(예: 손가락으로 물건을 가리키면서 보호자의 반응을 살피기, 물건 가져다 보여 주기, 같이 놀자고 조르기, 소리 내어 부르기 등)을 하지 않는다.	1	0
4	또래 아이들에게 관심이 없다. 또래와 함께 있어도 아이들을 지켜보거나 행동을 따라 하거나 함께 놀려고 시도하지 않는다.	1	0
5	간단한 규칙이 있으면서 편을 나누어서 하는 놀이(예: 숨바꼭질, 잡기놀이 등)나 3인 이상이 모여 하는 규칙이 있는 역할놀이(예: 가게놀이, 병원놀이 등)를 하지 않는다.	1	0
6	다른 사람의 감정이나 의도를 파악하지 못한다.	1	0

8) 검사 결과

결과표(예: 4~5개월용)

아이 이름	(남, 여)	작성일	년 월 일
생년월일	년 월 일(조산아인 경우 출산 예정일: 년 월 일)		
설문 응답자	□어머니 □아버지 □할머니 □할아버지 □기타( )		

결과 요약

영역 / 분류	1	2	3	4	5	6	7	8	총점	절단점		
										가	나	다
대근육운동										10	15	22
소근육운동										12	17	23
인지										12	16	22
언어										10	16	22
사회성										11	15	21

평가 결과

점수화

1. 점수화를 위한 체험 단계는 다음과 같이 4단계로 구성됩니다.
2. 각 영역별로 문항별 점수를 합하여 총점을 기록합니다.
3. 총점에 대한 평가는 각 영역별로 제시된 절단점에 근거하여 다음과 같이 네 가지로 평가합니다.

① 실화평가 권고 ② 추적검사 요망 ③ 또래 수준 ④ 빠른 수준

작성 일자: ____________

작 성 자: __________ 서명

출처: 보건복지부 (2014b).

수업 후 실습

학습 이해를 위한 조별 토의

✿ 영유아 발달에 따른 검사 내용은 어떤 차이가 있나요?

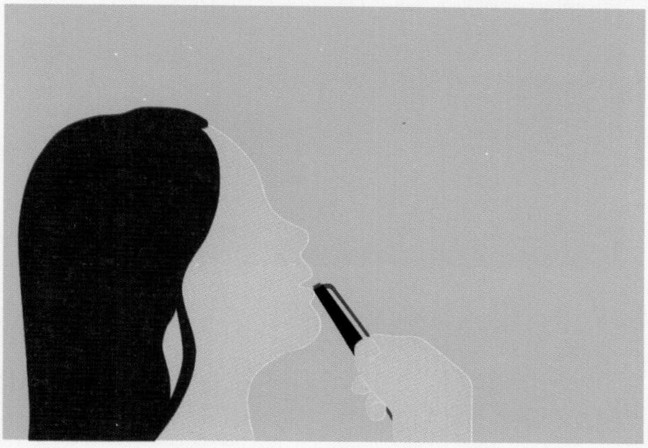

생각에 도움이 될 만한 질문

- 하나의 평가 영역을 정해, 월령에 따른 영유아의 검사 반응을 생각해 보세요.

학습 기억을 위한 조별 실습

✿ 앞서 토의한 내용을 토대로 조별로 검사자-영유아가 되어 역할극을 해 보세요.

✿ 역할극을 보며 생각해 보세요.

- 평가 영역의 발달적 차이가 느껴지나요?

Chapter

03

영아 신체운동과 건강

이 장에서는 예비교사들로 하여금 영아의 신체운동능력 발달 특성을 이해하고, 발달에 적합한 신체운동 지도능력을 기르도록 돕고자 한다. 따라서 영아 월령별 신체운동능력 발달의 평균적 특징을 구체적으로 정리하고 있고, 이에 따른 영아 신체운동 지도 방법을 제시하였다. 이를 통해 영아를 대상으로 한 신체운동 교육을 이해하고, 발달에 적합한 신체운동 교육 실천력을 기를 수 있다.

학습목표

영아 신체운동능력 발달 특성을 이해하고, 발달에 적합한 신체운동 지도 방법을 설명할 수 있다.

수업 전 실습

학습 동기화를 위한 조별 토의

✿ 영아 신체운동능력 발달 순서를 4단계로 생각해 보고, 각 단계별 신체운동 지도 방법에 대해서도 한 가지씩 고민해 보고, 조별로 생각을 나눠요.

생각에 도움이 될 만한 질문

- 신생아기부터 만 2세 영아까지 어떤 순서로 신체운동능력이 발달할까요?

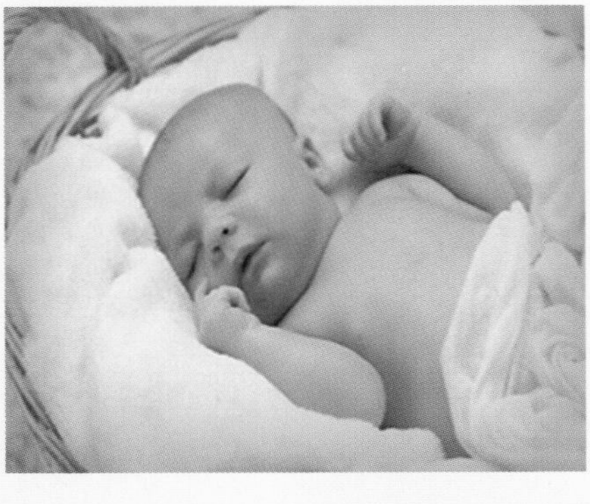

I. 영아기 신체운동능력 발달

1) 반사적 움직임

태어난 직후 신생아는 대부분 본능적인 반사작용으로 움직인다. 이러한 반사적 움직임은 두뇌의 뇌간(Brain stem)에서 비롯되는데, 이는 생존 및 신체보호와 관련된 비자발적 운동이라고 할 수 있다. 생후 4~7개월부터는 두뇌의 대뇌피질이 발달하면서 반사적 행동이 점차 사라지고, 영아의 의지에 따라 조절되는 운동능력이 발달한다.

반사행동의 종류에는 크게 생존과 관련된 반사, 환경 변화에 따른 신체 적응 및 보호와 관련된 반사로 나눌 수 있다. 생존과 관련된 반사는 안전한 것을 먹고, 안전하지 못한 것을 먹지 않으며, 호흡과 관련된 것으로 종류로는 젖 찾기 반사(rooting reflex), 빨기 반사(sucking reflex), 삼키기 반사(swallowing reflex), 혀 내밀기 반사(tong extrusion reflex), 기침 반사(coughing reflex), 재채기 반사(sneezing reflex), 하품 반사(yawning reflex) 등이 있다. 젖 찾기 반사(rooting reflex)는 모유나 우유를 먹을 수 있도록 신생아가 자기 뺨에 닿는 자극을 향해 고개를 돌리고, 입을 벌리는 반사적 행동을 보인다. 빨기 반사(sucking reflex)와 삼키기 반사(swallowing reflex)는 한 호흡에 동시에 수행하는 것이므로 어려운 반사행동이라고 할 수 있다. 따라서 생후 1~2주 정도 되어야 능숙하게 반사행동을 보일 수 있다. 혀 내밀기 반사(tong extrusion reflex)는 입으로 이물질이 들어오면 혀를 내밀어 뱉어내는 행동으로 이물질이 식도로 넘어가는 것을 방지하는 반사행동이다. 기침 반사(coughing reflex)와 재채기 반사(sneezing reflex)를 통해 기도를 깨끗하게 유지하며, 하품 반사(yawning reflex)를 통해 갑자기 요구되는 산소를 체내에 공급할 수 있다.

그리고 환경 변화에 따른 신체 적응 및 보호와 관련된 반사는 태내환경과 다른 환경에 적응하고, 신체를 보호하도록 하는 것과 관련된 것으로 종류로는 모로 반사(moro reflex), 걷기 반사(stepping reflex), 긴장성 목 반사(tonic neck reflex), 파악 반사(grasping reflex), 바빈스키 반사(babinski refelx) 등이 있다. 모로 반사(moro reflex)는 영아가 기존과 다른 환경자극에 놀란 경우 양손을 펴서 무언가를 잡으려고 하는 반사적 움직임을 보이는 것이다. 예를 들어, 영아를 안고 있다가 팔을 갑자기 빼면 영아는 중력의 힘에 놀라 양쪽 팔을 벌렸다가 오므린다. 이를 통해 위치 변화나 중력의 힘에 따른 위험 순간에 자신의 신체를 적응시키고, 보호하기 위해 매달리기 행동을 보인다. 걷기 반사(stepping reflex)는 상체를 잡고, 바닥에 세우면 마치 보행하는 것처럼 다리를 교차로 움직인다. 긴장성 목 반사(tonic neck reflex)는 영아의 머리를 강제로 다른 방향으로 돌리면 몸의 균형이 흐트러지는데, 이를 정렬하기 위해 영아는 얼굴이 향한 쪽의 팔을 쭉 뻗음과 동시에 반대쪽 팔을 구부려 마치 펜싱 자세를 취한다. 이는 환경 변화에 맞게 몸의 근육과 관절을 적응시키기 위함이며, 목의 근육을 자극시켜 향후 목 가누기와 관련한 근육을 발달시키기도 한다. 파악 반사(grasping reflex)는 손을 자극하면, 영아가 자극물을 손으로 꽉 쥐는 움직임을 보이는 것으로, 영아 자신의 체중을 모두 의지할 정도로 힘이 강하다. 바빈스키 반사(babinski refelx)는 발바닥을 간지럽히면 영아가 발가락을 부챗살처럼 펴는 움직임을 보이는 것이다. 생후 1년경 사라지며, 생후 1년 미만의 영아가 반대로 오므린다면 전문가와의 상담이 필요하다.

이러한 반사행동들은 영아의 생존과 환경 적응에 필요한 행동이며, 동시에 영아의 감각자극 처리 및 반응 관련 신경계통이 정상적으로 발달하고 있는지 점검할 수 있는 지표이기도 하다(Gabbard, 2008; Payne & Issacs, 2005). 따라서 반사행동을 일으키는 반사자극을 통해 그 반응을 살펴보는 것이 중요하다. 반사행동은 생후 4~7개월 동안 정상적으로 나타나지 않으면 향후 뇌성마비와 같은 신경학적 문제를 보여 신체운동능력 발달이 지체되거나 정상적 발달이 일어나지 않을 수 있다. 또한 반사행동이 생후 4~7개월 이후에는 점차 사라져야 하는 데, 생후 1년이 지나서도 지속되어 나타나는 것도 문제라고 할 수 있다(O'Sullivan & Schmitz, 2001).

〈표 3-1〉 **반사행동의 종류**

반사행동		반사행동	
젖 찾기 반사 (rooting reflex)	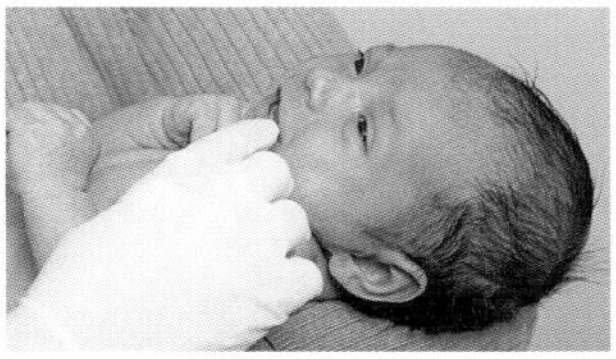	모로 반사 (moro reflex)	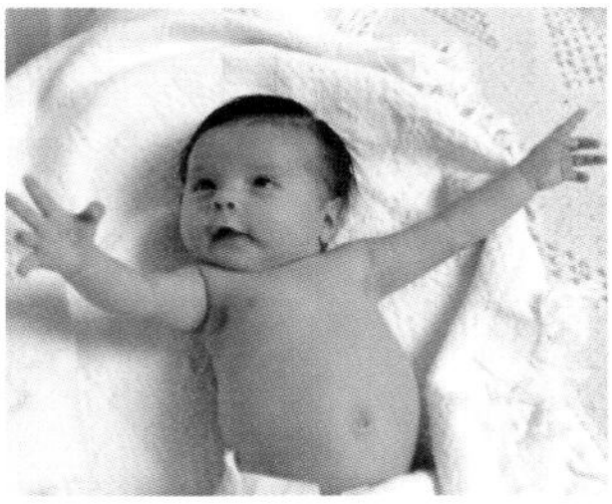
혀 내밀기 반사 (tong extrusion reflex)	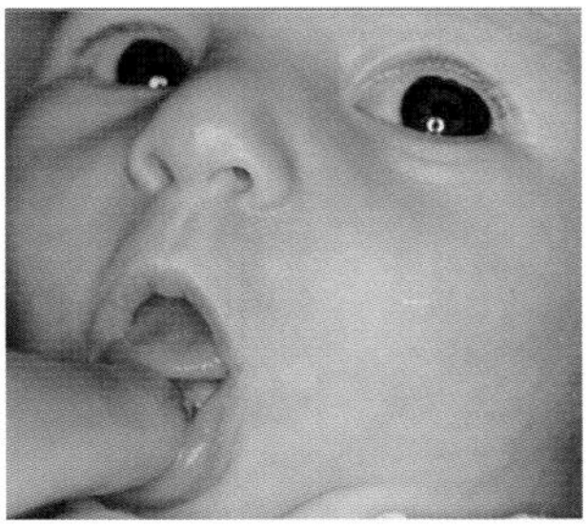	걷기 반사 (stepping reflex)	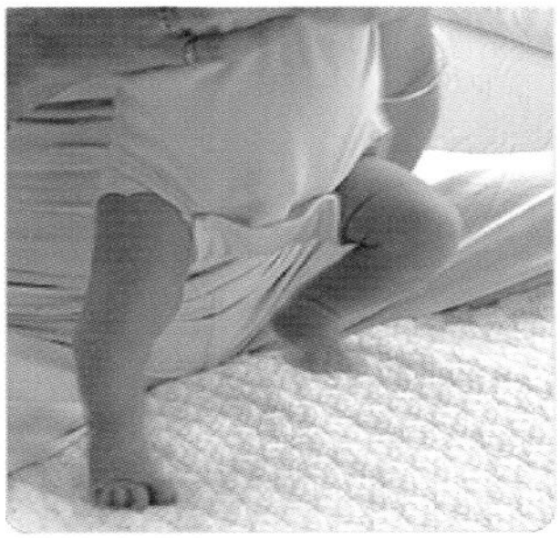
긴장성 목 반사 (tonic neck reflex)	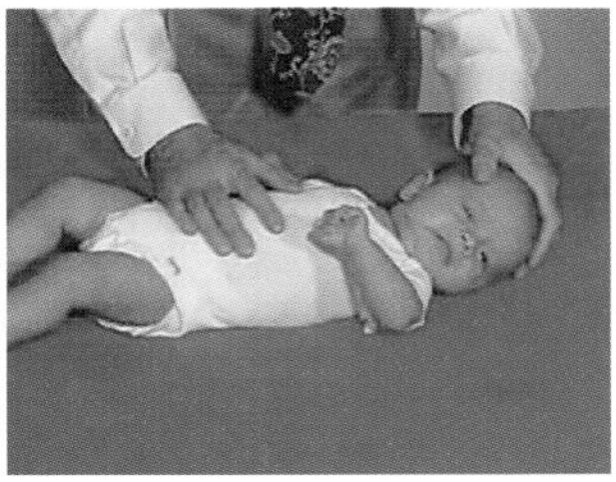	파악 반사 (grasping reflex)	
하품 반사 (yawning reflex)		바빈스키 반사 (babinski refelx)	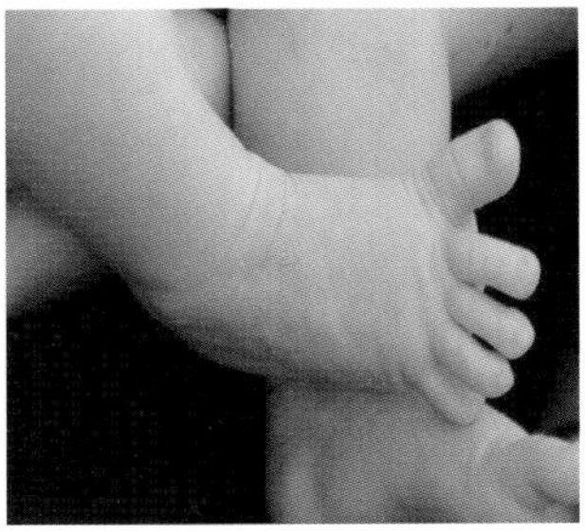

2) 운동능력 발달

반사적 움직임이 나타난 이후 두뇌와 신경, 골격과 근육, 감각기관 등이 발달하면서 운동능력 또한 발달하게 된다. Singer(1972)는 운동능력 발달에 있어서 일정한 순서가 있다고 하였는데, 머리에서 다리로, 신체 중심에서 말단 부위로, 전신 운동에서 부분 운동으로, 대근육 운동에서 소근육 운동으로 이루어진다고 하였다. 영아의 운동능력 발달에 대해 알아보기 위해 대근육 운동능력과 소근육 운동능력으로 나누어 살펴보면 다음과 같다. 참고로 2장의 영유아 건강검진 내용 중 평균적 발달 정도에 기초하여 내용을 제시하였다.

(1) 대근육 운동능력

대근육 운동능력이란 큰 근육을 사용하는 운동능력을 말하며 주로 몸통이나 팔과 다리 근육을 사용하는 것을 의미한다. 대근육 운동능력의 발달은 주로 걷기, 달리기, 공 잡기 과제를 통해 검사함으로써 속도, 힘, 협응, 균형 정도를 파악한다.

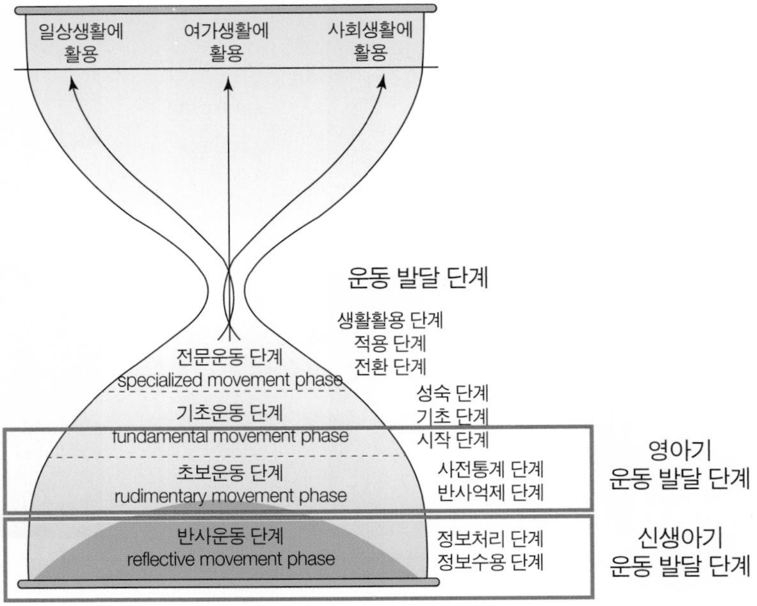

[그림 3-1] **영아기 운동 발달 단계**

출처: Gallahue, D. L. & Ozmun, J. C. (2002).

영아의 대근육 운동능력 발달은 Gallahue와 Ozmun(2002)이 제시한 운동 발달 단계를 통해 살펴보면, 신생아기는 반사운동 단계, 영아기는 초보운동 단계와 기초운동 단계의 시작 단계에 속한다고 할 수 있다. 기초운동 단계란 걷고, 뛰는 것이 자유로운 단계로 이를 활용한 다양한 움직임이 가능해지는 단계를 의미한다. 따라서 초보운동 단계는 걷고, 뛰기능력이 발달하기까지의 단계라고 할 수 있다. 초보운동 단계와 기초운동 단계의 시작 단계 운동능력 발달 특성에 대해 알아보고자 한다.

① 초보운동 단계

반사적 움직임 이후 영아의 대근육 운동능력은 초보운동 단계로서 이 시기 운동능력은 두뇌의 중뇌(midbrain)와 소뇌(cerebellum)의 신경이 발달하면서 서툴지만 신체균형을 유지하고, 이동하기 위한 운동능력이 발달한다는 특징이 있다. 기초운동인 걷기, 뛰기가 자유롭게 가능한 생후 18개월 이전 시기까지가 초보운동 단계에 해당한다고 할 수 있다. 월령에 따라 평균적으로 가능한 운동능력 발달 순서는 〈표 3-2〉와 같다.

〈표 3-2〉 영아기 초보운동 단계의 대근육 운동능력 발달

월령	운동행동	참고
약 생후 4개월	목을 가눔 (목 가누기)	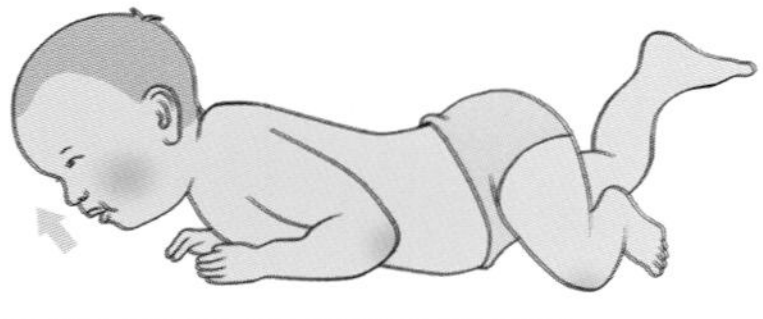
약 생후 7개월	몸통을 뒤집음 (뒤집기)	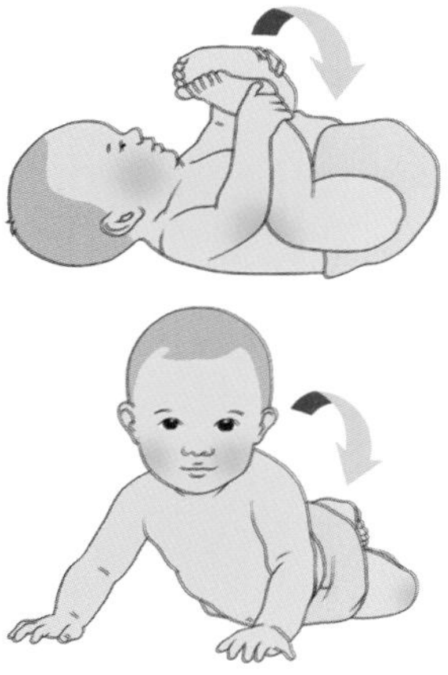

약 생후 7개월	배밀이를 함 (기기)	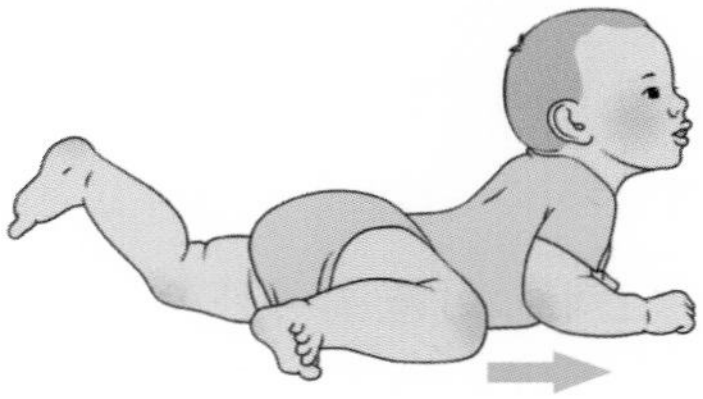
	지탱하여 앉히면 앞으로 기울어지지만 앉을 수 있음	
약 생후 10개월	스스로 앉을 수 있음	
	기어 다닐 수 있음	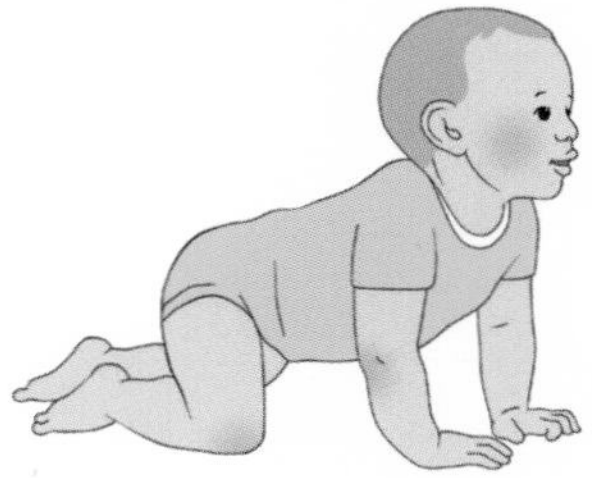
	붙잡고 일어설 수 있음	

약 생후 12개월	스스로 설 수 있음	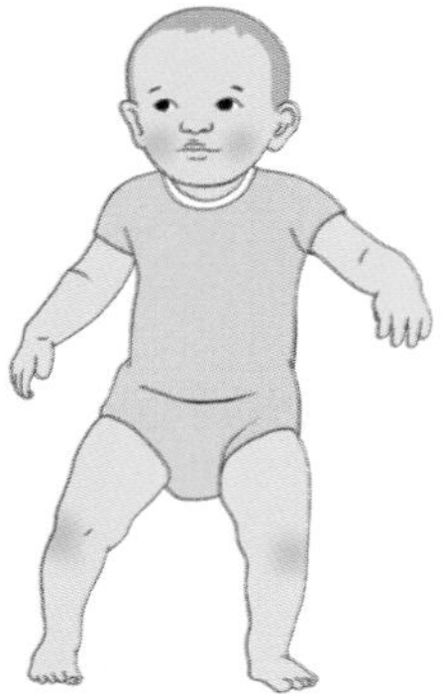
	의지하여 걸을 수 있음	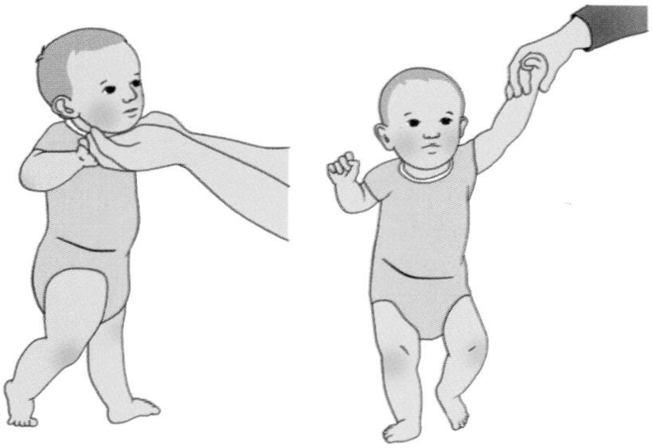
약 생후 15개월	스스로 서툴게 걸을 수 있음	

월령별 운동행동이 출현 가능 시기보다 3~6개월 정도 늦어지면 전문가와 상담을 해 보아야 한다.

② 기초운동 단계의 시작 단계

걸기, 뛰기가 자유롭게 가능해지는 기초운동 단계의 시작 단계에서는 두뇌의 소뇌(cerebellum)와 대뇌피질(cerebrum cortex)의 신경이 발달하면서 영아는 대근육 운동능력이 보다 성숙하고, 움직임을 즐기게 된다. 이 단계에서 나타나는 기초운동별 발달 특징은 〈표 3-3〉과 같다.

〈표 3-3〉 영아기 기초운동 시작 단계의 대근육 운동능력 발달

기초운동	월령	운동행동
걷기	약 생후 18개월	능숙하게 걷는다. 의지하여 계단(높낮이 있는 장애물)을 오르내린다.
	약 생후 2년	스스로 계단(높낮이 있는 장애물)을 오르내린다.
뛰기	약 생후 18개월	서툴지만 뛰기를 한다.
	약 생후 2년	달리기를 한다. 두 발로 점프를 한다.
던지고 받기	약 생후 2~3년	도구를 조작하기 위해 신체를 서툴게 조절한다. 두 발은 그대로 두고, 팔꿈치만 굽혀서 던진다.  제자리에서 팔만 벌려 받는다.

(2) 소근육 운동능력

소근육 운동능력이란, 작은 근육을 사용하는 운동능력을 말하며 주로 손의 근육인 손바닥과 손가락을 사용하는 운동능력을 의미한다. 또한 체성감각 중 손이 관장하는 뇌 면적은 30%로 가장 많은 비율을 차지하므로 소근육 운동능력은 중추신경계의 성숙을 반영한다고 할 수 있다. 영아뿐만 아니라 유아가 환경과 상호작용하도록 돕는 도구적 역할을 함으로써 영유아의 인지 발달에도 매우 중요하다고 할 수 있다.

① 잡기능력

잡기능력은 잡기 반사인 파악 반사(grasping reflex)와 구별하여, 자의적으로 움직이는 능력을 의미하며, 소근육 운동능력의 가장 기초되는 능력으로 개별 손가락들의 협응력과 정교성에 따라 발달 정도를 구분할 수 있다.

손가락 협응력은 손바닥과 손가락이 하나로 움직여 전체 손으로 물건을 잡는 것에서 발달하여, 손가락들의 개별적 움직임이 가능해져 엄지와 집게손가락만을 사용해서도 물건 잡기가 가능해지는 것을 의미한다. 그리고 정교성은 손으로 크기나 부피가 큰 물체를 잡는 것에서 발달하여, 점점 크기나 부피가 작은 물체들을 정교하게 잡는 것이 가능해짐을 의미한다. 이러한 잡기능력의 월령별 평균발달은 〈표 3-4〉와 같다.

〈표 3-4〉 영아기 기초운동 시작 단계의 잡기능력 발달

월령	운동 행동	참고
약 생후 4개월	손 전체를 하나로 움직여 물체를 움켜 잡을 수 있다.	
약 생후 10개월	개별 손가락들(엄지와 집게손가락)을 움직여 물체를 서툴게 잡을 수 있다.	
약 생후 12개월	개별 손가락들(엄지와 집게손가락)을 움직여 물체를 정확하게 잡을 수 있다.	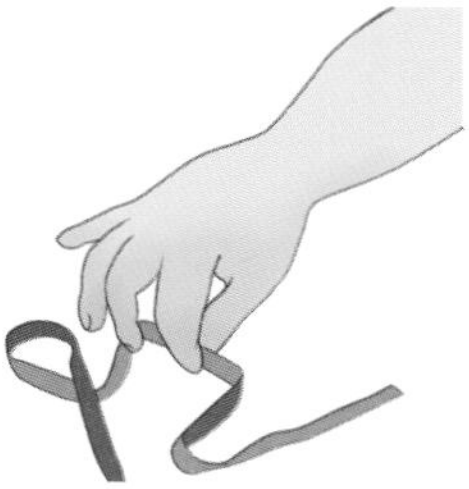

② 눈과 손의 협응력

소근육 운동능력이 발달하면서, 시각과 협응되어 더 정교해지고 인지적 탐구를 위한 실행이 가능해진다. 영아들은 눈앞에 놓인 물체 중 호기심이 생긴 물체를 선택해 다가가 손으로 물체를 잡고 물체의 촉감을 탐구하거나, 물체를 흔들어 대는 등 물체의 특성에 대해 알고자 자신의 소근육 운동능력을 사용한다. 또한 다양한 놀잇감이 주어지면, 자신의 소근육 운동능력을 활용한 놀이를 통해 인지적 탐구를 실행한다. 눈과 손의 협응력을 통한 소근육 운동능력은 선천적이긴 하지만, 협응의 기회를 제공함으로써 그 능력을 발달시켜야 한다. 만약 적절한 경험이 주어지지 않으면 인지장애를 보일 수 있고, 소근육을 정확히 움직이는 데 어려움이 생긴다. 예를 들면, 일정 거리에 떨어져 있는 물건을 향해 손을 뻗어 접근하는 행위가 부자연스럽게 이루어진다(Williams, 1983). 그러므로 눈과 손의 협응력의 발달을 이해하고, 적절한 경험의 기회를 주어야 한다. 이러한 눈과 손의 협응력의 월령별 평균발달은 〈표 3-5〉와 같다.

〈표 3-5〉 영아기 기초운동 시작 단계의 눈과 손의 협응력 발달

월령	운동행동	참고
약 생후 10개월	호기심이 생긴 물체를 향해 손을 뻗어, 정확하게 잡는다. 물체에 대한 탐구(흔들기, 만져보기 등)를 한다.	
약 생후 15개월	호기심이 생긴 물체를 활용해 놀이를 한다. - 그리기 도구를 활용해 그림을 그리기 시작한다. - 블록 놀잇감을 활용해 물체를 쌓아올린다.	

약 생후 18개월	점차 놀잇감을 다루는 능력이 정교해지고, 놀이도 정교해진다.	

③ 자조기술 발달

소근육 운동능력이 발달하면서, 눈앞에 보이는 목표를 가지고 소근육을 조작하는 인지적 탐구뿐만 아니라 타인의 행동과정을 모방하고, 머릿속에 기억하여 머릿속에 떠오른 표상 결과에 따라 소근육 조작을 하는 자조기술도 발달한다. 자조기술(Self-care)이란 영아가 일생생활 속 반복되는 기본활동을 스스로 목표를 가지고 주도적으로 일련의 과정을 수행하는 기술을 의미한다(American Association on Mental Retardation: AAMR, 2002). 이러한 자조기술은 영아에게 사회적 자아가 생기면서부터 시도되고, 이때의 소근육 운동능력 발달은 영아의 사회성 발달에 매우 중요한 영향을 미친다. 즉, 자조기술을 사용함으로써 영아는 자아존중감 형성의 기초인 자율성을 획득하게 된다. 이러한 자조기술의 월령별 평균발달은 〈표 3-6〉과 같다.

〈표 3-6〉 영유아 기초운동 시작 단계의 자조기술 발달

월령	운동 행동	참고
약 생후 15개월	서툴지만 자조기술을 수행하려고 한다. (예: 서툴지만 혼자 숟가락질을 하려고 한다.)	

약 생후 24개월	자조기술이 보다 능숙해진다. (예: 혼자 숟가락질을 능숙하게 한다.)	

2. 영아기 신체운동 지도 방법

영아기는 기초적인 대근육 발달과 소근육 발달이 일어나는 시기로, 발달의 연속적 특성과 누적적 특성을 감안할 때 매우 중요한 시기라고 할 수 있다. 따라서 영아의 신체운동능력에 맞는 적절한 건강 지도가 이루어져야 한다. 영아의 월령별 신체운동 지도 방법에 대해 알아보면 다음과 같다.

1) 반사적 움직임 단계(출생~생후 4개월)

이 시기는 다양한 반사적 움직임이 나타나는 단계이므로, 여러 반사적 움직임의 유형을 이해하여 신생아에게 적합한 반사적 움직임이 나타나는지 감각자극을 통해 반응 여부를 파악해야 한다. 이를 통해 신생아에게 신체운동과 관련된 중추신경계에 문제가 없는지 조기 진단이 가능하고, 문제가 발견된 경우 의사와 상담하여 적절한 조치를 취할 수 있다. 또 반사행동이 생후 4~7개월 이후에는 점차 사라져야 하는데, 생후 1년이 지나서도 지속되어 나타나는지도 살펴보아야 한다(O'Sullivan & Schmitz, 2001).

2) 대근육 운동능력 발달 지원

(1) 초보운동 단계

초보운동 단계 영아 발달에 따른 적절한 지원방안은 다음과 같다.

① 목 가누기

신생아들은 뇌신경이 미숙하고 목 근육이 발달하지 못해 엎드려 놓으면 고개를 전혀 가누지 못하고 바닥에 닿게 된다. 생후 4개월쯤에는 엎드려 놓으면 머리를 들어 올릴 정도로 발달한다. 그러므로 이전까지는 고개를 충분히 가눌 수 없기 때문에 곧추안거나 등 뒤로 업는 것은 좋지 않다. 카시트도 비스듬하게 눕혀서 사용해야 한다. 생후 6개월이 지나도 엎드려 놓았을 때 고개를 가누지 못한다면 뇌성마비 등의 발달장애를 의심할 수 있으므로 전문적인 검사를 받아 보아야 한다.

목 가누기를 위한 운동능력 발달을 지원하기 위해 목 가누기가 가능한 시기쯤 양육자가 누운 자세에서 배 위에 영아를 올려놓고 눈을 맞춰 보는 것이 좋으며, 바닥에 평평한 매트를 깔아 놓고 수시로 영아를 엎드려 놓은 후, 앞에 거울을 두거나 소리 나는 놀잇감을 두는 것도 좋은 방법이다. 영아를 엎드려 놓은 후에는 아직 목 가누기가 능숙하지 못하므로 수시로 관찰해야 하며, 잠깐씩 엎드려 놓는 것이 적당하다.

② 뒤집기

몸통 근육이 발달하면서 뒤집기가 가능해진다. 똑바로 누워 있다가 엎드리는 자세로 몸을 180° 회전한다. 그러나 영아 발달 특성에 따라 이 시기를 거치지 않기도 한다.

뒤집기를 위한 운동능력 발달 지원방안은 매트 위에 영아를 엎드리게 한 후 이불을 살짝 들어 올려 기울어진 환경을 만들어 주거나 영아의 시선을 끌 만한 놀잇감을 머리 위에서 바닥으로 180° 회전하여 보여 줌으로써 놀잇감을 바라보는 시선을 따라 몸통을 뒤집도록 유도할 수 있다.

③ 배밀이(기기)

뒤집기 다음 과정으로 배를 바닥에 대고 이동하는 배밀이가 가능해진다. 물론 영아의 발달 특성에 따라 이 시기를 거치지 않고, 바로 앉거나 기어 다니기도 한다.

배밀이를 위한 운동능력 발달 지원방안은 영아를 매트 위에 놓고, 영아가 좋아하는 공 등의 놀잇감을 손에 닿을 듯 말듯한 거리에 둠으로써 배밀이를 유도할 수 있다. 또한 양육자가 영아 앞에 떨어져 앉아 영아를 부르거나 박수를 치는 등의 행동을 하여 배밀이를 유도할 수도 있다. 안전한 배밀이를 지원하기 위해서 영아 옷의 앞부분에 장식이나 단추 등이 없고 자극이 적은 옷을 입혀 주는 것이 필요하며, 배를 밀고 이동하는 것이므로 안전하고 넓은 공간을 확보해 주어야 한다. 예를 들어, 침대나 소파는 높고 공간이 좁으므로 떨어질 위험이 있을 수 있다.

④ 앉기

배밀이 다음으로 몸통의 힘이 생기고, 팔의 힘이 생기면서 팔로 몸을 지탱할 수 있게 되면서 앉는 것이 가능해진다. 하지만 처음에는 앉기가 어려우므로 성인의 무릎에 앉히는 등 어딘가에 기대어 앉을 수 있도록 하는 것이 필요하다. 만약 생후 8개월이 넘어도 지탱하여 앉는 것이 불가능하다면 발달장애가 의심되므로 정확한 검사를 받도록 한다.

앉기를 위한 운동능력 발달 지원방안은 영아를 성인의 무릎이나 쿠션, 베개 등에 기대어 앉히는 경험을 자주 시켜 주는 것이 필요하다.

⑤ 기어 다니기

팔과 다리의 근육이 점차 발달하면서 배를 바닥에서 떼고 팔과 다리로만 자기 몸을 지탱할 수 있게 되어 기어 다니는 것이 가능해진다. 기어 다니는 모습은 영아의 특성에 따라 조금씩 다르게 나타나고, 어떤 경우에는 기어 다니지 않고 바로 서기가 나타나기도 한다. 하지만 만약 15개월이 되어서도 기어 다니기만 한다면 발달장애의 문제가 의심되므로 정확한 검사를 받아 보아야 한다.

기어 다니기를 위한 운동능력 발달 지원방안은 스스로 앉는 것이 가능해진 후, 자주 앉아서 놀 수 있는 기회를 주어 몸통과 다리 힘이 길러지도록 해야 하며, 팔이 자유로워지므로 팔의 힘을 기를 수 있도록 앉아 있는 영아의 손에 딸랑이나 무게감 있는 놀잇감을 쥐어 주거나 오뚝이 놀잇감 등을 제공해 줄 수 있다. 또한 다양한 감각적 놀잇감을 제공해 소근육 발달을 지원할 수 있다.

엉덩이를 바닥에 부딪히며 이동한다.

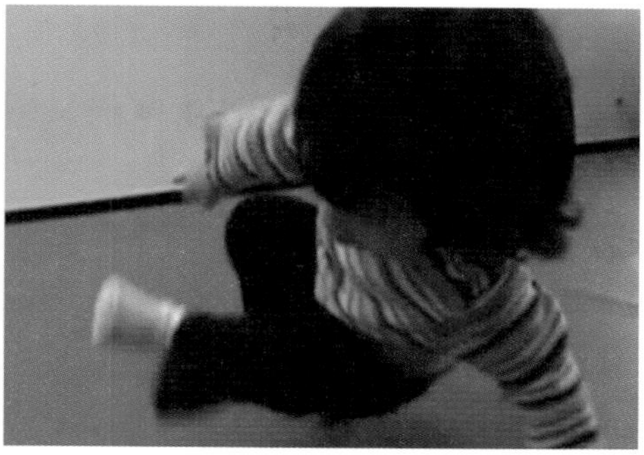

앉은 자세에서 한 손과 한 다리에 힘을 주어 이동한다.

[그림 3-2] **다양한 기어 다니기**

출처: https://www.youtube.com/watch?v=HFY_gUfpS84

⑥ 서기

기어 다니는 시기를 지나면 영아의 다리 근육이 발달하여 두 다리로만 몸을 지탱하여 서기가 가능해진다. 이 시기 서기를 유도하기 위해서는 안전하게 앉는 방법을 먼저 교육하는 것이 중요하다.

서 있다가 무릎을 굽혀 앉기

동그랗게 손을 잡고 서 있다가 앉는 놀이

[그림 3-3] **서기 운동능력 지원**

서기를 위한 운동능력 발달 지원방안은 아래에 매트를 놓고, 근처 낮은 선반에 영아가 좋아하는 놀잇감을 올려 두거나, 낮은 가구를 붙잡고 설 수 있도록 유도하는 것이다. 또 서기를 위해서 먼저 서 있는 자세에서 무릎을 굽혀 앉은 자세로의 변화가 가능하도록 도와주어야 하는데, 교사나 또래와 함께 영아가 손을 잡고 앉았다 섰다 놀이를 반복함으로써 서기와 앉는 자세의 안정적 변화를 도울 수 있다.

⑦ 걷기

다리 힘이 생기면서 처음에는 어딘가를 지탱하여 걷다가 이후 스스로 걷기가 가능해진다. 대부분 생후 1년이 되면 걷기 시작하지만, 정상 발달일지라도 생후 15개월이 되어서야 걷는 영아도 있으니 조금 늦더라도 기다려 보는 것이 필요하다. 하지만 생후 15개월 이후에도 걷지 못한다면 전문가의 상담을 받아야 한다.

걷기를 위한 운동능력 발달 지원방안은 양육자가 안전한 매트 위에서 영아의 손을 잡고 천천히 걷는 것, 양육자 양발 위에 영아의 양발을 하나씩 올려 두고 손을 잡고 같은 방향으로 천천히 걷는 것 등이 있다. 또한 헝겊으로 된 공을 활용해 공을 차도록 하는 것도 다리 힘을 길러 주므로 걷기 운동능력 발달에 도움이 된다. 하지만 걷기를 지원하기 위해 보행기를 태우는 것은 걷기 위한 지지대가 되고, 다리의 힘을 기를 수 있다는 장점이 있지만, 오랫동안 보행기를 태우는 것은 발달에 부정적 영향을 미칠 수 있다. 즉, 허리의 힘으로 걷는 방법을 배우지 못하고, 오로지 다리만 움직여 걷다 보면 걷는 자세가 바르지 않을 수 있으며, 고관절 발달에도 부정적 영향을 미칠 수 있다(Hupp & Jewell, 2015). 따라서 오랫동안 사용하는 것은 부정적 영향을 미칠 수 있으니 주의를 기울일 필요가 있다. 또한 영아의 안전을 위해 끈이 달린 가방을 아이 등에 매도록 하고 걷는 아이의 뒤에서 양육자가 가방의 끈을 잡고 있는 것은 오히려 영아의 걷기 관련 근육의 발달에 부적절한 영향을 미칠 수 있으므로 사용을 금하는 것이 좋다.

끈이 달린 가방 착용

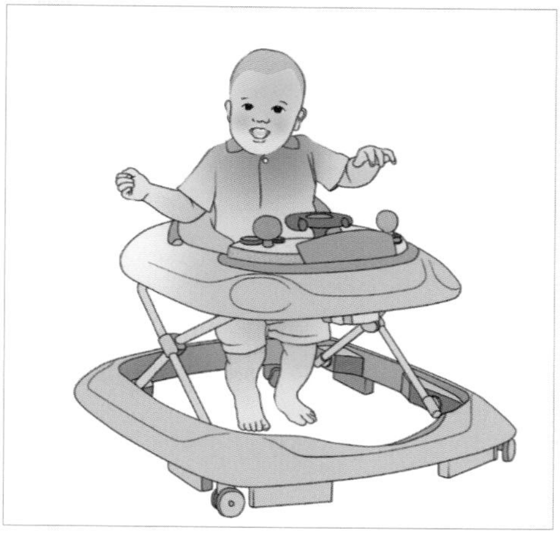

보행기 장기 사용

[그림 3-4] 걷기 발달에 부정적 영향을 미치는 것들

공차기

걸음마 연습용 놀잇감

[그림 3-5] 걷기 발달에 도움이 되는 것들

(2) 기초운동 단계의 시작 단계

자유로운 걷기와 뛰기가 가능한 기초운동 단계의 시작 단계 영아 발달에 따른 적절한 지원방안은 다음과 같다.

① 걷기와 뛰기

능숙한 걷기가 가능하고, 걷는 동작을 즐기며 높낮이가 있는 장애물을 오르내리는 것이 가능하다. 점차 발달함에 따라 뛰기도 가능해지므로 다양한 자연환경에 나가 잔디밭이나 공원, 흙길, 자갈길 등 다양한 길을 체험하고, 그 위에서 걷거나 뛰도록 하는 것이 운동능력 발달에 도움이 된다. 또한 자연스러운 환경에서 만나는 다양한 높낮이의 장애물을 오르내리는 경험도 도움이 된다. 이때 끈이 길게 늘어뜨려지는 옷이나 끈이 있는 운동화는 걷기와 뛰기를 방해하거나 안전에 부정적 영향을 미칠 수 있으므로 주의하는 것이 좋다. 그리고 대근육 움직임을 즐기는 영아에게 "위험해", "우스워" 등 부정적 표현은 삼가는 것이 좋다. 성인의 부정적 표현은 영아의 대근육 움직임을 위축시킬 수 있고, 영아가 부정적 자아개념을 형성하게 할 수 있다.

또한 뛰는 움직임을 즐기는 영아에게는 안전을 위해 통제력을 길러 주는 교육이 함께 이루어져야 하는데, 뛰다가 스스로 멈추기를 시도할 수 있도록 놀이를 통한 교육을 하는 것이 좋다. 예를 들어, <그대로 멈춰라> 노래에 맞춰 춤을 추다가 멈추도록 하는 놀이를 반복함으로써 움직임의 통제력을 길러 줄 수 있다.

② 던지고 받기

도구를 조작하는 운동을 하기에는 초보운동 단계에서 영아의 운동능력은 아직 서툴다고 할 수 있다. 도구의 움직임에 대한 이해가 부족하고, 영아 자신의 힘을 통한 도구의 움직임 변화에 대한 이해도 부족하기 때문이다. 하지만 기초운동 단계의 영아에게는 지속적으로 다양한 도구를 활용해 움직임을 경험하도록 하는 지원이 필요하다. 도구의 크기나 무게를 고려하여 영아에게 위험하지 않는 범위에서 도구를 선별하고, 주로 가벼운 공을 활용하여 도구를 조작해 보는 운동 경험을 제공하는 것이 좋다.

3) 소근육 운동능력 발달 지원

(1) 잡기능력 발달

영아의 잡기능력 발달을 위해서는 다양한 감각적 놀잇감을 제공하는 것이 필요하며, 영아의 한 손에 쉽게 잡을 수 있는 크기가 큰 놀잇감이 적절하다. 이때 놀잇감이 딱딱하거나 모서리가 뾰족한 경우에는 영아의 손이 다칠 수 있으니 부드러운 헝겊 재질로 된 놀잇감이 좋다. 점차 놀잇감의 크기를 작게 제공하여 엄지와 검지만을 활용하여 섬세한 잡기가 이루어지도록 지원할 수 있다.

하지만 지름 3.5cm 이하의 원형 놀잇감은 영아가 입에 넣었을 때 기도가 막혀 질식할 수 있으므로 지름 3.5cm 이상의 놀잇감을 제공해야 한다.

(2) 눈과 손의 협응력 발달

눈과 손의 협응력 발달을 위해서는 영아의 호기심을 끌 만한 다양한 감각 놀잇감을 제공하고, 스스로 선택하여 탐색하도록 돕는 것이 좋다. 또한 정확한 손의 조작이 가능하도록 일정한 규칙이 있는 것이 좋다. 예를 들어, 퍼즐이나 도형 끼우기, 조작 버튼이 있는 놀잇감 등과 같이 놀잇감을 목표에 맞게 조작하며 눈과 손의 협응과 소근육의 정확성을 기를 수 있어 좋다.

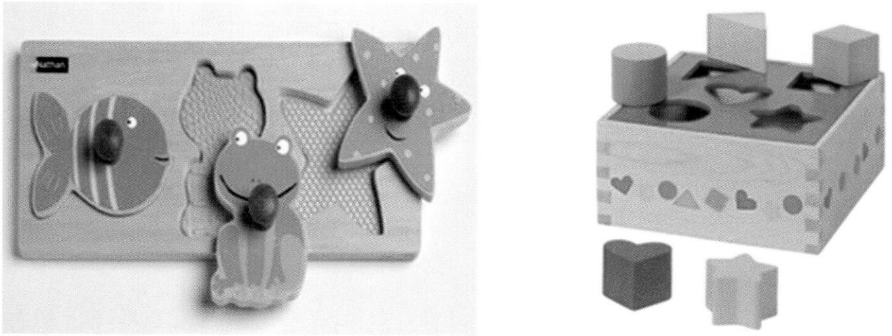

[그림 3-6] 눈과 손의 협응력 발달을 위한 놀잇감

(3) 자조기술 발달

영아의 자조기술 발달을 위해서는 머릿속에 떠오른 일상생활과 관련된 일련의 행동과정을 모방해 볼 수 있도록 영아용 숟가락이나 포크, 빗 등을 준비해 주어 영아가 발달수준에 맞게 자조기술을 수행할 수 있도록 지원해 주는 노력이 필요하다.

3. 제4차 표준보육과정에 제시된 영아기 신체운동 교육

0세에서 만 2세까지의 영아를 위한 표준보육과정은 총 6개의 영역으로 제시되어 있다. 기본생활영역, 신체운동영역, 의사소통영역, 사회관계영역, 예술경험영역, 자연탐구영역이다. 이 중 신체운동 교육과 관련된 영역은 '신체운동' 영역으로 보건복지부(2020)에 제시된 영아기 연령별 신체운동 교육에 대해 살펴보면 다음과 같다.

1) 0~1세 영아를 위한 신체운동 교육

내용 범주	내용
감각과 신체 인식하기	• 감각적 자극에 반응한다. • 감각으로 주변을 탐색한다. • 신체를 탐색한다.
신체활동 즐기기	• 대소근육을 조절한다. • 기본운동을 시도한다. • 실내외 신체활동을 즐긴다.

(1) 감각과 신체 인식하기

① 감각적 자극에 반응한다.

'감각적 자극에 반응한다'는 영아가 감각기관으로 자극을 느끼고 그 자극에 반응하는 내용이다. 신생아기 반사적 움직임을 하는 시기부터 감각교육을 해 주는 것이 좋으며, 다양한 감각 경험이 가능한 모빌을 달아 주는 것도 영아기 감각교육에 도움이 된다. 그리고 영아에게 시각, 청각, 촉각, 후각, 미각 등 오감각을 통한 다양한 감각 경험을 제공하는 것이 필요하며, 감각 경험에 반응하도록 도와야 한다. 감각적 자극을 제공할 때는 영아가 관심을 보이고 반응할 때를 잘 파악하여야 하고, 지나치게 많은 자극을 한꺼번에 주지 않아야 한다.

② 감각으로 주변을 탐색한다.

'감각으로 주변을 탐색한다'는 영아로 하여금 시각, 촉각, 청각, 미각, 후각 등 감각기관을 이용하여 주변의 환경을 탐색하도록 도와야 한다.

③ 신체를 탐색한다.

'신체를 탐색한다'는 영아가 자신의 신체와 신체의 움직임을 탐색하고 인식하도록 기회를 제공해야 한다. 영아가 자신의 손이나 발 등을 유심히 관찰하고 탐색하도록 함으로써 자신과 환경을 구분하고 자기 신체를 인식하도록 지도해야 하며, 영아가 기본적인 신체 부위인 눈, 코, 입, 귀, 다리, 팔의 명칭과 기본적 움직임을 알도록 지도해야 한다.

(2) 신체활동 즐기기

① 대소근육을 조절한다.

'대소근육을 조절한다'는 영아가 신체의 균형을 잡으면서 안정되게 자세를 유지하는 능력을 키울 수 있도록 적절히 지원해 주어야 한다. 영아가 누워서 몸의 균형을 잡거나 고개를 들거나 몸을 뒤집는 등 움직이면서 몸의 균형을 잡기 위한 시도를 할 때 적절히 지원해 주어야 한다. 그리고 영아가 가구 등을 붙잡고 서 있을 수 있을 때, 균형을 잡을 수 있도록 지원해 주며, 한 발 한 발을 떼어 앞으로 나아가는 걸음마를 시도하도록 적절히 지원해 주어야 한다. 이후 영아가 혼자 잘 서 있을 수 있을 때는 교사가 제자리에 서서 어떤 동작을 따라 하게 하면서 선 자세에서 균형감을 익힐 수 있도록 지도해야 한다.

그리고 소근육 조절을 위해서는 손으로 잡기, 놓기 등의 동작을 하면서 소근육의 힘과 조절력을 키워 주기 위해 적절히 지원해 주어야 한다. 영아에게 물체를 쥐어주어 잡을 수 있도록 하는 것뿐만 아니라 눈앞에 보이는 물체에 손을 뻗어 보게 함으로써 눈과 손의 협응능력을 키울 수 있도록 도와야 한다. 교사는 영아가 손을 뻗어 잡을 수 있는 거리에 물체를 놓고 영아의 관심을 유도하여 다양한 물체를 잡아볼 수 있게 할 수 있다. 그리고 영아가 소근육의 힘과 조절력 및 시각 발달을 토대로 눈과 손이 협응하여 움직일 수 있도록 소근육의 활용 기회를 제공해야 한다.

② 기본운동을 시도한다.

기본운동은 영아가 몸을 한 곳에서 다른 곳으로 이동하면서 움직이는 배밀이, 기기, 걷기 등의 이동 운동과 제자리에서 몸을 축으로 하여 장소를 옮기지 않고 움직여 보는 뻗기, 흔들기 등의 제자리 운동을 시도하도록 적절히 지원해야 한다. 영아가 배밀이를 시작하려 하면 영아 앞에 관심 있는 물건을 놓아 주어 앞으로 나아가려는 시도를 북돋워 주어야 한다. 그리고 영아가 기고 걷는 등의 이동 운동을 시도해 볼 수 있도록 지원해야 한다. 가구를 붙잡고 걸을 정도가 되면 교사의 발등 위에 영아를 세워 놓고 같이 걸어 보거나 영아의 손을 잡고 걸음마 연습을 시도해 보면서 즐거운 놀이처럼 느낄 수 있게 해야 한다. 걸음마를 억지로 시킬 필요는 없지만 혼자 서기에서 한 걸음씩 떼려는 영아의 시도에는 관심을 보여 주고 격려해 준다. 이후, 영아가 보다 능숙하게 걷기 등의 이동능력을 발달시킬 수 있도록 영아가 걷기 시작하면 많이 움직일 수 있도록 이름을 부르거나 약간 떨어진 곳에 놀잇감을 놓아두어야 한다. 걷다가 서기, 그리고 다시 걷기 등을 연습할 수 있도록 하고 걷고 있는 영아를 뒤에서 불러 방향을 전환하도록 격려할 수 있다. 영아가 자신의 몸을 조절하여 균형감이 생기면 동요나 좋아하는 노래, 음악 등을 듣고 몸을 리듬감 있게 흔드는 등의 제자리 운동을 시도하도록 지원해야 한다. 예를 들어, 영아가 앉아서 몸을 좌우로 흔들거나 서서 무릎을 굽혔다 폈다 하는 등의 제자리 운동을 시도하도록 지원해야 한다.

③ 실내외 신체활동을 즐긴다.

'실내외 신체활동을 즐긴다'는 영아가 여러 몸 움직임에 즐겁게 참여하도록 지원해야 한다. 영아가 신체활동에 관심을 갖고 다양한 움직임을 시도해 보면서 교사 및 양육자와의 신체적 접촉을 하며 즐거움을 느끼고 안정적인 애착관계를 형성할 수 있도록 해야 한다. 영아가 신체균형감 및 신체조절능력의 발달을 토대로 다양한 신체활동을 시도할 수 있도록 일과 중에 잡기놀이, 쌓기놀이 등을 통한 신체활동을 제공해야 한다. 또한 신체 움직임의 안전한 환경을 마련해 주는 노력도 필요하다.

그리고 영아가 실외에서 신체활동을 하면서 보다 활발한 신체활동을 할 수 있도록 기회를 줌으로써 실내와는 다른 환경의 차이를 느끼고 다른 사람과의 상호작용의 폭을 넓힐 수 있다. 따라서 매일 규칙적 바깥활동을 통해 걷기, 기구를 이용하여 오르내리기, 기구를 타며 이동하기 등 여러 가지 신체활동을 혼자서 혹은 또래와 함께 즐기도록 도와야 한다. 바깥 환경에서도 성인이 안전한 지지가 되어 자유롭게 움직이도록 도와야 한다.

그리고 영아가 발달에 적절한 기구를 이용하여 신체활동을 함으로써 대근육 운동능력을 기르고, 거리, 높이, 빠르기에 대한 감각 차이를 경험하면서 신체조절능력을 기를 수 있도록 지원해야 한다. 예를 들어, 걸음마 연습용 기구, 유모차, 흔들말 등의 기구를 이용하여 신체활동을 해 봄으로써 신체균형력, 대근육 조절력, 근력, 근지구력 등 기초체력을 기르도록 할 수 있다.

2) 2세 영아를 위한 신체운동 교육

내용 범주	내용
감각과 신체 인식하기	• 감각능력을 활용한다. • 신체를 인식하고 움직인다.
신체활동 즐기기	• 대소근육을 조절한다. • 기본운동을 즐긴다. • 실내외 신체활동을 즐긴다.

(1) 감각과 신체 인식하기

① 감각능력을 활용한다.

'감각능력을 활용한다'는 영아가 다양한 감각 경험을 통하여 친숙한 사물의 특성을 구별하도록 기회를 제공해야 하며, 자신의 감각기관을 통해 친숙한 사물의 다양한 감각적 차이를 구별해 변별해 낼 수 있는 경험을 해 보도록 지도해야 한다.

또한 영아가 감각기관을 활용하여 주변의 사물과 환경을 탐색함으로써 사물의 감각적 특성의 차이와 환경을 인식하도록 지원해야 한다. 이를 통해 익숙하지 않은 환경이나 물건을 감각을 활용하여 탐색하도록 지도해야 한다.

② 신체를 인식하고 움직인다.

'신체를 인식하고 움직인다'는 영아가 자신의 기본적인 신체 부위에서 더 나아가 세부적인 신체 부위가 어떻게 움직일 수 있는지를 인식하도록 지도해야 한다. 기본적인 신체 부위는 눈, 코, 입, 귀, 다리, 팔 등이며, 세부적인 신체 부위는 무릎, 손가락, 발가락 등이다. 영아가 기본적인 신체 명칭을 포함하여 세부적인 신체 명칭, 그리고 위치에 대해 알 수 있도록 지도해야 한다. 그리고 영아가 기본적인 신체 각 부위와 세부적인 신체 부위가 어떻게 다양하게 움직일 수 있는지를 탐색하도록 지도해야 한다.

(2) 신체활동 즐기기

① 대소근육을 조절한다.

'대소근육을 조절한다'는 영아가 마음대로 움직이면서 신체의 균형을 잡을 수 있도록 지원해야 한다. 특히, 앉았다 서기, 계단 오르기, 미끄럼틀에서 내려오기, 그네 타기 등의 다양한 활동을 수행할 때 신체 여러 부위의 움직임을 조절하여 안정된 균형을 유지하도록 지원해야 한다.

대근육 조절능력 발달을 위해서는 영아가 신체의 균형을 유지하면서 신체의 대근육을 조절하여 신체 움직임을 발달시킬 수 있도록 도와야 한다. 앉고, 서고, 걷고, 자전거를 타는 등의 동작에서 신체의 균형을 유지하면서 팔, 다리, 목, 허리 등의 신체 여러 부분을 조절하는 신체 움직임을 경험해 보도록 해야 한다.

소근육 조절능력 발달을 위해서는 영아가 소근육의 힘과 조절력, 시각능력의 발달을 기초로 눈과 손을 협응하여 움직일 수 있도록 지원해야 한다. 소근육을 활용하여 사물에 어떤 행위를 가한 후에 그 결과를 관찰하고 사물에 나타난 결과를 변화시키기 위하여 자신의 움직임을 다르게 하면서 소근육의 힘과 조절력을 발달시키도록 지도해야 한다.

② 기본운동을 즐긴다.

'기본운동을 즐긴다'는 영아가 몸의 축을 한 곳에서 다른 곳으로 옮기면서 움직이는 걷기, 계단 오르기 등의 이동 운동과 제자리에서 몸의 축을 변동하지 않고 움직여 보는 구부리기, 뻗기, 구르기, 흔들기 등의 제자리 운동에 참여하면서 운동능력의 기초를 기르도록 지원해야 한다.

③ 실내외 신체활동을 즐긴다.

'실내외 신체활동을 즐긴다'는 영아가 신체활동을 즐기고 자발적으로 참여함으로써 신체운동능력을 향상시키도록 지원해야 한다. 영아가 자유롭게 뛰어놀고 소리치며 즐길 수 있는 기회를 제공하는 균형 있는 신체활동을 계획하여 자발적으로 참여할 수 있도록 지원해야 한다. 또한 안전한 환경을 마련해 주어 안전한 환경 속에서 움직임이 위축되지 않고 능동적으로 움직이도록 도와야 한다.

영아가 실외놀이터, 가까운 공원이나 숲 등의 자연환경에서 신체활동을 하며, 실내와는 다른 느낌을 경험할 수 있으며 자유롭게 마음껏 뛰어놀면서 자연환경을 탐색해 볼 수 있도록 지원해야 한다. 그리고 매일 규칙적으로 최소 30분 이상 바깥에서 신체활동에 참여해 걷고 뛰기 등을 혼자서 혹은 또래들과 함께 즐기도록 지원해야 한다.

또한, 영아가 간단한 영아용 기구를 이용하여 신체활동을 함으로써 대근육 운동능력을 기르고, 기구를 이용하는 방법을 습득하도록 지도해야 한다. 이때, 영아의 신체 발달을 고려하여야 하며 활동할 때 안전에 주의하여야 한다. 즉, 넓은 공간과 충분한 시간, 위험하지 않은 신체활동 기구·교구를 제공하여야 한다. 또한 규칙을 지키기는 어렵지만 지켜야 하는 규칙이 있다는 것을 아는 시기이므로 안전한 신체활동을 위해서 지켜야 할 규칙을 지속적으로 알려 주어야 한다.

단동십훈(檀童十訓)

단동십훈은 우리나라 전통 육아법으로 단군시대부터 왕족교육법으로 전해져 온 것이다. 최근 들어 영아 발달에 효과적인 것으로 새롭게 조명을 받고 있다.

동영상 주소: https://www.youtube.com/watch?v=Wrd2dFNyKKc

1. **불아불아**: 아이의 허리를 잡고 좌우로 흔든다. 몸통과 다리의 힘을 기르고, 균형감각을 길러 향후 기어 다니기, 서기와 걷기 능력의 발달을 돕는다.
2. **시상시상**: 아이의 허리를 잡고 앞뒤로 흔든다. 몸통과 다리 힘을 기르고, 균형감각을 길러 향후 기어 다니기, 서기와 걷기능력의 발달을 돕는다.
3. **도리도리**: 아이의 머리를 좌우로 흔들도록 한다. 목의 힘을 길러 주고, 신체균형감각을 기르도록 돕는다.
4. **지암지암**: 아이의 손을 오므렸다 폈다 하도록 한다. 소근육 발달과 관련된다.
5. **곤지곤지**: 아이가 손가락으로 다른 손바닥 전체를 찌르도록 한다. 소근육 발달과 눈과 손의 협응력을 길러 준다.
6. **섬마섬마**: 어른의 손바닥 위에 세워 설 수 있도록 한다. 다리 힘을 길러 향후 걷기능력의 발달을 돕는다.
7. **업비업비**: 아이의 손바닥 전체를 좌우로 흔들게 한다. 팔과 손의 힘을 기르고, 소근육 발달을 돕고, 기어 다니기 능력의 발달을 돕는다.
8. **아함아함**: 아이의 입을 손으로 막았다가 떼어 소리 내도록 한다. 향후 언어 발달을 돕는다.
9. **짝짜꿍**: 아이의 양손을 잡아 서로 마주치도록 한다. 눈과 손의 협응력, 소근육 발달을 돕는다.
10. **질라아비 훨훨의**: 아이의 양팔을 잡고, 위 아래로 흔든다. 팔의 힘을 길러 향후 기어 다니기 능력의 발달을 돕는다.

수업 후 실습

학습 이해를 위한 조별 토의

✿ 다음은 표준보육과정 내 신체운동영역의 0~1세, 2세 교육 내용이다. '감각과 신체 인식하기' 교육 내용 중 한 가지만 선택해 영아기 연령별 어떠한 변화를 주어 교육할 수 있는지 0~1세, 2세 연령별 적절한 신체운동교육 내용과 방법을 토의해 보세요.

0~1세

내용 범주	내용
감각과 신체 인식하기	• 감각적 자극에 반응한다. • 감각으로 주변을 탐색한다. • 신체를 탐색한다.

2세

내용 범주	내용
감각과 신체 인식하기	• 감각능력을 활용한다. • 신체를 인식하고 움직인다.

생각에 도움이 될 만한 질문

- 0~1세, 2세 영아를 위한 교육 내용과 방법의 차별점은 무엇인가요?
- 0~1세 중 생후 몇 개월 영아가 교육 대상인가요?

학습 기억을 위한 조별 실습

✿ 앞서 토의한 내용을 토대로 조별로 교사-영아가 되어 신체운동 교육을 실천해 보세요.

✿ 역할극을 보며 생각해 보세요.

- 영아의 연령별 교육의 차이를 인식할 수 있나요?
- 신체운동 교육 내용과 방법이 영아 신체운동능력 발달에 적합한가요?

Chapter

04

유아 신체운동과 건강

이 장은 예비교사들로 하여금 유아의 신체운동능력 발달 특성을 이해하고, 발달에 적합한 신체운동 지도능력을 기르도록 돕고자 한다. 따라서 유아의 신체운동능력 발달 특징을 정리하고 있고, 이에 따른 유아 신체운동 지도 방법을 제시하였다. 이를 통해 유아를 대상으로 한 신체운동 교육을 이해하고, 발달에 적합한 신체운동 교육 실천력을 기를 수 있다.

학습목표

유아 신체능력운동 발달 특성을 이해하고, 발달에 적합한 신체운동 지도 방법을 설명할 수 있다.

수업 전 실습

학습 동기화를 위한 조별 토의

✿ 표준보육과정에 제시된 영아 신체운동 교육 내용을 토대로 유아 대상 신체운동 교육 내용을 유추해 보세요.

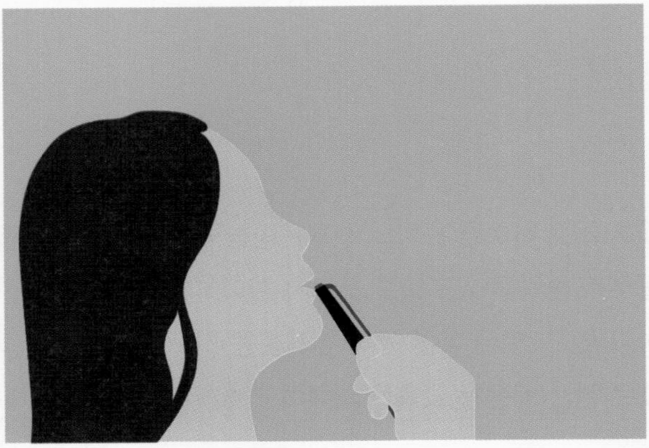

생각에 도움이 될 만한 질문

- 영아기 신체운동 교육 내용 중 어떤 내용이 유아기까지 그대로 지속되어야 할까요?
- 영아기 신체운동 교육 내용 중 어떤 내용이 영아기에서 유아기의 변화에 맞게 변화해야 할까요?

I. 유아기 신체운동능력 발달

신생아기 반사적 움직임 단계를 거쳐 영아기 대근육 운동능력의 초보운동 단계, 기초 운동의 시작 단계를 지나 유아기는 기초운동의 기초 단계와 성숙 단계에 속한다고 할 수 있다. 따라서 유아기 대근육 운동능력 발달 특성부터 알아보면 다음과 같다.

1) 대근육 운동능력

유아의 대근육 운동능력 발달을 알아보기 위해서 Gallahue와 Ozmun(2002)이 제시한 운동 발달 단계를 살펴보고자 한다.

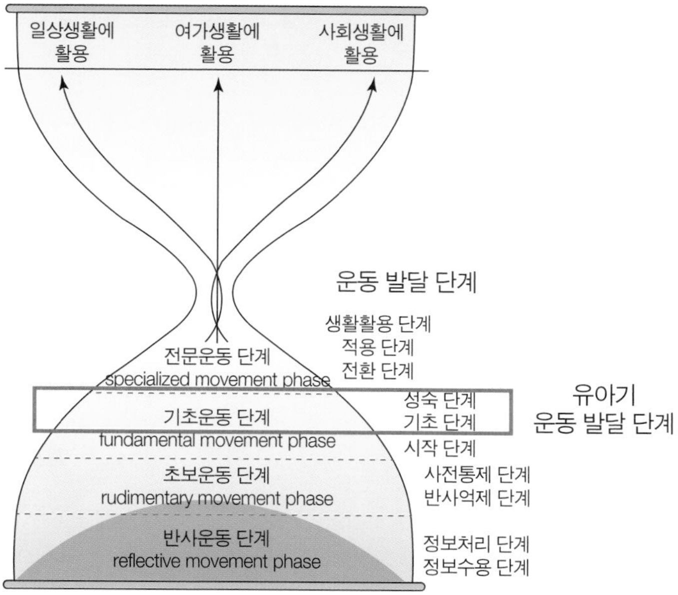

[그림 4-1] 유아기 운동 발달 단계

출처: Gallahue, D. L. & Ozmun, J. C. (2002).

(1) 기초운동 단계

영아기를 지나면서 기초운동인 걷기와 뛰기가 가능해졌고, 움직임을 즐기게 되었다. 유아기는 보다 성숙되고 발전하여 다음의 운동능력 특징을 보인다.

첫째, 신체 부위별 움직임의 특성을 이해하고, 다양한 움직임을 즐긴다.

유아기는 신체 부위별 움직임의 특성을 이해하고, 각 부위를 다양하게 움직이는 것을 즐긴다. 예를 들어, 팔의 움직임 특성을 탐색하고, 이를 활용해 다양하게 움직여 본다.

팔의 구부리는 움직임을 활용해 하트를 표현한 유아

팔의 꼬는 움직임을 활용해 뱀을 표현한 유아

[그림 4-2] 신체 부위별 움직임 특성을 이해하고, 다양한 움직임을 즐기는 유아

둘째, 다양하게 신체 조절하기를 즐긴다.

유아기는 도전적 자세나 난이도가 있는 움직임을 통해 신체균형을 유지하는 등 신체 조절하기의 경험을 즐긴다. 예를 들어, 다양한 이동경로로 걷기, 한 발로 이동하며 뛰기 등의 움직임을 즐긴다.

한 발로만 서서 오래 버티는 유아

보도블록의 한 색깔 위로만 걷는 유아

[그림 4-3] 도전적 자세나 난이도가 있는 움직임을 즐기는 유아

셋째, 도구나 기구를 활용한 신체운동을 즐긴다.

유아기는 도구의 움직임 특성을 탐색하고, 자신의 운동과 도구의 움직임 관계를 파악하여, 도구를 활용한 다양한 조작운동을 즐긴다. 또한 기구와 자신의 움직임 관계를 파악하여, 안전하게 기구를 활용하며 신체활동을 즐긴다.

공을 원하는 방향으로 차는 것을 즐기는 유아

그네를 타면서 변화하는 나의 움직임을 즐기는 유아

[그림 4-4] **도구나 기구를 활용한 신체운동을 즐기는 유아**

넷째, 규칙 있는 신체활동을 통해 신체적 자아개념을 긍정적으로 형성한다.

유아기는 신체활동에 대한 긍정적 정서 경험을 통해 신체적 자아개념을 긍정적으로 형성한다. 신체적 자아개념이란, 개인이 지각한 자신의 신체와 신체능력에 관한 인식을 일컬으며, 발달에 적합한 신체활동을 통해 긍정적 개념을 형성할 수 있다(Waller, 2007). 또한, 유아기는 자신과 다른 사람의 운동능력 차이를 경험하고, 차이를 이해할 수 있다.

줄 아래로 몸을 통과해야 하는 규칙이 있는 신체활동을 즐기는 유아

골대에 공을 넣어야 하는 규칙이 있는 신체활동을 즐기는 유아

[그림 4-5] **규칙 있는 신체활동을 즐기는 유아**

기초운동 단계의 기초, 성숙 단계에 나타나는 대근육 운동능력 발달 특성은 〈표 4-1〉과 같다.

〈표 4-1〉 유아기 기초운동 단계의 대근육 운동능력 발달

대근육 운동능력	연령	운동행동
걷기	만 3세	다양한 이동경로로 걷기
	만 4세	발끝으로 걷기
뛰기	만 3세	한 발로 제자리 뛰기
	만 4세	말 뛰기, 스키핑
	만 5세	한 발로 이동하며 뛰기(호핑)
던지고 받기	만 3~4세	도구를 조작하기 위해 신체를 조절한다. 몸통을 움직이고, 한 발을 앞으로 내딛으며 던진다.  공의 위치에 따라 몸을 움직여 받는다.
	만 5세	도구 움직임의 변화(떨어지는 위치 등)를 고려하여 신체를 조절한다. 팔과 반대쪽 다리를 앞으로 내밀고 허리와 어깨를 사용하여 던진다.  손바닥을 활용해 공을 받는다.

2) 소근육 운동능력

유아기 소근육 운동능력은 영아기의 잡기능력, 눈과 손의 협응력, 자조기술의 발달이 보다 성숙되고 정교해진다.

(1) 잡기능력

잡기능력은 영아가 잡을 수 있었던 크기나 부피가 컸던 데 비해 아주 조그만 크기와 부피의 것까지 정확하게 잡을 수 있게 된다.

(2) 눈과 손의 협응력

눈과 손의 협응력이 발달함에 따라 유아기에는 양손 조작이 가능하며, 다양한 놀잇감이나 교구를 여러 방식으로 조작할 수 있고, 색종이 접기나 만들기 등과 같은 창의적 조작이 가능해진다. 또한 쓰기가 나타나며, 규칙에 따른 소근육 조작이 가능해져 악기 연주 및 리듬 치기 등도 가능해진다.

(3) 자조기술 발달

자조기술도 보다 성숙되어 옷의 단추나 지퍼를 조작할 수 있어 스스로 입고 벗기가 가능하며, 힘 조절이 필요한 치약 짜기 등도 가능해진다. 이러한 자조기술을 능숙하게 사용함으로써 유아는 주도성을 획득하게 되고, 자아존중감을 원만하게 형성하게 된다.

2. 유아기 신체운동 지도 방법

1) 대근육운동 지도 방법

유아기는 신체운동능력 특징에 따라 다음의 지도방안이 적절하다고 할 수 있다.

(1) Gallahue 5단계 학습경험

Gallahue는 다음 5단계의 학습경험을 통해 운동능력을 발달시킬 수 있는 것으로 보았다.

[그림 4-6] Gallahue의 5단계 학습경험

탐색(exploration)은 자신의 움직임을 각각 분리시켜 탐색하는 것을 의미한다. 발견(discovery)은 다른 사람의 움직임이나, 동영상, 사진 등을 보면서 간접적으로 움직임의 특성을 발견하는 것을 의미한다. 조합(combination)은 분리된 움직임을 조합시켜, 다양한 방식으로 움직임을 실행해 보는 것을 의미한다. 선택(selection)은 조합된 방법들 가운데 가장 좋은 방법을 선택하는 것을 의미한다. 경쟁적 수행(competitive performance)은 선택한 움직임을 규칙 있는 활동, 즉 게임, 신체표현 활동 등에서 수행해 보는 것을 의미한다.

따라서 5단계의 학습경험을 고려한 구체적 신체운동 지도가 필요하겠다.

(2) 기본운동 동작교육

유아로 하여금 다양한 신체 움직임을 탐색 및 발견하도록 교사가 직접 다양한 기본운동을 모방하도록 시범 보일 수 있다. 비이동 동작, 이동 동작, 조작적 동작을 교사가 시범보이고, 유아가 동작을 탐색해 보도록 할 수 있다. 또한, 유아는 동작을 따라 해보면서 또래 유아의 움직임을 간접적으로 발견해 볼 수 있고, 다양한 방식으로 움직임들을 조합하여 실행해 볼 수 있다. 이 과정에서 유아들은 자신의 신체를 다양하게 조절해 보는 경험을 하게 되고, 도구를 활용한 조작운동의 경험도 하게 된다. 또한, 리듬감 있는 음악이나 구령에 맞춰 동작을 해 봄으로써 규칙 있는 신체활동을 통해 신체적 자아개념을 긍정적으로 형성할 수 있다.

〈표 4-2〉 **기본운동**

비이동 운동	이동 운동	조작적 운동
구부리기 뻗기 흔들기 비틀기 털기 회전하기 등	걷기, 뛰기 슬라이드 호핑(한 발 뛰기) 스키핑 말 뛰기 등	공 던지고 받기 등 도구를 활용한 운동

(3) 창의적 신체표현

유아로 하여금 다양한 동식물 혹은 사물 등의 모습이나 움직임을 탐색 및 발견하도록 하고, 이를 자신의 다양한 신체 부위의 움직임 특성을 활용해 표현해 보도록 할 수 있다. 또한 동작의 기본 요소 네 가지를 활용해 다양한 움직임을 조합하여 실행해 보도록 하고, 가장 좋은 방법을 선택하여, 신체표현 활동시간에 또래와 교사에게 소개해 볼 수 있다. 이 과정에서 유아들은 신체 부위별 움직임의 특성을 이해하여 적절하게 움직임을 실행하게 되고, 다양한 방식으로 신체 움직임을 조절해 보게 된다. 또한, 교사의 발문에 맞게 적절한 움직임의 변화를 줌으로써 규칙 있는 신체활동을 통해 신체적 자아개념을 긍정적으로 형성할 수 있다.

나비를 표현했어요. 개구리를 표현했어요.

[그림 4-7] **창의적 신체표현**

동작의 기본 요소

동작의 기본 요소는 신체, 공간, 노력, 관계 4가지 요소로 이루어져 있다(Purcell, 1994).

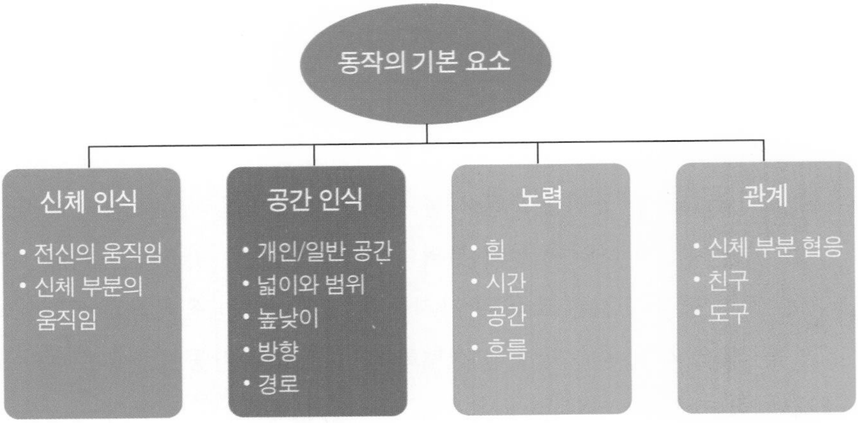

- **신체 인식**: '무엇이 움직이는가?'를 의미하는 것으로 전신을 움직이거나 다양한 신체 부분을 활용해 여러 가지 동작을 만들 수 있다.
- **공간 인식**: '어디로 움직이는가?'를 의미하는 것으로 개인 공간과 일반 공간으로 나누어진다. 개인 공간은 자신만의 공간을 의미하며, 일반 공간은 집단이 함께 사용하는 공간을 의미한다. 공간에는 넓이와 범위, 높낮이, 방향, 경로가 포함된다. 넓이와 범위는 동작의 크기나 길이를 의미하며, 높낮이는 동작이 만들어질 때 생기는 높낮이를 의미한다. 방향은 동작의 이동과 관련된 것으로 상하좌우, 앞과 뒤를 의미한다. 경로는 직선, 곡선 등의 이동하는 경로를 의미한다.
- **노력**: '움직임이 어떠한가?'를 의미하는 것으로 힘, 시간, 공간, 흐름을 활용해 움직임을 보다 창의적으로 변화시킨다. 힘은 근육의 수축 정도를 활용해서 강하고 약하게 혹은 무겁고 가볍게 움직임을 표현한다. 시간은 속도와 관련된 것으로 움직임의 빠르기를 표현한다. 공간은 공간 요소를 일관되게 활용하거나 다양하게 변화를 주어 표현하는 것을 의미한다. 흐름은 움직일 때의 힘 조절과 관련된 것으로 움직이고, 멈추기를 적절히 활용함으로써 유연하게 멈춤이 없이 지속적으로 움직일 수도 있고, 탄력적으로 움직임과 멈춤을 적절히 활용하여 움직일 수 있다.
- **관계**: '누구(무엇)와 움직이는가?'를 의미하는 것으로 신체 부분들을 서로 협응하여 움직임을 만들어 낼 수 있고, 혹은 친구들과 서로 협동하여 움직임을 만들어 낼 수 있으며, 도구를 활용하여 움직임을 만들어 낼 수 있다.

(4) 도구와 기구를 활용한 자발적 운동

유아로 하여금 도구와 기구를 활용한 움직임을 교사 및 또래를 통해 탐색 및 발견하도록 하거나 관련 동영상 등을 통해 움직임을 발견하도록 할 수 있다. 그리고 유아가 직접 다양한 움직임을 직접 실행해 보도록 할 수 있으며, 가장 좋은 움직임을 스스로 선택해 보도록 할 수 있다. 또한 바깥놀이 시간, 게임이나 신체표현 활동 시간 등에 또래와 교사에게 소개해 볼 수 있다. 이 과정에서 도구나 기구를 활용한 신체 움직임을 조절해 보는 경험과 규칙 있는 신체활동을 통해 신체적 자아개념을 긍정적으로 형성할 수 있다. 또한, 도구나 기구를 활용한 신체운동을 즐기게 된다.

도구(보자기)를 활용한 창의적 신체표현

도구를 활용한 실외놀이

[그림 4-8] **도구를 활용한 신체활동**

2) 소근육운동 지도 방법

유아기에는 소근육 운동능력이 정교해지면서 인지적 탐구나 소근육을 활용한 창조적 놀이를 즐기게 된다. 유아의 소근육 운동능력은 부모의 사회경제적 지위에 따라 유의한 차이가 있다고 보고되었는데, 사회경제적 지위가 높은 부모의 유아는 그렇지 않은 유아에 비해 다양한 교구 경험과 소근육 활용 경험이 많아 보다 더 우수한 능력을 보인다고 밝혀졌다. 따라서 소근육 운동능력 발달을 지원하기 위해서는 다양한 교구 활용 등의 지원방안이 필요하다고 할 수 있겠다. 이를 위해 다음의 지원방안을 제안할 수 있다.

(1) 인지적 탐구놀이

구조적 놀잇감

비구조적 놀잇감

구조적 놀잇감 vs 비구조적 놀잇감

자연물로 개구리를 표현했어요.

자연물 놀이

[그림 4-9] **인지적 탐구놀이**

연령에 적합한 놀잇감을 다양하게 제공하여, 놀잇감의 감각적 특성을 탐색하고, 변화를 즐기도록 함으로써 소근육을 활용한 인지적 탐구가 이루어지도록 해야 한다. 따라서 다양한 감각적 특성을 지닌 놀잇감을 제공하는 것이 좋으며, 변화를 탐구하도록 하기 위해서는 저연령의 유아에게는 주로 구조적 놀잇감을 제공하고, 이후 연령이 높아질수록 비구조적 놀잇감을 제공하는 것이 좋다. 또한 자연친화적 놀이로서 다양한 감각적 특성을 지닌 자연물들을 활용해 놀이를 할 수 있도록 지원할 수 있다.

(2) 창의적 조작놀이

유아들은 정교화된 소근육을 활용해 자신의 창의적인 생각을 표현하고자 하고, 창의적 경험을 즐긴다. 따라서 유아들의 창의적 생각을 소근육을 활용해 표현할 수 있도록 다양한 창의적 표현놀이를 지원해야 한다. 예를 들어, 미술활동, 색종이 활동, 블록놀이, 점토놀이, 손유희, 악기 다루기 등이 있다. 또한 소근육을 활용한 창의적 경험을 즐기므로 다양한 그림책을 제공하는 것도 좋다. 그림책을 한 장씩 넘기면서 변화하는 그림에 관심을 가진다.

미술활동을 통한 창의적 표현

소근육 조작을 통한 창의적 경험

[그림 4-10] **창의적 조작놀이**

(3) 자조기술 활용놀이

유아들은 자아존중감을 형성하기 위해 주도성이 길러져야 하는 시기로 이를 위한 기초로 자조기술을 능숙하게 수행할 수 있도록 지원해야 한다. 따라서 자조기술 관련 다양한 조작 놀잇감을 통해 소근육 운동능력을 보다 정교화하도록 도와주고, 스스로 옷을 입고 벗기, 신발 신고 벗기, 숟가락과 젓가락 사용을 능숙하게 수행할 수 있도록 지지해 주어야 한다.

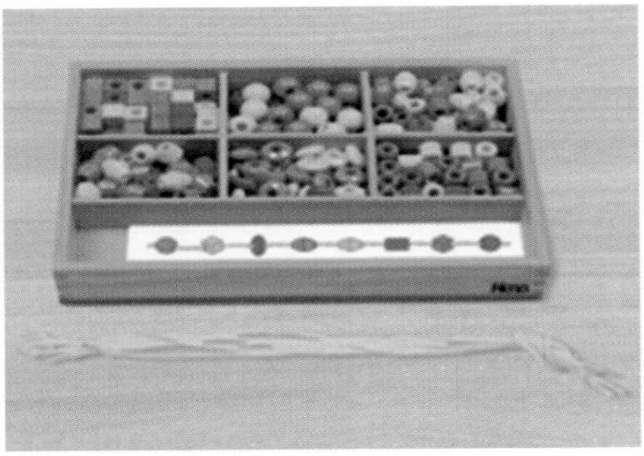

구슬 꿰기 놀잇감

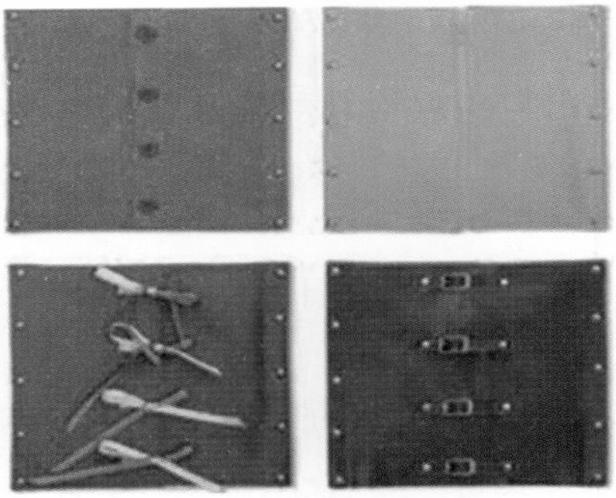

몬테소리 일상생활 교구

[그림 4-11] **자조기술 증진을 위한 조작 놀잇감**

3. 2019 개정 누리과정에 제시된 유아기 신체운동 교육

만 3세에서 5세까지의 유아를 위한 누리과정은 총 5개의 영역으로 제시되어 있다. 신체운동 · 건강영역, 의사소통영역, 사회관계영역, 예술경험영역, 자연탐구영역이다. 이 중 신체운동 교육과 관련된 영역은 '신체운동 · 건강' 영역이며, 교육부(2019)에 제시된 유아기 신체운동 교육방안에 대해 살펴보고자 한다. 우선 '신체운동 · 건강' 영역에 제시된 신체운동 교육 관련 내용 범주와 내용은 다음과 같다.

내용 범주	내용
신체활동 즐기기	• 신체를 인식하고 움직인다. • 신체 움직임을 조절한다. • 기초적인 이동 운동, 제자리 운동, 도구를 이용한 운동을 한다. • 실내외 신체활동에 자발적으로 참여한다.

'신체운동 · 건강' 영역 내 신체운동 교육 관련 내용 범주는 '신체활동 즐기기'이다. '신체활동 즐기기'는 유아들이 신체활동에 즐겁게 참여하는 것을 목표로 한다. 그리고 하위 내용은 네 가지이다. 각 내용별 교육방안을 살펴보면 다음과 같다.

1) 신체를 인식하고 움직인다.

'신체를 인식하고 움직인다'는 영아기에 학습하지 못한 세부적인 신체 부위들의 명칭과 움직임을 탐색해 보는 것과 더불어 기본 신체 부위들의 다양한 움직임을 탐색하고, 창의적으로 움직임을 표현해 보는 것으로 확대된다. 또한, 유아들이 자신의 신체를 다양하게 움직임으로써 신체적 자아개념을 긍정적으로 형성하도록 돕는 것이 필요하다. 이를 위해 교사는 유아들의 신체 부위별 움직임 특성을 이해하도록 도와야 하며, 주변의 동식물이나 사물의 특성을 유아들이 신체 움직임을 통해 다양하게 표현해 내도록 기회를 주어야 한다. 그리고 유아들의 창의적 표현에 대해 긍정적으로 격려해 주는 것이 필요하다.

2) 신체 움직임을 조절한다.

'신체 움직임을 조절한다'는 유아가 도전적 움직임과 난이도가 있는 움직임을 해내는 과정에서 신체균형을 유지하도록 하고, 신체 각 부분을 협응하여 움직임을 조절하도록 할 수 있다. 따라서 교사는 유아들에게 일반적 걷기, 뛰기에서 나아가 난이도가 있는 동작들을 해낼 수 있도록 기회를 주는 것이 필요하다. 또한 창의적 신체표현을 하는 과정에서도 동작의 기본 요소 관련한 발문을 통해 유아들이 자신의 움직임을 변형시키면서 조절할 수 있도록 해야 한다. 그리고 유아들의 움직임에 대해 긍정적으로 격려해 주는 것이 필요하다.

3) 기초적인 이동 운동, 제자리 운동, 도구를 이용한 운동을 한다.

'기초적인 이동 운동, 제자리 운동, 도구를 이용한 운동을 한다'는 유아들로 하여금 민첩성, 유연성, 근력, 지구력 등을 기르도록 할 수 있다. 따라서 교사는 다양한 비이동 운동, 이동 운동, 조작 운동을 경험할 수 있도록 기회를 제공해야 한다.

4) 실내외 신체활동에 자발적으로 참여한다.

'실내외 신체활동에 자발적으로 참여한다'는 영아기 교육 내용에 비해 '자발적' 의미가 추가되어 능동적 의미가 포함되었다고 할 수 있다. 이는 영아들의 신체활동이 성인의 주도하에 제한적으로 이루어졌다면, 유아기는 능동적으로 안전한 환경을 탐색하고, 안전한 범위 내에서 주도적으로 신체활동을 즐길 수 있도록 지원하는 것이 필요함을 의미한다. 따라서 교사는 유아 발달에 적합한 신체활동이 될 수 있는 환경을 마련해 주어야 하며, 유아들이 안전하게 신체활동을 할 수 있도록 지원해 주어야 한다. 실내외 다양한 기구와 도구에 대해서도 유아들이 어떻게 활용하여 움직일 수 있는지 탐색하고, 발견하고, 실행해 볼 수 있도록 도와야 한다.

수업 후 실습

학습 이해를 위한 조별 토의

✿ 다음은 누리과정 내 신체운동 · 건강영역 중 신체운동교육과 관련한 내용 범주와 내용이다. 만 3, 4, 5세 연령별 적절한 신체운동교육 내용과 방법을 토의해 보세요.

내용 범주	내용
신체활동 즐기기	• 신체를 인식하고 움직인다. • 신체 움직임을 조절한다. • 기초적인 이동 운동, 제자리 운동, 도구를 이용한 운동을 한다. • 실내외 신체활동에 자발적으로 참여한다.

생각에 도움이 될 만한 질문

- 만 3, 4, 5세 유아를 위한 교육 내용과 방법의 차별점은 무엇인가요?

학습 기억을 위한 조별 실습

✿ 앞서 토의한 내용을 토대로 조별로 교사-유아가 되어 신체운동 교육을 실천해 보세요.

✿ 역할극을 보며 생각해 보세요.

- 유아의 연령별 교육의 차이를 인식할 수 있나요?

Chapter

05

영아 영양과 건강

이 장은 예비교사들로 하여금 태아기부터 영아기의 건강과 영양 간의 관계를 이해하고, 발달에 적합한 영양 지도능력을 기르도록 돕고자 한다. 따라서 태아기부터 영아기까지 각 시기별 건강과 영양 간의 관계를 구체적으로 정리하고 있으며, 이에 따른 영양 지도 방법을 제시하였다. 이를 통해 태아의 건강한 발달을 위한 부모 대상 교육과 영아를 대상으로 한 영양교육을 이해하고, 발달에 적합한 영양교육 실천력을 기를 수 있다.

학습목표

태아기와 영아기의 시기별 건강과 영양 간의 관계를 이해하고, 발달에 적합한 영양 지도 방법을 설명할 수 있다.

수업 전 실습

학습 동기화를 위한 조별 토의

✿ 태아기와 영아기 영양 공급은 각각 무엇으로 가능하며, 영양 공급 시 주의할 점은 무엇일지 그 이유와 함께 생각해 보고, 조별로 생각을 나눠요.

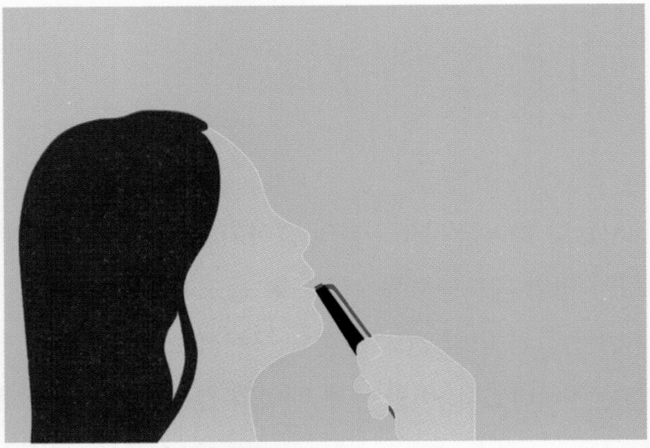

생각에 도움이 될 만한 질문

- 태아기, 영아기의 신체운동 발달 특성 차이는 무엇일까요?

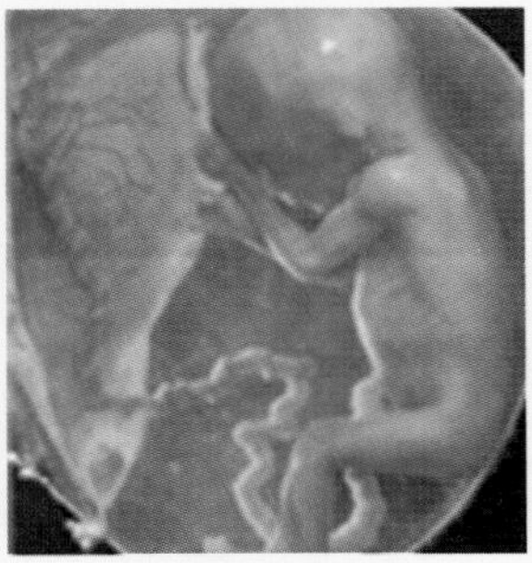

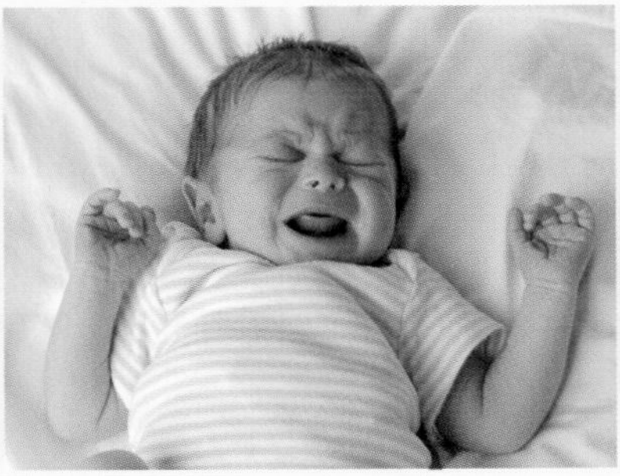

- 앞서 학습한 3장의 내용을 떠올려 보세요.

1. 태아의 영양과 건강

태아의 영양 공급은 모체(母體), 즉 어머니를 통한 공급이 유일하다. 따라서 임신 중 어머니의 영양 섭취는 태아의 건강에 매우 중요하다고 할 수 있다. 구체적으로 살펴보면 다음과 같다.

1) 태내 영양 공급

임신을 하면, 어머니의 자궁 내벽에 새로운 장기가 생겨나는데, 이를 태반(胎盤)이라고 한다. 태반은 어머니 쪽 성분과 태아 쪽 성분이 합쳐져서 만들어진 것으로 태아와 탯줄로 연결되어 있다. 태반의 역할은 어머니로부터 영양소, 산소, 그리고 성장을 위한 호르몬 등을 탯줄을 통해 태아에게 전달해 주는 역할을 하며, 태아에서 나오는 이산화탄소와 노폐물을 다시 탯줄을 통해 어머니에게 전달해 주는 역할을 담당한다. 즉, 태반은 아직 각종 기관이 형성되지 않은 태아에게 있어서 소화기관, 호흡기관, 배설기관 등의 역할을 하는 셈이다. 태반은 태아의 출산과 동시에 그 역할을 마치고, 출산 후 10~20분 후 어머니의 몸 밖으로 나오게 된다.

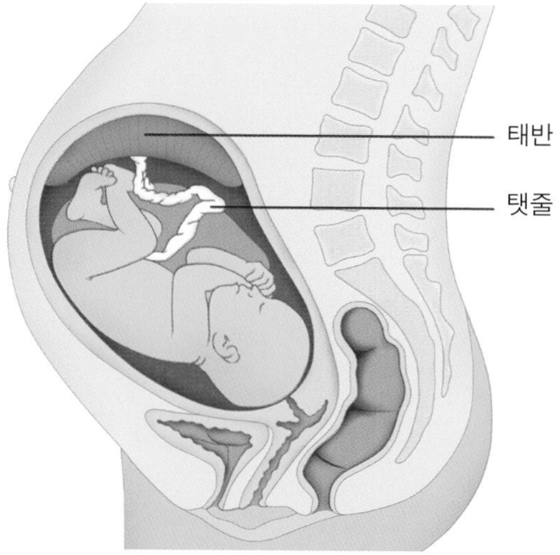

[그림 5-1] 태반과 탯줄

태아와 가장 가까운 태반 부위에는 탯줄이 만들어져 태아와 어머니를 연결시킨다. 탯줄은 세 갈래의 혈관으로 나누어져 있는데, 하나의 혈관은 태아에게 어머니의 산소와 영양분을 전달하고, 나머지 두 줄은 태아에서 나오는 이산화탄소와 노폐물을 태반으로 전달하는 통로이다. 태아에게서 전달된 노폐물은 어머니의 신장을 통해 처리되어 몸 밖으로 나가게 된다. 탯줄 또한 태반과 마찬가지로 태아의 출산과 동시에 그 역할을 마치고, 출산 후 10~20분 후 어머니의 몸 밖으로 나오게 된다.

2) 태내 영양의 중요성

임신 기간 중 어머니의 영양 섭취는 태어나서 성장할 아이의 첫 영양 섭취로서 매우 중요하다고 할 수 있다. 그 중요성을 2가지 측면에서 살펴보면 다음과 같다.

첫째, 태아의 신체 형성에 매우 중요하다. 임신 초기(~12주)는 태아의 골격이 형성되는 시기이며, 세포 분열 단계에서 나타날 수 있는 기형을 예방하기 위해 균형 잡힌 영양 섭취가 중요하다. 임신 중기(16~28주)는 태아의 성장이 급속히 일어나고, 뇌를 포함한 중추신경계의 발달이 활발한 시기이다. 따라서 양질의 단백질과 지방, 철분과 칼슘 등 균형 있는 영양 섭취가 중요하다. 임신 후기(32~40개월)는 태아의 성장이 완성되는 시기이다. 이때, 지나친 열량 섭취는 태아의 체중을 급격히 증가시켜 출산에 어려움이 있을 수 있으므로 적절한 영양 섭취가 중요하다.

둘째, 태내 영양 흡수는 향후 음식에 대한 기호(嗜好)를 형성한다. 태아기 어머니로부터 제공받은 영양소의 종류가 이후 성인이 되어서까지 영향을 미친다(Barker, 2013). 즉, 어머니로부터 햄버거를 간접적으로 자주 공급받은 태아는 성장한 이후에도 햄버거를 좋아하고, 더욱 즐기는 식성을 가지게 된다는 것이다. 지난 10년 동안 태아기 원인(Fetal Origins)이라는 분야로 많은 연구가 이루어졌는데 태아기 영양 흡수가 향후 음식에 대한 기호를 형성한다는 것을 밝혀냈다. 이에 따라 임신 기간이 태아의 향후 성인병 예방을 할 수 있는 최적의 시기라고도 강조되었다(Annie, 2010). 따라서 임산부들의 균형 잡힌 영양 섭취를 위한 국가적 캠페인이 필요하다고 할 수 있고, 공중보건 분야에서 임산부들의 영양 섭취에 대한 인식 개선 노력이

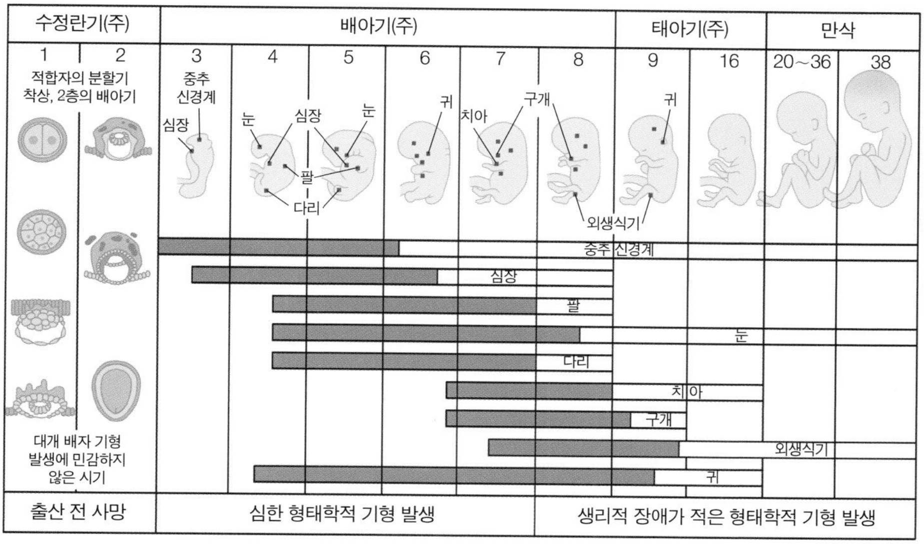

[그림 5-2] **임신 기간에 따른 태아의 발달**

확대되어야 할 것이다(Barker, 2013). 기관에서도 임신한 부모들을 대상으로 영양교육이 실시되어야 할 것이다.

3) 임신 중 올바른 영양

임신을 하면 임산부의 건강뿐만 아니라 태아의 올바른 성장을 위해 반드시 균형 잡힌 영양을 섭취해야 하며, 섭취해야 하는 영양적 요구도 변화한다.

첫째, 필요한 열량이 변화한다. 대체로 임신 초기에는 입덧으로 많이 먹지 못하지만 임신 중기부터는 태아의 성장이 급속도로 이루어지는 시기이므로 필요한 열량이 증가하게 된다. 따라서 이전과 비교하여 하루 300kcal 열량이 추가로 요구된다. 즉, 하루에 밥 한 공기 정도를 더 먹어야 한다. 또한 탄수화물은 정제된 밀가루나 쌀밥보다는 혈당을 안정적으로 유지할 수 있도록 정제되지 않은 잡곡류나 감자 및 고구마 등을 섭취하는 편이 좋다.

[그림 5-3] **탄수화물**

둘째, 단백질 섭취가 중요하다. 태아의 신체 조직과 기관을 형성하는 데 단백질이 사용되므로 우유 및 유제품, 생선, 콩 등을 섭취해야 한다.

[그림 5-4] **단백질**

셋째, 지방 섭취가 중요하다. 지방은 태아의 두뇌(백질)를 구성하는 주요 성분이다. 따라서 견과류, 올리브유 등 불포화지방산을 섭취해야 한다. 하지만 중성지방이나 포화지방산과 같은 비계, 버터 등은 좋지 않다.

[그림 5-5] **지방**

넷째, 비타민의 섭취가 중요하다. 과일과 채소를 통해 식이섬유를 섭취함으로써 임산부의 소화작용을 돕고 태아의 인체 기능 조절에도 도움을 준다.

[그림 5-6] **비타민**

다섯째, 무기질의 섭취가 중요하다. 특히 태아의 혈액과 치아를 구성하는 데 철분과 칼슘이 사용되므로 간, 붉은 살 생선과 유제품, 멸치 등을 섭취해야 한다. 또한 요오드를 섭취하여 출산 후 모유가 잘 나오도록 할 수 있다. 이를 위해 미역, 김, 다시마와 같은 해조류를 섭취하는 것이 좋다.

[그림 5-7] **무기질**

여섯째, 한 번에 많은 양을 먹지 않고, 조금씩 자주 먹는 편이 좋다. 시간이 지나면 자궁이 커져 위와 장을 누르기 때문에 소화에 어려움을 겪을 수 있다.

일곱째, 저염식 식사를 하는 것이 좋다. 몸이 평소보다 붓기 쉽고, 나트륨 과다 섭취는 임신중독증의 원인이 되므로 싱겁게 먹는 것이 좋으며 너무 많은 수분을 섭취하는 것도 좋지 않다.

전통 태교에서 언급한 임신 중 영양 섭취

전통 태교에서 언급한 임산부가 먹으면 좋은 음식은 현대사회에서도 좋은 음식이라고 할 수 있을까?

한국 전통사회의 태교에서는 영양가 높은 정갈한 음식을 먹어야 임산부와 태아 모두에게 좋다는 믿음이 강했고, 이를 토대로 태교에 좋은 음식을 언급하고 있다. 주로 언급되는 것이 가물치, 잉어, 호두, 잣, 장닭, 보리밥, 소의 콩팥, 고추, 대추, 밤, 밀감 등이다.

태교에서 언급되는 각각의 음식에 대해 앞서 배운 것을 토대로 그 가치를 평가해 보면 다음과 같다.

가물치, 잉어, 호두, 잣은 불포화지방산이 풍부해 태아의 두뇌 발달에 좋으며, 장닭은 단백질이 풍부해 태아 성장에 도움이 되고, 보리밥은 정제되지 않은 탄수화물로서 혈당을 안정적으로 유지시켜 주고, 태아 성장의 에너지로 사용된다. 소의 콩팥은 철분의 중요한 공급원이 되어 태아의 혈액 구성과 임산부의 빈혈 방지에 효과적이다. 고추, 대추, 밤, 밀감 등은 비타민과 무기질이 풍부해 태아의 인체 기능 조절을 돕는다.

따라서 전통 태교에서 강조한 음식들이 현대사회에서도 올바른 영양 섭취로서 장려되는 음식이라고 평가할 수 있다.

4) 임신 중 유해한 영양 섭취

임신 중 장기간 지속적으로 섭취할 경우, 태아의 성장에 부정적 영향을 미칠 수 있는 것들에 대해 알아보면 다음과 같다.

(1) 알코올

태아 알코올 증후군을 일으키게 되고, 출산 후 심장기형 및 비정상적인 얼굴, ADHD 등의 행동장애 원인이 된다.

(2) 카페인

커피, 콜라, 초콜릿 등에 포함된 카페인의 유해성은 인간 대상 연구에서 일관성 있게 밝혀지지는 않았다. 그리고 미국산부인과협회(American College of Obstetricians and Gynecologists)에서는 하루 한두 잔 정도의 커피에 해당하는 카페인은 별다른 영향을 미치지 않는다고 언급하고 있다. 하지만 동물 실험 결과, 조산 및 저체중아 출산과 관련된다는 것이 밝혀졌고, 실제로 태아의 간 기능은 아직 미숙하기 때문에 다량으로 섭취된 카페인은 태아 혈류에 더 오래, 더 많이 남아 있을 수 있으므로 주의를 기울이는 것이 좋다.

(3) 율무, 녹두, 알로에

찬 성질이 있어 자궁 건강에 좋지 않고, 혈액순환을 방해하며, 소화 기능에 좋지 않으므로 태아에게 영양분이 공급되는 것을 방해한다. 따라서 지속적으로 장기복용하는 것은 피하는 것이 좋다.

(4) 탄산음료, 맵고 자극적인 음식

탄산음료와 맵고 자극적인 음식은 태아의 아토피, 습진 등 피부 질환을 유발할 수 있으므로 지속적으로 장기복용하는 것은 피하는 것이 좋다.

(5) 팥

호르몬 분비를 촉진시키기 때문에 임신 중 지속적인 장기복용은 기형아 출산과 관련이 있을 수 있어 피하는 것이 좋다.

2. 영아의 영양과 건강

어머니의 배 속에서 태반을 통해 영양 공급을 받던 태아는 출생 후 모유나 조제유를 통해 영양 공급을 받고, 이후 이유식(고형식), 일반식으로 영양 섭취를 한다.

1) 영아기 영양 공급

출생 후 개월 수에 따른 영양 공급의 형태가 세 단계를 거쳐 변화한다.

(1) 모유 및 조제유를 통한 영양 공급

생후 4개월 이전까지 영아는 모유나 조제유를 먹음으로써 영양을 공급받는다. 이때 앞서 3장에서 학습한 반사적 움직임을 통해 모유나 조제유를 먹게 된다. 즉, 혀 내밀기 반사, 젖 찾기 반사 등을 통해 영양 섭취가 이루어지는데, 젖꼭지로 영아의 뺨을 자극하면 반사적으로 고개를 돌리고, 혀를 내밀어 빨아 먹게 된다.

(2) 이유식(고형식)을 통한 영양 공급

생후 4개월이 지나 목 가누기가 가능해지면, 죽 종류의 이유식 섭취가 가능해지고, 점차 덩어리로 된 고형식 섭취와 소화가 가능해진다. 이유식은 영아의 치아 발육 상태를 고려하여 처음에는 쌀죽으로 시작하고, 점차 채소, 고기(살코기)로 확대하여 줄 수 있다. 그리고 과일류는 맛과 향이 강하여 음식의 기호를 형성할 수 있으므로 고기 이후에 제공하는 것이 좋다.

(3) 일반식을 통한 영양 공급

생후 15개월이 지나면 성인과 동일한 일반식을 섭취할 수 있게 된다.

2) 영아기 영양의 중요성

영아기 동안 영양의 중요성은 다음의 2가지 측면에서 살펴볼 수 있다.

첫째, 모유는 영아 건강에 중요하다. 모유는 유니세프 및 세계보건기구를 비롯한 세계 많은 나라에서 권장하고 있는 영아기 중요한 영양 공급원이다. 모유는 백혈구가 풍부해서 영아의 면역체계를 강화시킨다. 또한 모유에 함유된 지방은 소화효소인 리파아제를 포함하고 있어 소화되기 쉽다. 그리고 모유는 뇌 조직의 주요 성분인 DHA를 풍부하게 포함하고 있어 모유를 먹인 아이들은 조제유를 먹인 아이들보다 지능지수가 높다고 밝혀졌다. 또한 모유에 함유된 철분은 조제유에 비해 흡수율이 약 7~10배가량 높다고 보고되었다(Sears, Taylor, & Poulton, 2003).

모유수유는 어머니에게도 긍정적인 영향을 미치는데, 모유수유를 통해 자궁수축 호르몬인 옥시토신 분비가 증가하고, 하혈이 적어지고, 산후 회복도 빨라진다. 따라서 어머니와 영아의 건강을 위해 모유수유가 권장된다.

둘째, 적절한 이유(離乳)는 영아 건강에 중요하다. 모유는 생후 12개월인 돌까지 먹이는 것이 좋으며 서서히 끊는 노력을 하는 것이 좋다. 하지만 갑자기 모유를 끊게 되면 영아의 정서 발달에 부정적 영향을 미치므로 서서히 이루어져야 한다. 따라서 돌이 지나면서부터는 서서히 노력을 기울여 모유보다는 이유식을 통해 주로 영양 섭취가 이루어질 수 있도록 노력해야 한다. 모유나 조제유로는 생후 1년 이후 성장에 필요한 영양을 섭취하기 어렵기 때문에 이유식을 점차 주(主)가 되게 함으로써 영아의 성장과 건강에 필요한 영양소를 충분히 섭취할 수 있도록 해 주어야 한다. 생후 1년이 되어서 적절한 이유(離乳)를 시도하지 않으면 영양 섭취가 불균형해지고, 이유식을 통한 올바른 식습관 형성 시기도 놓칠 수 있다. 모유에 지나치게 의존하여 이유식을 잘 먹지 않으면 전문가와 상담을 해 보아야 한다.

젖을 떼는 방법

- **갑자기 중단하는 경우 생길 수 있는 문제점**

1. 아이가 보채고 칭얼댄다.
2. 음식을 잘 소화시키지 못하고, 변비가 생긴다.
3. 정서적 불안감을 보인다.

- **젖을 서서히 떼는 방법**

1. 수유 횟수를 점차 줄이고, 모유를 젖병에 담아 먹인다.
2. 젖병에 모유 대신 물을 담아 먹인다.
3. 모유에 대한 관심을 다른 데로 돌릴 수 있는 흥미로운 놀잇감을 제공하는 것이 좋다.

3) 영아기 올바른 영양

(1) 모유 및 조제유

모유를 먹일 때도 어머니를 통한 영양 공급이 유일하기 때문에 어머니의 균형 잡힌 영양 섭취가 매우 중요하다.

조제유의 경우에는 위생에 주의를 기울여 젖병 등의 소독을 철저히 해야 한다. 그리고 정확한 용량을 지켜야 한다. 묽게 먹이면 적절한 영양 공급이 이루어지지 않고, 영아의 식욕을 떨어뜨릴 수 있다. 반대로 농도가 너무 진하면 소화불량이나 비만을 유발하고, 신장 기능에 부담을 줄 수 있다.

(2) 이유식

이유식은 목 가누기가 가능한 생후 4개월 이후 가능하다. 또한 생후 4개월 이전에는 혀 내밀기 반사를 가지고 있는데, 이는 이물질이 영아의 식도로 넘어가는 것을 방지하는 생존을 위한 반사 움직임이다. 하지만 생후 4개월이 되면 이러한 반사가 사라지고, 이유식의 섭취가 가능해진다. 따라서 이때부터 쌀죽으로 이유식을 시작할 수 있다. 이후 이유식의 종류는 치아 발달 상태와 신체운동능력과 관련이 되므로 3장에서 학습한 영아의 신체운동능력 발달 및 7장에서 학습할 치아 발육 상태에 따라 변화해야 한다. 월령에 따른 평균적인 신체운동능력 발달 및 치아 발육 상태, 이유식의 변화를 간단히 정리하면 〈표 5-1〉과 같다.

〈표 5-1〉 월령에 따른 평균적인 신체운동능력 발달 및 치아 발육 상태, 이유식 변화

월령	신체운동능력 발달 및 치아 발육 상태	이유식
약 생후 4개월	• 목 가누기 가능 • 혀 내밀기 반사 소거 • 치아가 아직 나오지 않음	• 쌀죽으로 시작 • 모유나 조제유와 함께 제공
약 생후 6~7개월	• 뒤집기 가능 • 지탱하면 앉을 수 있음 • 아래쪽 앞니가 나옴	• 채소죽 • 고기죽 • 모유나 조제유와 함께 제공

약 생후 8~9개월	• 지탱하면 앉을 수 있음 • 위쪽 앞니가 나고, 턱을 움직여 씹음	• 고형식 시작 가능 • 채소 조각 • 과일 조각(맛이 강하므로 채소 조각에 익숙해지게 한 후 제공) • 컵으로 물을 마실 수 있음 • 모유나 조제유와 함께 제공
약 생후 10개월	• 스스로 앉을 수 있음 • 위쪽 송곳니가 나옴	• 고형식을 즐김 • 섭식행동이 성숙해짐 • 다양한 질감과 풍미를 가진 균형 있는 영양의 이유식 제공 • 단, 알레르기를 일으킬 수 있는 큰 생선, 조개류, 달걀 흰자, 땅콩 주의 • 모유나 조제유와 함께 제공
약 생후 12개월	• 스스로 설 수 있음 • 의지하여 걷기 시작함 • 아래쪽 송곳니가 나옴	• 이유(離乳)기 (이유식이 주가 되도록 해야 함) • 다양한 질감과 풍미를 가진 균형 있는 영양의 이유식 제공 • 단, 알레르기를 일으킬 수 있는 땅콩 주의
약 생후 15개월	• 스스로 걸을 수 있음 • 위아래 어금니가 나옴	• 일반식이 가능함 • 성인 음식에 비해 간을 싱겁게 함

이유식을 통해 바른 식습관이 형성될 수 있으므로 균형 잡힌 영양의 이유식을 제공할 수 있도록 해야 한다. 곡류, 채소, 고기, 생선, 과일 등 다양한 식품을 다양한 조리법으로 만들어 먹이는 것이 필요하다. 또한 새로운 음식은 2~3일 간격으로 한 번에 하나씩 첨가하여 제공하는 것이 편식을 예방하는 데 좋다. 그리고 지탱하면 앉기가 가능한 시기부터는 영아를 앉혀서 숟가락을 사용해 떠먹이는 것이 바른 식사태도 형성에 도움이 된다. 생후 10개월부터는 영아 스스로 앉을 수 있고, 손의 사용이 자유로워지므로 영아로 하여금 손으로 집어먹거나 숟가락을 사용해 보도록 기회를 제공할 수 있다. 또한 가족이 함께 식사하는 자리에 영아도 함께 참여하여 이유식을 먹도록 함으로써 영아로 하여금 이유식에 대한 거부감을 없애고, 바른 식사태도를 학습할 수 있도록 할 수 있다.

영아의 알레르기 반응

영아에게 새로운 음식을 먹인 경우, 15분~2시간 이내 다음의 증상을 보이면 알레르기를 의심할 수 있다.

- 피부에 발진이나 습진이 생긴다.
- 입 주변이 붉어지거나 두드러기가 생긴다.
- 먹은 음식을 토한다.
- 물기 많은 변을 하루 8회 이상 본다.
- 피가 섞인 설사를 한다.

알레르기를 유발한 식품을 잘 기록해 두어, 제공되지 않도록 주의를 기울이는 것이 좋다.

3. 영아를 위한 영양교육

영아기는 바른 식습관 형성의 기초가 되는 시기라고 할 수 있다. 즉, 영아기는 이유식을 통해 다양한 식품을 섭취하고, 의자에 앉아 식사도구를 사용하는 시기이므로 영아기부터는 적절한 영양교육이 이루어져야 한다.

1) 영아 대상 영양교육의 목적

영아 영양교육의 목적은 다양한 음식을 감각적으로 탐색하여 긍정적으로 인식하도록 하는 것이며, 앉아서 먹는 태도 등 올바른 식사태도의 기초를 형성하도록 하는 것이다. 또한, 건강과 영양과의 관계에 관심을 가지도록 하여 향후 유아기가 되어 주도적으로 올바른 영양 습관을 실천하도록 하는 것이다.

2) 영아 대상 영양교육의 내용

0~1세	2세
다양한 음식에 대한 감각적 탐색하기	다양한 음식에 대한 감각적 탐색하기
올바른 식사태도의 기초 형성하기	올바른 식사태도의 기초 형성하기
	건강과 영양과의 관계에 관심 가지기

앞의 교육 내용에 대해 구체적으로 살펴보면 다음과 같다.

(1) 다양한 음식에 대한 감각적 탐색하기

이유식을 준비할 때에는 앞서 언급한 대로 곡류, 채소, 고기, 생선, 과일 등 다양한 식품을 다양한 조리법으로 만들어 제공하는 것이 중요하다. 또한 새로운 음식은 2~3일 간격으로 한 번에 하나씩 첨가하여 제공하는 것이 편식을 예방하는 데 좋다.

이유식을 영아에게 제공할 때, 만 1세 이하 영아에게는 음식의 색, 질감, 맛, 모양을 의성어와 의태어를 활용하여 표현해 줌으로써 감각적으로 다양한 음식을 경험하도록 해야 한다. 이후 만 2세가 되면 영아가 자신의 오감각을 활용해 감각적으로 다양한 음식을 경험하도록 해 주며, 감각적으로 구분해 보도록 할 수 있다. 또한 이유식으로 나올 새로운 식품의 원재료를 감각적으로 탐색해 보도록 하는 것도 다양한 음식에 대한 이해에 도움이 되며, 새로운 식품에 대한 거부감을 없앨 수 있다.

(2) 올바른 식사태도의 기초 형성하기

① 식사에 대한 긍정적인 태도 형성하기

바른 식사태도 형성의 기초는 식사 시간을 즐겁다고 인식하도록 하는 것이다. 따라서 영아기에 식사를 억압적이고 공포스러운 시간이 아닌, 즐거운 시간으로 인식하도록 하기 위해 가족들이 식사하는 공간에서 가족들과 함께 참여하여 이유식을 먹도록 하는 것이 좋다.

기관에서는 점심식사나 간식 시간에 조용한 클래식 음악을 들려주어 영아들이 식사 시간을 즐겁게 인식하도록 할 수 있다. 영아의 식사 시간은 어른에 비해 길기 때문에 식사를 재촉하지 않아야 하며, 최소 30분 정도의 점심식사 시간과 20분 정도의 간식 시간을 주어야 한다. 이 시간은 식사 준비 및 마무리 시간을 제외하고, 오로지 먹는 시간만을 의미한다. 또한 식사 시간 종료 10분 전부터 시계의 긴 바늘의 위치를 활용하여 남은 시간을 미리 알려 주어 영아들이 식사 마무리를 스스로 준비할 수 있도록 해야 한다. 교사가 함께 먹으면서 즐거운 식사 분위기를 형성하고, 영아들의 식습관 모델이 되어 줄 수 있다.

② 올바른 식사태도 형성하기

이유식을 먹일 때 영아로 하여금 의자에 앉아서 먹도록 하고, 식사도구를 사용하도록 할 수 있다. 특히 생후 10개월부터는 영아 스스로 앉을 수 있고, 손의 사용이 자유로워지므로 손으로 집어먹거나 숟가락을 사용해 보도록 기회를 제공할 수 있다. 하지만 영아가 생후 12개월 이후 걷기 시작하면 주변 환경에 대한 호기심이 커져서 한 자리에 앉아 식사하지 않으려고 할 수 있다. 이때 공포스러운 분위기를 연출하기보다는 영아 발달을 이해하여 다정하게 지도하는 노력이 필요하겠다. 또한 가족이나 교사가 함께 식사하며 올바른 식사태도의 본보기를 지속적으로 보여 주는 노력도 매우 중요하다.

(3) 건강과 영양과의 관계에 관심 가지기

만 2세가 되면 음식의 이름 및 음식에 포함된 영양소의 명칭과 건강에 미치는 영향을 간단하게 설명해 줄 수 있다. 이를 통해 영아는 자신의 건강에 미치는 영양의 특성에 관심을 가지게 된다.

3) 영아 대상 영양교육의 방법

영아 대상 영양교육의 방법에는 흥미로운 활동을 통한 방법과 일상생활 중 식사 및 간식 시간을 활용해 자연스럽게 실천하는 방법이 있다.

(1) 흥미로운 활동을 통한 영양교육

동화, 음악, 신체표현 등의 활동을 통해 영양교육을 실천할 수 있다.

〈표 5-2〉 흥미로운 활동을 통한 영양교육 예

활동 유형	영양교육 예시
동화 신체표현	• 활동목표 - 동화 속 동물들이 사과를 먹는 모습과 소리에 관심을 가진다. - 몸을 움직여 동물들의 다양한 사과 먹는 모습과 소리를 즐겁게 표현한다.  • 실제 편, p. 306 참고
음악 신체표현	• 활동목표 - 골고루 먹는 것에 관심을 가진다. - 맛있게 먹는 모습과 소리를 즐겁게 신체로 표현한다. **멋쟁이 토마토** 김영광 작사·작곡  실제 편, p. 350 참고

(2) 일상생활 중 식사 및 간식 시간을 활용한 자연스러운 교육

점심식사 및 간식 시간에 교사가 함께 참여하여 자연스러운 영양교육을 실천할 수 있다. 설명하기 방법을 통해 음식을 먹으며 다양한 음식에 대한 감각 경험 및 탐색을 유도하고 영아가 영양과 건강의 관계에 관심을 가지도록 할 수 있다. 또한 모델링 방법을 통해 바른 식사태도의 기초를 형성하도록 교육할 수 있다.

4. 제4차 표준보육과정에 제시된 영아기 영양교육

표준보육과정의 6개의 영역 중 영양교육과 관련된 영역은 '기본생활' 영역이며, 하위 내용 범주 가운데 영양교육과 관련된 내용 범주는 '건강하게 생활하기'이다. 따라서 보건복지부(2020)에 제시된 영아기 연령별 영양교육 방안에 대해 살펴보면 다음과 같다.

1) 0~1세 영아를 위한 영양교육

'건강하게 생활하기' 내용 범주에 영양교육 관련 내용은 1개가 있다.

내용 범주	내용
건강하게 생활하기	• 도움을 받아 몸을 깨끗이 한다. • 음식을 즐겁게 먹는다. • 하루 일과를 편안하게 경험한다. • 배변 의사를 표현한다.

관련 내용의 교육방안을 살펴보면 다음과 같다.

음식을 즐겁게 먹는다.

'음식을 즐겁게 먹는다'는 영아가 먹는 것에 대한 즐거움을 알고 모유(제조유)에서 시작하여 이유식(고형식) 등 다양한 음식을 섭취하는 과정을 원만하게 겪도록 도와주어야 한다. 또한 도구를 사용하여 먹는 것을 연습해 보도록 지도해야 한다.

모유(제조유)를 먹는 시기에는 영아가 편안한 상태로 모유(제조유)를 먹으면서 정서적인 안정감을 느끼도록 교사는 영아를 안고 미소를 짓거나 부드럽게 말을 거는 등 상호작용을 하며, 느긋한 기분으로 수유하고 영아의 먹는 속도에 맞추어 먹이도록 해야 한다.

생후 6개월 정도 이유식을 먹는 시기에는 영아가 다양한 맛을 경험할 수 있도록 음식을 골고루 접하게 해야 하며, 이를 위해서는 모유나 제조유 이외의 음식 맛을 알고 숟가락으로 떠먹는 방식에 익숙해지도록 지도해야 한다.

영아가 이유식에 적응하면 점차 덩어리로 된 고형식으로 바꾸면서 다양한 음식에 적응하도록 지원해야 한다. 이후 고형식에 적응한 영아가 다양한 성인 음식에 적응하도록 여러 가지 음식을 한꺼번에 주기보다는 한 번에 한 가지 음식을 제공하고 음식에 익숙해지도록 자주 제공하며, 다양한 음식을 먹어 봄으로써 편식하지 않고 음식을 골고루 먹을 수 있는 기회를 갖게 해야 한다. 이때 영아에게 먹을 수 있는 것과 먹어서는 안 되는 것도 알려 주어야 한다.

또한, 영아가 수저 등을 사용하여 음식을 먹도록 지도해야 한다. 만 1세 영아도 수저와 식기, 식탁을 사용하게 되고 여럿이 어울려 식사를 할 수 있으므로 이때부터 기본적인 식사예절을 지도하기 시작해야 한다.

영아가 먹는 일을 인생의 즐거운 경험 중의 중요한 부분으로 인식하도록 올바른 식습관과 식사예절을 지도해야 한다. 식사 양을 조절하지 못하는 영아에게는 처음 음식을 줄 때 양을 약간 적게 제공하고 영아가 원하면 더 주도록 하며, 영아가 음식을 거절하면 강요하지 않아야 한다. 영아가 식사 시간을 즐거운 시간으로 인식할 수 있도록 통제는 되도록 적게 하되 다른 사람의 식사를 방해하지 않도록 식사예절 교육을 해야 한다.

2) 2세 영아를 위한 영양교육

'기본생활' 영역 중 '건강하게 생활하기' 내용 범주에 영양교육 내용이 포함되며, 1개의 교육 내용이 있다.

내용 범주	내용
건강하게 생활하기	• 자신의 몸을 깨끗이 해 본다. • 음식에 관심을 가지고 즐겁게 먹는다. • 하루 일과를 즐겁게 경험한다. • 건강한 배변 습관을 갖는다.

관련 내용의 교육방안을 살펴보면 다음과 같다.

음식에 관심을 가지고 즐겁게 먹는다.

'음식에 관심을 가지고 즐겁게 먹는다.'는 영아가 건강을 유지하기 위해 음식과 건강과의 관계를 알고, 골고루 먹고, 도구를 사용하여 스스로 먹으며 정해진 자리에서 먹는 등 바른 식습관을 형성하도록 지도해야 한다.

영아가 신체건강을 유지하기 위해 편식하지 않고 음식을 골고루 먹도록 다양한 음식의 맛과 향, 질감을 경험하도록 지도해야 한다. 그리고 영아가 수저와 식기를 바르게 사용할 수 있도록 지도해야 한다. 또한 영아가 바른 태도로 식사하는 습관을 기르도록 음식을 먹으면서 돌아다니지 않고 정해진 자리에서 바른 자세로 먹도록 지도해야 한다.

수업 후 실습

학습 이해를 위한 조별 토의

✿ 생후 4개월, 생후 7개월, 생후 10개월, 생후 24개월 영아의 점심 식단을 계획하고, 점심 시간에 실천할 수 있는 '다양한 음식에 대한 감각적 탐색하기'를 돕는 교사 발문을 만들어 보세요.

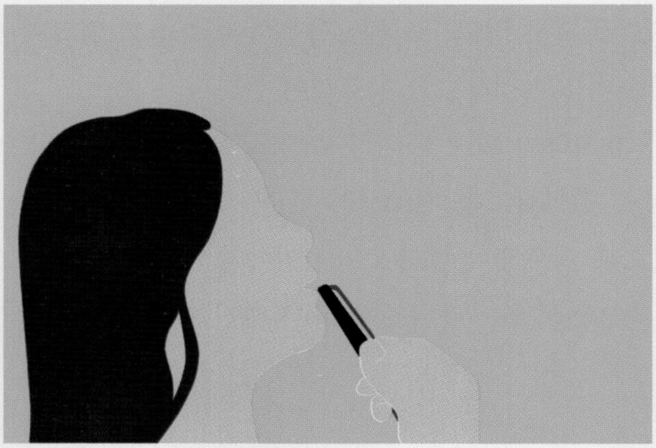

생각에 도움이 될 만한 질문

- 생후 4개월, 생후 7개월, 생후 10개월, 생후 24개월 영아의 평균적 신체운동능력 및 치아 발육 상태는 어떠한가요?
- 신체운동능력 및 치아 발육 상태에 따른 이유식 변화는 어떠한가요?
- '다양한 음식에 대한 감각적 탐색하기'를 돕는 교사 발문은 무엇이 있을까요?

학습 기억을 위한 조별 실습

✿ 앞서 토의한 내용을 토대로 교사-영아가 되어 조별로 계획한 이유식에 대한 영양교육을 실천해 보세요.

✿ 역할극을 보며 생각해 보세요.

- 영아 발달에 따른 이유식이 적절한가요?
- 적절한 영양교육이 되었나요?

Chapter

06

유아 영양과 건강

이 장은 예비교사들로 하여금 유아 영양교육의 필요성 및 목적을 이해하고, 유아 영양교육의 내용을 유아 발달에 적합한 다양한 방식으로 교육하는 능력을 기르도록 하고자 한다. 따라서 유아기 영양교육의 필요성 및 목적, 영양교육의 내용과 방법을 제시하였다. 이를 통해 유아를 대상으로 한 영양교육을 이해하고, 발달에 적합한 영양교육을 실천할 수 있다.

학습목표

유아를 대상으로 한 영양교육의 필요성 및 목적, 교육 내용과 방법을 이해하고 설명할 수 있다.

수업 전 실습

학습 동기화를 위한 조별 토의

✿ 조별로 유아기 균형 잡힌 영양을 위한 점심 식단을 구성하고, 각 음식별로 다음의 말풍선을 모두 완성해 보세요.

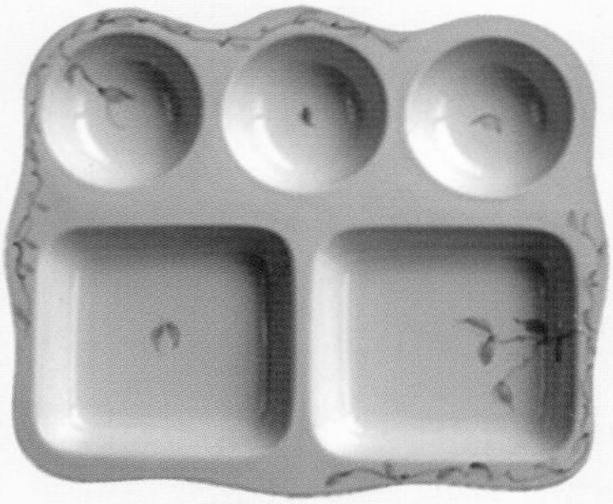

이것은 5대 영양소 중 ____________에 속해.
먹으면 __________에 좋아.
잘 먹지 않으면 ____________한단다.
비슷한 음식 종류에는 ________도 있지.

생각에 도움이 될 만한 질문

- 5대 영양소(탄수화물, 단백질, 지방, 비타민, 무기질)의 기능과 관련된 음식에는 각각 무엇이 있을까요?

I. 유아 영양교육의 필요성 및 목적

태아기와 영아기 영양이 주로 어머니에 의해 이루어졌다면, 유아기 영양은 유아 스스로의 선택과 식습관에 의해 이루어진다고 할 수 있다. 따라서 유아기는 올바른 영양교육을 통해 자신의 건강과 영양과의 관계를 이해하고, 올바른 식생활이 무엇인지 알며, 이를 유아 스스로 능동적으로 실천할 수 있도록 하는 교육이 필요하다. 구체적으로 유아 대상 영양교육의 필요성 및 목적에 대해 살펴보면 다음과 같다.

1) 유아 영양교육의 필요성

유아를 대상으로 한 영양교육의 필요성은 다음의 2가지다.

(1) 유아기 주도성

앞서 언급한 바와 같이, 유아들은 자신의 주도적인 선택에 따라 영양을 스스로 공급한다. 따라서 유아들이 영양과 건강과의 관계를 이해하고, 올바른 영양 섭취가 무엇인지 그리고 바른 식습관이 무엇인지 이해할 수 있는 교육이 매우 중요하다. 유아 영양교육을 통해 성인기 올바른 영양 섭취 습관으로까지 이어질 수 있다.

(2) 유아기 급속한 발달과 활동량

유아기는 키와 체중에 있어서 급속한 발달이 이루어지는 시기이며, 신체적 활동량도 태아 및 영아기에 비해 매우 크다고 할 수 있다. 그리고 인지적 탐구를 왕성하게 하면서 정신적 에너지 소비도 매우 크다. 올바른 영양교육을 통해 유아의 신체 및 정신적 건강을 위한 긍정적 지원을 할 수 있어야 한다.

2) 유아 영양교육의 목적

유아 영양교육의 목적은 교육을 통해 유아로 하여금 자신의 건강과 영양과의 관계를 이해하도록 하고, 올바른 식생활이 무엇인지 알도록 함으로써 유아가 능동적으로 바른 식생활을 실천하고, 식습관을 형성하여 향후 성인이 되어서도 올바른 식습관을 유지하도록 하는 것이다.

2. 유아 영양교육 내용

유아 영양교육을 위한 교육 내용은 3가지가 있다.

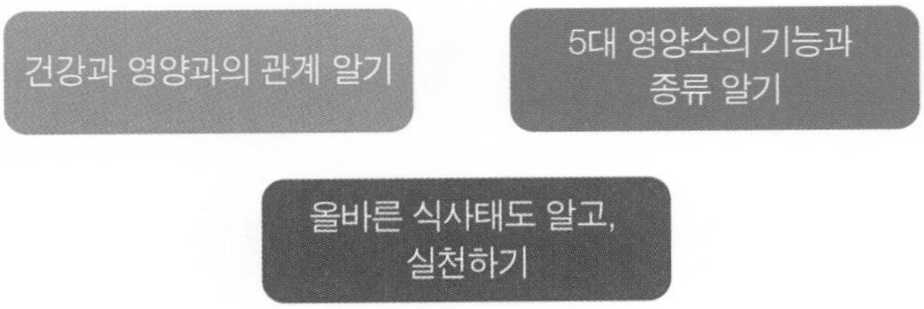

3가지 교육 내용에 대해 구체적으로 살펴보면 다음과 같다.

1) 건강과 영양과의 관계 알기

유아기 영양은 유아 신체 및 정신적 건강에 폭넓게 영향을 미친다. 따라서 유아의 신체 및 정신건강에 대한 문제의 원인을 유아의 영양 상태에서도 찾아볼 수 있다. 유아 건강에 영향을 미치는 영양의 중요성을 구체적으로 살펴보면 다음과 같다.

(1) 유아의 활동에너지 수준 좌우

균형 잡힌 영양 섭취가 이루어진 유아는 활동하는 데 있어 안정적 상태를 보이나, 과잉 영양 섭취는 유아의 활동에너지 수준을 높여 과잉행동을 보이게 된다. 이에 비해 결핍된 영양 섭취는 유아의 활동 에너지 수준을 낮추어 육체적 · 정신적 무기력감을 초래하여 소극적 행동, 위축된 행동을 보이게 한다.

관련 연구

Rucklidge, Frampton, Gorman과 Boggis(2014)의 연구에 따르면 ADHD 행동장애는 영양 섭취와 관련이 있다는 것이 밝혀졌고, ADHD 행동장애 치유에 비타민과 미네랄 섭취가 중요함을 알 수 있었다.

(2) 유아의 면역력 좌우

영양소 중 일부는 우리 몸의 면역체를 만들고, 면역 기능을 조절한다. 따라서 균형 잡힌 영양 섭취가 이루어진 유아는 면역력이 좋다고 할 수 있으나, 결핍된 영양 섭취는 면역력을 떨어뜨려 각종 질병에 쉽게 노출될 수 있다.

관련 연구

미국소아학회 의장인 Heitlinger 박사는 영양소의 섭취가 면역력과 관련이 있음을 주장하면서, 유아들의 면역력 증진에 효과가 있는 음식을 몇 가지 제안하였다.

- **요구르트**: probiotics라는 유용한 세균이 들어 있어 면역력 증진에 도움이 되며, 요구르트 음료를 마신 유아는 그렇지 않은 유아에 비해 질병 위험이 19% 낮았다.
- **호두**: 오메가3 지방산이 있어서 면역력 증진에 도움이 되며, 지속적 섭취는 유아들의 호흡기 감염을 줄였다.

• **과일과 채소**: 면역 기능을 원활히 하는 데 도움이 되는 비타민이 많이 들어 있다.
• **살코기**: 단백질은 면역체 생성을 돕는다.

출처: http://www.webmd.com/parenting/features/immune-system#1

Mora, Iwata와 von Andrian(2008)은 면역력을 높이는 데 비타민이 효과가 높음을 밝혔다. 특히 비타민 A, 비타민 D의 효과를 중점적으로 밝혔다.

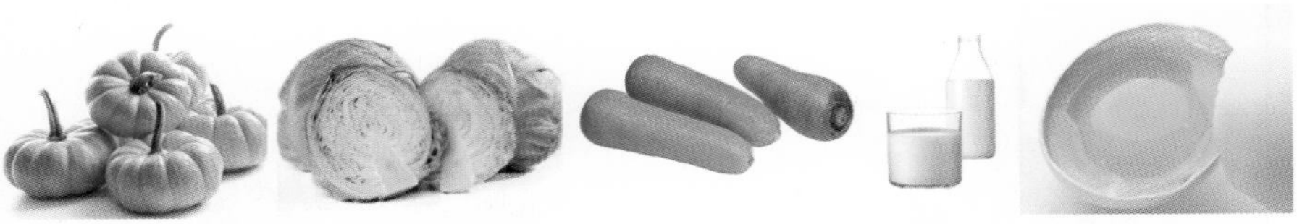

(3) 신체의 정상적 발육 좌우

식생활과 관련된 주요 문제 중 하나는 바로 비만이다. 균형 잡힌 영양 섭취는 신체의 정상적 발육이 이루어지도록 하지만, 과잉 영양 섭취는 비만의 원인이 된다. 결핍된 영양 섭취 또한 정상적 발육에 장애가 될 수 있다.

(4) 건전한 정서 상태 및 성격 형성 좌우

균형 잡힌 영양 섭취는 정신건강에도 영향을 미친다. 잘못된 영양 섭취와 영양 결핍은 정신건강에 문제를 일으키고, 성격 형성에도 부정적 영향을 미친다.

관련 연구

정제된 탄수화물의 과다한 섭취는 정신건강에 부정적 영향을 미친다. 연구 결과, 정신건강에 문제가 있는 사람들 대부분이 그렇지 않은 사람들에 비해 설탕을 과다 섭취하였으며, 흰 빵이나 밀가루로 된 음식을 많이 섭취하였다.

출처: High Doses of Niacin Changed Psychatry (2016).

(5) 두뇌 발달 및 뇌 활동 좌우

균형 잡힌 영양 섭취는 뇌 구성요소의 발달 및 뇌 조직의 구성과 관련이 있으며, 뇌의 활동 에너지와도 관련이 있다. 즉, 두뇌 구성 요소인 세포체의 DNA는 단백질로 이루어져 있으며, 뇌 조직을 구성하는 수초(myelin)와 신경전달물질도 단백질과 지방으로 이루어져 있다. 그리고 포도당은 뇌 활동의 주요 에너지로 사용된다. 따라서 균형 잡힌 영양 섭취는 두뇌 발달 및 뇌 활동을 좌우하며, 더 나아가 학습능력을 고취시킬 수 있다.

관련 연구

Helland, Smith, Saarem, Saugstad와 Drevon(2003)은 임신 중인 여성을 대상으로 불포화지방산인 DHA가 들어 있는 생선과 DHA가 없는 옥수수 기름을 먹는 그룹으로 나누어 실험하였다. 그 후 태아 출생 후 4세가 되었을 때 지능을 측정한 결과 DHA를 섭취한 그룹 자녀의 지능지수가 더 높은 것을 밝혀냈다. 따라서 두뇌 발달과 영양소의 섭취는 매우 중요한 관련이 있다고 볼 수 있다.

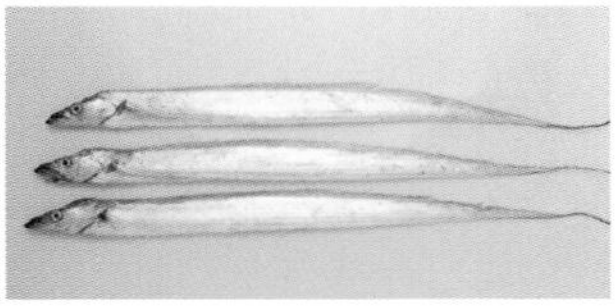

이에 따라 부모 상담에서도 가정에서의 유아 영양 상태와 식습관을 살피고, 올바른 영양 습관을 형성할 수 있도록 가정과의 연계를 통해 유아의 건강을 긍정적으로 이끄는 노력이 매우 중요하다고 할 수 있겠다.

2) 5대 영양소의 기능과 종류 알기

올바른 영양이란 5대 영양소를 골고루 섭취하는 것을 의미하고, 5대 영양소란 탄수화물, 단백질, 지방, 비타민, 무기질을 가리킨다. 각 영양소가 건강에 미치는 주요 영향에 따라 다음의 3가지로 간단히 분류할 수 있다.

(1) 5대 영양소의 분류

5대 영양소는 건강에 미치는 주요 영향에 따라 다음의 3가지로 간단히 분류할 수 있다.

① 에너지 영양소

우리 몸에 흡수되어 에너지원으로 사용된다. 관련 영양소는 탄수화물, 단백질, 지방이다. 따라서 부족할 경우 무기력하고, 피로를 많이 느끼게 된다. 하지만 과잉 섭취할 경우에는 활동량이 많아지는 등 과잉행동을 보일 수 있다.

② 인체 구성 영양소

우리 몸에 흡수되어 근육, 골격, 면역체, 치아, 혈액 등을 구성한다. 관련 영양소는 단백질, 무기질이다. 단백질은 주로 근육과 골격, 면역체를 형성하고, 무기질은 치아와 혈액을 주로 구성한다. 그러므로 이 영양소가 부족할 경우 성장 발육 및 면역력에 문제가 발생한다.

③ 인체 기능 조절 영양소

우리 몸에 흡수되어 세포들의 활동을 돕고, 혈액순환 및 신진대사활동을 도와 노폐물을 배출하고, 세포 내에 신선한 산소를 공급하는 등의 역할을 한다. 관련된 영양소는 무기질과 비타민이다. 따라서 부족할 경우 몸속 세포들의 역할이 잘 이루어지지 못해 면역력이 떨어지고, 노화 등 성장 및 건강에 문제가 생길 수 있다.

(2) 5대 영양소의 기능과 종류

5대 영양소별 주요 기능과 종류를 중심으로 제시하면 다음과 같다

① 탄수화물

탄수화물은 앞서 살펴본 바와 같이, 건강과 관련하여 우리 몸의 에너지를 내는 영양소이다. 약 1g당 4kcal의 열량이 발생하여 체온을 유지하고, 두뇌뿐만 아니라 몸속 장기들의 활동 에너지가 된다. 따라서 탄수화물이 결핍될 경우 신체활동이 저하되고, 두뇌활동도 원활히 이루어지지 못해 사고력이 떨어지고, 정신건강에도

부정적 영향을 미치며, 피로감을 느끼기 쉽다.

탄수화물은 정제된 탄수화물과 정제되지 않은 탄수화물로 나눌 수 있다. 정제된 탄수화물이란 인공적으로 정제 및 도정을 거쳤음을 의미하며, 주로 흰색을 띠고 있다. 따라서 설탕, 밀가루, 백미가 대표적인 정제된 탄수화물이라고 할 수 있다. 정제된 탄수화물은 건강에 좋지 못한 영향을 미치는데, 과잉 섭취할 경우 정신건강에 부정적 영향을 미치며 비만을 불러일으키기 쉽고, 심장병의 주요 원인이 된다. 따라서 탄수화물을 섭취할 때는 정제되지 않은 탄수화물을 선택하여 섭취하는 것이 좋다.

탄수화물 정제 및 도정

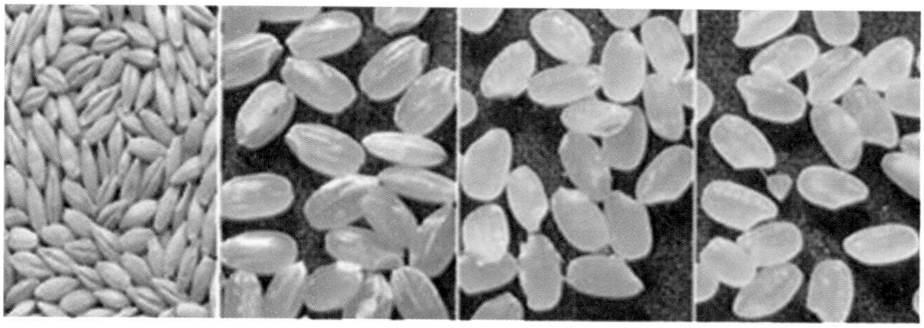

도정 단계에 따른 쌀의 모양

일반적으로 곡물은 껍질이 있는데, 정제 및 도정의 과정을 거치면서 껍질을 반복적으로 벗겨내게 된다. 따라서 정제된 탄수화물은 노란 껍질이 거의 벗겨져 하얀색을 띠고, 정제되지 않은 탄수화물은 노란 껍질의 속 부분이 남아 노란색을 띠게 된다. 이때 껍질과 함께 곡물의 껍질 속에 있는 풍부한 영양분을 벗겨 내면 좋은 영양소는 적어지고, 당 성분을 지닌 칼로리만 남아 있게 된다.

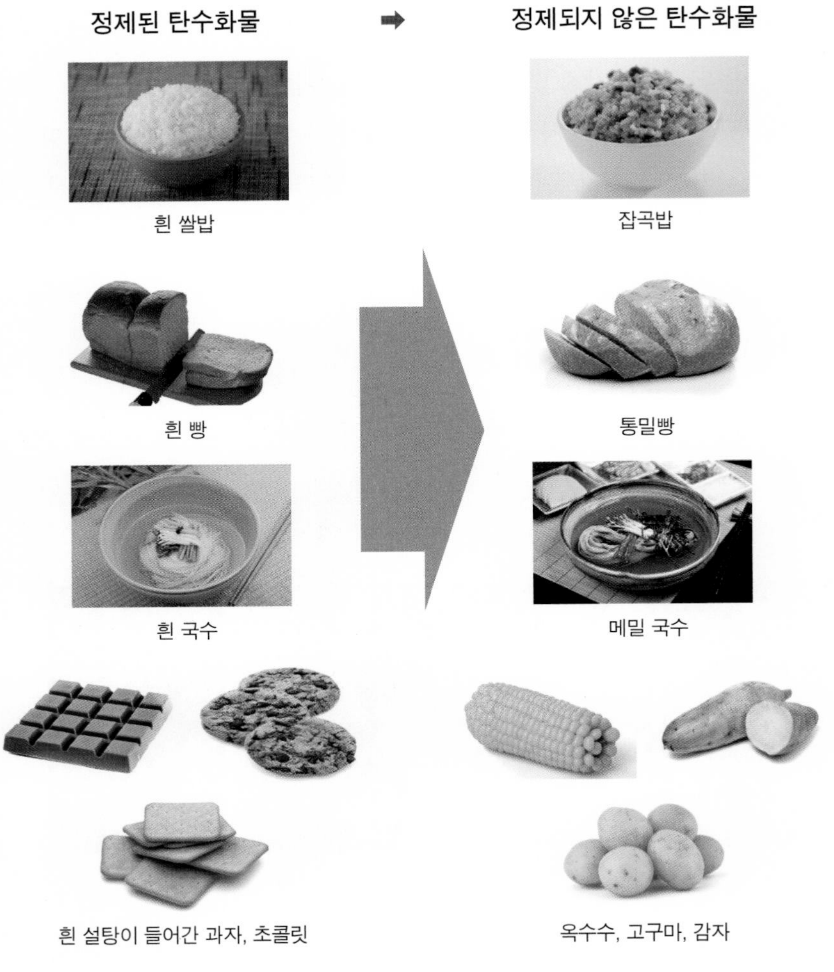

식사나 간식을 구성할 때, 정제되지 않은 탄수화물로 구성하는 것이 좋다.

탄수화물은 당으로 이루어져 대부분 단맛이 난다. 탄수화물이 포함된 식품의 종류로는 주로 곡류로서 잡곡, 감자, 고구마, 떡, 면 등이 있다.

탄수화물 섭취와 관련하여 유의할 점은 다음의 2가지이다.

• 하루 세끼 식사와 1회 간식

일반적으로 하루에 적정량의 세끼 식사와 1회 간식을 통해 탄수화물을 균형적으로 구성한다면 탄수화물은 권장량을 쉽게 섭취할 수 있다. 따라서 하루 세끼 식사와 1회 간식을 통해 탄수화물을 섭취할 수 있도록 하는 습관 형성 노력이 중요하다.

- 정제되지 않은 탄수화물 섭취

  하루 세끼 식사와 간식을 구성할 때, 정제되지 않은 탄수화물로 구성하여 섭취하도록 하는 것이 매우 중요하다. 따라서 흰 빵이나 과자로 식사와 간식을 대체하는 습관은 잘못된 식습관이라고 할 수 있다.

② 단백질

단백질은 앞서 살펴본 바와 같이, 건강과 관련하여 우리 몸의 에너지를 내는 영양소이며 인체구성 영양소이다. 약 1g당 4kcal의 열량이 발생하며, 신체의 근육 · 골격 · 면역체를 형성하고, 성장 호르몬을 만들어 낸다. 또한 두뇌 구성 요소의 주성분으로 두뇌의 형성과 발달에 중요한 역할을 한다. 단백질이 결핍되면 발육이 저하되고, 면역력이 떨어지며, 뇌 발달에도 부정적 영향을 미치게 된다. 반면 과다섭취하는 경우 비만을 불러일으킬 수 있으므로 적정량을 섭취하는 것이 좋다.

단백질을 포함한 식품의 종류로는 주로 어육류, 계란, 유제품, 콩류가 이에 속한다.

단백질 섭취와 관련하여 유의할 점은 다음의 3가지다.

- 하루 세끼 식사

  일반적으로 하루에 적정량의 세끼 식사 시 단백질을 포함하여 균형적으로 구성한다면 단백질은 권장량을 쉽게 섭취할 수 있다. 따라서 단백질을 포함한 하루 세끼 식사를 균형적으로 하는 습관을 형성하도록 하는 것이 중요하다.

- 양질의 단백질 섭취

  어육류를 제공할 때는 기름기가 많은 부분을 제외하고 제공하는 것이 좋다.

- 동물성 단백질과 식물성 단백질을 구분하여 골고루 섭취

  단백질에는 동물성 단백질과 식물성 단백질이 있다. 동물성 단백질은 소화흡수율과 체내 이용률이 좋지만, 포화지방산을 포함하고 있어 우리 몸을 일시적으로 산성화시킨다. 따라서 몸의 항상성 유지를 위해 뼈에 있는 칼슘(알칼리

성)을 사용하므로 골다공증의 위험이 있고, 각종 암이나 치매질환을 유발하기도 한다. 식물성 단백질은 포화지방산이 없고, 칼로리가 낮지만 소화흡수율이 낮다. 따라서 두 단백질을 균형 있게 섭취하는 노력이 중요하다.

[그림 6-1] **동물성 단백질과 식물성 단백질 식품의 예**

③ 지방

지방은 앞서 살펴본 바와 같이 건강과 관련하여 우리 몸의 에너지를 내는 영양소이다. 약 1g당 9kcal의 열량을 발생하는 우수한 저장 에너지이다. 따라서 식사를 구성할 때, 가장 적은 비율로 제공하는 것이 좋다.

지방은 두뇌 조직의 주요 성분으로 두뇌 발달에 중요한 역할을 한다. 또한 체온을 유지해 주고, 장기 주변에 축적되어 외부의 충격으로부터 장기를 보호한다. 그리고 신체활동의 에너지가 된다. 지방이 결핍된 경우 쉽게 피로해지며, 두뇌활동에도 부정적 영향을 미치게 된다. 그러나 과다 섭취하는 경우 비만을 불러일으킬 수 있고, 고지혈증 및 심혈관계 질환, 대장암과 유방암을 일으킬 수 있으므로 적정량을 섭취해야 한다.

지방을 포함한 식품의 종류로는 주로 유지류, 견과류, 육류가 이에 속한다.

지방 섭취와 관련하여 유의할 점은 다음의 3가지이다.

- 하루 세끼 식사

  일반적으로 하루에 적정량의 세끼 식사 시 불포화지방산을 포함하여 균형적으로 구성한다면 지방은 권장량을 쉽게 섭취할 수 있다. 하지만 지방의 비율이 가장 적도록 식사를 구성하는 것이 중요하다.

- 간식으로는 부적합

  지방은 소화되기가 어려운 영양소이므로 간식으로 제공하기에는 부적합하다고 할 수 있다.

- 불포화지방산 섭취

  지방에는 포화지방산과 불포화지방산이 있다. 포화지방산은 상온에서 고체 형태를 띠는 것으로 섭취하면 몸에 나쁜 콜레스테롤을 혈관에 쌓이게 하여 심혈관계 질환 및 각종 암의 원인이 된다. 하지만 불포화지방산은 상온에서 주로 액체 형태를 띠며 몸에 이로운 지방으로서 섭취하면 좋은 콜레스테롤 수치를 높이고, 몸에 해로운 콜레스테롤의 수치는 낮추어 심혈관계 질환 및 각종 암의 발병률을 줄이는 효과가 있다. 따라서 포화지방산과 불포화지방산 식품을 구분하고, 불포화지방산이 포함된 식품을 섭취하는 노력이 중요하다.

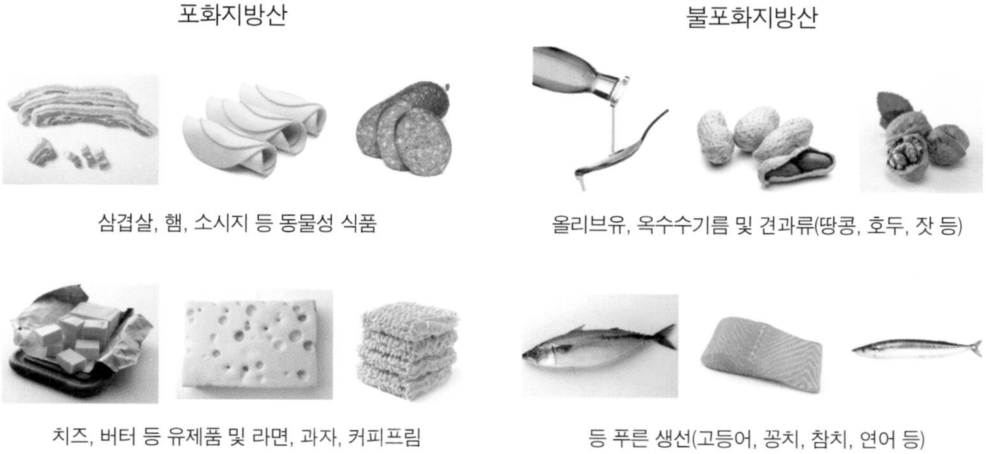

[그림 6-2] **포화지방산과 불포화지방산 식품의 예**

④ 비타민

비타민은 앞서 살펴본 바와 같이, 건강과 관련하여 인체 기능 조절 영양소이다. 우리 몸에 흡수되어 세포들의 활동을 돕고, 신진대사활동을 통해 노폐물을 배출하고, 세포 내 신선한 산소를 공급하는 역할을 한다. 그래서 결핍될 경우 면역 기능에 장애가 생기고 피부 건강에 좋지 않다. 하지만 유아들이 가장 선호하지 않는 영양소 중의 하나이므로 유아 영양교육에 있어서 주의를 기울여야 할 필요가 있다.

비타민을 포함한 식품의 종류로는 주로 채소류, 과일류가 있다. 비타민 섭취와 관련하여 유의할 점은 다음의 3가지다.

- 하루 세끼 식사
  일반적으로 하루에 적정량의 세끼 식사 시 비타민을 포함하여 균형적으로 구성한다면 비타민은 권장량을 쉽게 섭취할 수 있다. 이때 비타민의 비율이 가장 많도록 식사를 구성하는 것이 중요하다. 따라서 채소는 매 끼니 2가지 이상의 종류를 섭취하는 것이 좋다.
- 간식으로 적합
  간식은 활동량이 많은 유아에게 필요한 영양을 보충해 주는 역할을 하며, 정신건강에도 도움이 된다. 따라서 간식을 줄 때는 소화가 잘 되고, 다음 식사에 지장을 주지 않는 식품이 적당하다. 또한 정신적으로 안정감과 긍정적 정서를 불러일으키기 위해 시각적 · 미각적 감각을 만족시켜 줄 수 있는 것이 좋다. 따라서 비타민을 포함한 식품이 가장 간식으로 적당하다고 할 수 있다. 과일의 경우 간식으로 제공되기에 가장 적당하다고 할 수 있다. 또한 채소 샐러드나 천연 과일 주스도 유아에게 적합한 간식이 될 수 있다.
- 주로 수용성 비타민 섭취
  지용성 비타민은 일반적으로 주로 동물성 단백질과 불포화지방산 식품에 포함되어 있다. 그래서 지용성 비타민을 과잉 섭취할 경우 축적되어 골다공증, 각종 암이나 치매 질환을 유발하기도 한다. 하지만 수용성 비타민은 과잉 섭취해도 소변으로 배출되므로 문제를 일으키지 않는다. 따라서 비타민을 섭취하고자 할 때는 주로 채소류나 과일류를 통해 수용성 비타민을 주로 섭취하는 것이 좋으며, 지용성 비타민은 단백질 및 지방 섭취를 통해 권장량을 섭취할 수 있다.

지용성 비타민 수용성 비타민

주로 동물성 단백질, 불포화지방산에 포함 주로 채소류, 과일류에 포함

[그림 6-3] **지용성 비타민과 수용성 비타민 식품 예**

⑤ 무기질

무기질은 앞서 살펴본 바와 같이 건강과 관련하여 인체 구성 영양소이며, 인체 기능 조절 영양소이다. 따라서 우리 몸에 흡수되어 주로 치아와 혈액을 구성하고, 세포들의 활동을 도우며, 혈액순환 및 신경자극 전달을 원활히 한다. 따라서 결핍될 경우, 빈혈이나 근육 경련 등 인체 기능의 장애, 치아와 뼈 건강 이상, 심장 질환을 일으킬 수 있다. 하지만 무기질은 비타민과 더불어 유아들이 가장 선호하지 않는 영양소 중 하나이므로 유아 영양교육에 있어서 주의를 기울여야 할 필요가 있다.

무기질을 포함한 식품의 종류로는 주로 물, 해조류, 채소류가 있다. 무기질 섭취와 관련하여 유의할 점은 다음의 3가지이다.

- 하루 세끼 식사
  일반적으로 하루에 적정량의 세끼 식사 시 무기질을 포함하여 균형적으로 구성한다면 무기질은 권장량을 쉽게 섭취할 수 있다. 이때 비타민 구성 비율에 포함하여 가장 높은 비율을 차지하도록 식사를 구성하는 것이 중요하다. 따라서 채소는 매 끼니 2가지 이상의 종류를 섭취하는 것이 좋으며, 해조류 또한 식사 시 한 종류 정도 섭취하도록 하는 것이 좋다.
- 간식으로 적합
  비타민과 더불어 유아 간식으로 적합한 영양소이다.

• 물 충분히 섭취

연령이 낮을수록 체중 대비 수분함유량이 높기 때문에 유아기 수분 섭취는 매우 중요하다. 물은 영양소의 운반, 노폐물 배설, 세포 형태 유지 등 중요한 역할을 하고, 특히 인체 조직 중 두뇌에 수분이 많이 함유되어 있으므로 두뇌활동에서도 중요한 역할을 한다. 따라서 물을 직접 마시거나 과일이나 채소를 통해 섭취할 수 있다. 물을 잘 섭취하지 않는 경우 탈수, 발열, 체중 감소, 두뇌활동 저하의 문제가 나타날 수 있는데, 체중에서 10% 이상의 수분이 손실되면 생명을 잃을 수도 있다. 반면 과잉 섭취하면 부종이나 구토가 발생할 수 있다. 따라서 유아의 경우에는 하루 8컵 정도(1.5*l* 이상)가 적당하다고 할 수 있다. 하지만 식사 중에 함께 물을 마시게 하는 경우는 소화와 영양분 흡수를 방해하므로 식사 중에는 물을 마시지 않도록 하는 것이 좋다.

〈표 6-1〉 **영유아 수분 권장량**

연령	1인 수분 권장량
생후 0~5개월	700*ml*
생후 6~11개월	800*ml*
만 1~2세	1.2*l*
만 3~5세	1.5*l*

과일음료나 탄산음료가 물을 대체할 수 있을까?

가공된 과일음료나 탄산음료는 당분 함량이 놓고, 인공적인 맛이 첨가되어 있으므로 세포나 혈액으로부터 오히려 수분을 빼앗아 갈증을 일으킬 수 있다. 하지만 생과일 주스나 채소 주스, 우유는 수분 공급에 도움이 된다. 또한 물 대신 차를 마시게 하는 것도 도움이 된다.

- **보리차**: 열이 많은 유아에게 좋아 열을 내리는 데 도움이 된다.
- **옥수수차**: 소화가 잘 되지 않거나 소변량이 적은 유아에게 도움이 된다.
- **둥글레차**: 입이 자주 마르거나 기침이 잦은 유아에게 도움이 된다.
- **결명자차**: 열이 많고 시력이 좋지 않은 유아에게 도움이 된다.

무기질의 종류와 기능, 함유 식품을 구체적으로 살펴보면 〈표 6-2〉와 같다.

〈표 6-2〉 무기질의 종류와 역할

무기질의 종류	기능	결핍 시 문제점	함유 식품
칼슘	뼈와 치아 구성	골다공증	뼈째 먹는 생선(멸치) 우유, 해조류, 채소류
인	뼈와 치아 구성	근육 약화	우유, 견과류, 곡류
철	혈액구성	빈혈, 두뇌활동 저하	어육류, 계란
아연	단백질 대사와 관련	면역기능 저하 성장 저하	해조류, 우유, 계란
나트륨	혈액순환	과잉섭취 시 고혈압 결핍 시 현기증	소금 (하루에 10g 정도 적당)
요오드	갑상선 호르몬 형성	갑상선 기능 저하	해조류
마그네슘	신경자극 전달	근육 떨림증	채소류, 견과류, 곡류
물	영양소의 운반, 노폐물 배설, 세포 형태 유지, 두뇌활동	탈수, 두뇌활동 저하	물

컬러푸드

유아들이 선호하지 않는 비타민과 무기질 섭취를 도와 균형 있는 영양 섭취 습관 형성을 위해 다양한 색깔의 음식을 섭취하도록 권장하기 위해 등장한 개념이다.

- **빨강**
  - 효능: 심장기능 강화, 혈액순환 촉진
  - 종류: 토마토, 딸기, 수박

- **검정**
  - 효능: 노화 방지, 항암 효과
  - 종류: 우엉, 검은 콩

- **녹색**
  - 효능: 해독작용, 장 건강, 신진대사 촉진
  - 종류: 상추, 시금치, 녹차

- **흰색**
  - 효능: 면역력 증진
  - 종류: 마늘, 양파, 무

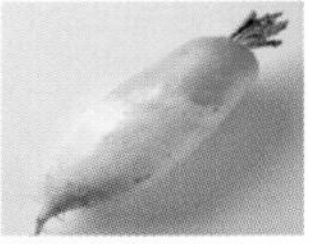

- **보라색**
  - 효능: 정신건강, 신진대사 촉진
  - 종류: 블루베리, 가지, 포도

- **노란색**
  - 효능: 면역력 증진, 피부 건강
  - 종류: 바나나

- **주황색**
  - 효능: 항암 효과, 피부 건강, 시력 보호
  - 종류: 오렌지, 당근, 귤

완전식품

일반적으로 5대 영양소를 골고루 함유하고 있는 음식을 의미하며, 매일 섭취가 권장된다. 대표적으로 다음의 2가지를 완전식품이라고 할 수 있다.

- **우유**

우유는 성장기 유아가 섭취하도록 권장하는 식품 중 하나로 유당, 유단백질, 유지방, 무기질 등 많은 영양소를 가지고 있다. 과거에는 칼슘이 부족하여 조금은 아쉬운 완전식품으로 여겨졌으나, 최근에는 칼슘을 넣은 우유나 가공된 치즈로 섭취가 가능해졌다.

- **계란**

계란은 단백질을 이루는 필수아미노산을 골고루 가지고 있으며, 비타민, 무기질, 지방 등 많은 영양소를 가지고 있다.

3) 올바른 식사태도 알고, 실천하기

올바른 식사태도를 형성하는 것은 섭취한 음식의 소화를 돕고, 영양 섭취에 대한 긍정적 태도를 형성하도록 돕는다. 또한 비만이나 편식, 식욕부진 등의 영양 문제를 방지할 수 있다. 따라서 영아기 올바른 식사태도의 기초 형성에서부터 유아기 지속적인 실천을 통해 습관으로 형성될 수 있도록 해야 한다.

유아기 실천해야 하는 올바른 식사태도는 다음과 같다.

(1) 식사 전

- 손 씻기
- 식사 공간(식탁이나 밥상 위)을 깨끗이 하기

(2) 식사 동안

- 음식의 소중함을 알고 적정량을 먹기
- 식사를 마칠 때까지 정해진 자리에 앉아서 먹기
- 식사도구를 사용하여 먹기
- 골고루 먹기
- 음식물을 입에 넣고 말하지 않기
- 식사 중간 조용히 대화하며 즐거운 분위기로 식사하기
- 천천히 잘 씹어 먹기
- 정해진 식사 시간을 지켜서 먹기(음식을 오래 물고 있지 않기)

(3) 식사 후

- 식탁과 식사도구를 정리하기
- 양치질하기

3. 유아 영양교육 방법

유아 대상 영양교육의 방법에는 흥미로운 활동을 통한 방법과 일상생활 중 식사 및 간식 시간을 활용해 자연스럽게 실천하는 방법이 있다.

1) 흥미로운 활동을 통한 영양교육

동화, 음악, 신체표현, 요리 등의 활동을 통해 영양교육을 실천할 수 있다.

〈표 6-3〉 **흥미로운 활동과 영양교육 예**

활동 유형	영양교육 예시
동화 신체표현	• 활동목표 - 골고루 먹는 것의 중요성을 안다. - 골고루 먹지 않아 허약한 친구와 골고루 먹어 건강한 친구를 몸으로 표현해 본다.  • 실제 편, p. 310 참고

음악 신체표현

• 활동목표
- 5대 영양소의 종류와 기능, 함유 식품에 대해 안다.
- 5대 영양소의 기능을 신체로 즐겁게 표현해 본다.

5대 영양소송

작사 · 작곡 미상

• 실제 편, p. 354 참고

요리

요리활동을 통해 다양한 식재료에 친숙해지고,
음식의 소중함을 알게 된다.

2) 일상생활 중 식사 및 간식 시간을 활용한 자연스러운 교육

점심식사 및 간식 시간에 교사가 함께 참여하여 자연스러운 영양교육을 실천할 수 있다. 설명하기 방법을 통해 음식을 먹으며 5대 영양소 이해 교육과 영양과 건강의 관계를 교육할 수 있다. 또한 모델링 방법을 통해 올바른 식사태도를 간접적으로 교육할 수 있다.

4. 2019 개정 누리과정에 제시된 유아기 영양교육

누리과정의 5개 영역 중 영양교육과 관련된 영역은 '신체운동 · 건강' 영역이며, 하위 내용 범주 가운데 영양교육과 관련된 내용 범주는 '건강하게 생활하기' 이다.

내용 범주	내용
건강하게 생활하기	• 자신의 몸과 주변을 깨끗이 한다. • 몸에 좋은 음식에 관심을 가지고 바른 태도로 즐겁게 먹는다. • 하루 일과에서 적당한 휴식을 취한다. • 질병을 예방하는 방법을 알고 실천한다.

따라서 교육부(2019)에 제시된 유아기 영양교육 방안에 대해 살펴보고자 한다.

몸에 좋은 음식에 관심을 가지고 바른 태도로 즐겁게 먹는다.

'몸에 좋은 음식에 관심을 가지고 바른 태도로 즐겁게 먹는다.'는 유아가 건강을 유지하기 위해 음식을 골고루 적당량 먹고 몸에 좋은 음식에 관심을 갖고 구별할 수 있게 지도해야 하며, 바른 식사예절과 태도를 알고 실천할 수 있도록 지도해야 한다.

유아가 신체건강을 유지하기 위해 편식하지 않고 음식을 골고루 먹게 하도록 다양한 음식을 즐겁게 먹어 볼 수 있는 경험을 제공해야 한다. 특히, 유아는 질감이나 특유한 향이 있는 식품을 거부하는 경향이 있으므로 유아가 거부하는 식품은 조리 방법에 변화를 주어 제공하고, 영양교육을 해야 한다. 또한 유아가 편식하지 않고 골고루 먹을 수 있을 뿐만 아니라 자신이 먹을 수 있는 음식의 양을 적절히 조절하도록 지도해야 한다. 교사는 점심시간에 유아의 연령 및 개인차를 고려한 적정 양을 배식함으로써 적당량의 음식을 골고루 먹을 수 있도록 관심을 가져야 한다.

그리고 유아가 건강과 영양과의 관계를 알고 건강을 유지하는 데 좋은 음식과 그렇지 못한 음식이 있음을 알고 관심을 갖게 지도해야 한다. 특히, 몸에 좋은 음식을 충분히 섭취했을 때와 그렇지 못했을 때 우리 몸에 어떤 일이 생길 수 있는지를 알도록 지도해야 한다. 음식에 포함된 기본적인 영양분에 관심을 갖고, 신체 발달에 필요한 5대 영양소의 건강에 미치는 영향과 함유 식품을 알도록 지도해야 한다.

그리고 바른 태도로 식사하는 습관을 길러 주기 위해 식사 시 지켜야 하는 기본적인 예절을 익히도록 지도해야 한다. 식품의 생산과 공급, 조리 과정에 참여하는 많은 사람들의 노고를 이해함으로써 음식의 소중함을 알고 실천할 수 있도록 지도해야 한다. 자신이 먹을 만큼의 음식을 가져 와서 남기지 않고 먹는 습관을 갖도록 해야 하며, 우리가 남긴 음식의 처리나 그로 인한 환경문제와 경제적인 손실을 이해하게 하고, 음식을 소중히 여기는 태도를 형성하도록 해야 한다.

수업 후 실습

학습 이해를 위한 조별 토의

✿ 영양교육의 내용 중 '5대 영양소의 기능과 종류 알기' 교육을 위하여 새 노래 지도활동을 선택하여 교육하고자 한다. 기존 동요에 5대 영양소 이해교육에 적합하도록 가사를 바꾸어 보고, 영양소의 기능에 적합한 율동도 만들어 보세요.

생각에 도움이 될 만한 질문

- 5대 영양소의 명칭과 건강에 미치는 영향은 무엇이었나요?
- 5대 영양소에 포함되는 식품의 종류는 무엇이었나요?

학습 기억을 위한 조별 실습

✿ 앞서 토의한 내용을 토대로 교사가 되어 조별로 새 노래 지도활동을 실천해 보세요.

✿ 역할극을 보며 생각해 보세요.

- 가사에 5대 영양소가 모두 포함되었나요?
- 가사 내용이 유아들이 이해하기 쉬운가요?
- 율동은 영양소의 기능에 적합하게 만들어졌나요?

Chapter 07

영유아 건강한 생활습관

이 장은 예비교사들로 하여금 영유아의 건강한 생활습관이 무엇이며, 습관 형성을 위한 교육 내용과 방법이 무엇인지 이해하도록 함으로써 영유아 건강교육능력을 기르고자 한다. 따라서 영유아기 형성되어야 할 건강 생활습관을 구분하였고, 각 생활습관 형성을 위한 교육 내용과 방법을 제시하였다. 이를 통해 영유아기 건강한 생활습관 형성의 중요성을 알고, 올바른 생활습관 형성을 돕는 교육을 실천할 수 있다.

학습목표

영유아기 형성되어야 할 건강한 생활습관에는 어떤 것들이 있으며, 올바른 생활습관 형성을 돕는 교육 내용 및 방법을 설명할 수 있다.

수업 전 실습

학습 동기화를 위한 조별 토의

✿ 다양한 활동을 통해 청결과 위생, 배변, 휴식과 수면, 질병 관리를 위한 교육을 각각 어떻게 실시할 수 있는지 서로 다른 활동을 선택하여 계획해 보고, 어떤 활동인지 설명해 보세요.

생각에 도움이 될 만한 질문

- '청결과 위생'과 관련하여 어떤 생활습관 교육이 필요할까요?
- '배변'과 관련하여 어떤 생활습관 교육이 필요할까요?
- '휴식과 수면'과 관련하여 어떤 생활습관 교육이 필요할까요?
- '질병 관리'와 관련하여 어떤 생활습관 교육이 필요할까요?

I. 영유아기 건강한 생활습관 형성

영유아기 형성되어야 할 건강습관은 총 4가지로 언급할 수 있다. 청결과 위생, 배변, 휴식과 수면, 질병 관리를 위한 건강습관이 형성되어야 한다. 습관 형성교육을 위해서는 습관이 형성되는 과정을 이해하는 것이 필요하다. 이를 통해 올바른 습관이 형성되도록 교육할 수 있다.

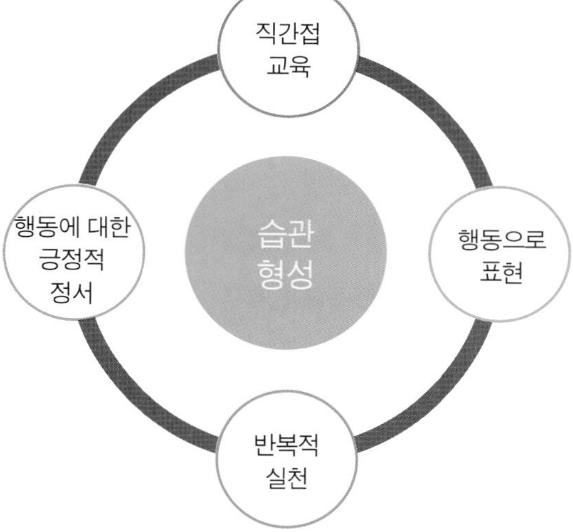

[그림 7-1] **습관 형성의 과정**

어떤 행동이 습관으로 형성되기 위해서는 먼저 영유아는 직간접적으로 그 행동을 학습하게 된다. 주로 양육자나 형제자매 및 교사로부터 학습하게 된다. 이때 학습한 것을 행동으로 표현하게 하는 것이 중요하다. 그리고 이후 일상생활에서 이를 반복적으로 실천하도록 유도하고, 그 행동에 대한 칭찬 등 강화를 통해 긍정적 정서를 경험하게 되면 습관으로 형성할 수 있다. 따라서 올바른 행동을 습관으로 형성되도록 교육하기 위해서는 다음과 같은 교육방법이 필요하다. 즉, 올바른 습관에 대한 교육은 직간접적으로 설명하기, 시범 보이기, 모델링 등의 방법으로 이루어져야 하며, 이때 영유아로 하여금 학습한 것을 행동으로 직접 표현해 보도록 기회를 제공해야 한다. 이후 일상생활에서 반복적으로 행동할 수 있도록 도와야 하며, 올바른 행동에 대해서는 칭찬 등의 강화를 사용하여 긍정적 정서를 갖도록 해야 한다. 이를 통해 교육적으로 계획한 행동이 영유아의 습관으로 형성될 수 있을 것이다.

앞서 언급한 건강한 생활습관 형성과 관련된 청결과 위생, 배변, 휴식과 수면, 질병관리에 대해 각각의 건강습관 형성의 필요성, 습관 형성을 위한 교육 내용, 교육 방법을 살펴보면 다음과 같다.

2. 청결과 위생

면역력이 충분히 발달하지 않은 영유아는 질병에 감염될 위험이 높다. 따라서 자신의 몸을 청결하게 유지하도록 하는 습관은 영유아의 건강을 예방하는 차원에서 매우 중요하다고 할 수 있다. 청결과 위생을 위해서는 손 씻는 습관과 양치질하는 습관을 올바로 형성하도록 교육해야 한다.

1) 손 씻기

(1) 손 씻기 습관 형성을 위한 교육 내용

올바른 손 씻기 습관 형성을 위한 교육 내용은 다음과 같다.

① 손 씻기 습관 형성의 필요성 이해하기

손은 가장 많이 질병의 감염 경로가 되는 곳으로, 손의 청결은 건강과 직결된다고 할 수 있다. 미국공중보건협회(American Public Health Association: APHA)에서도 손 씻는 습관은 질병 예방의 가장 좋은 방법이라고 강조하였다. 따라서 여러 질병을 예방하기 위해서는 손 씻기 습관 형성이 필요하다.

② 손 씻는 방법 알고 실천하기

- 손을 씻는 순서

- 손에 물을 적신다.
- 비누를 사용하여 거품을 낸다.
- 손의 구석구석을 깨끗이 문지른다.
- 물로 거품을 깨끗이 씻어낸다.
- 수건으로 손의 물기를 닦는다.

• 손을 씻는 부위

손을 씻어야 하는 부위를 알고 모두 꼼꼼히 씻도록 해야 한다. 손을 씻어야 하는 부위는 손바닥, 손가락 사이, 엄지손가락, 손가락 등, 손등, 손톱 주위, 손목이다.

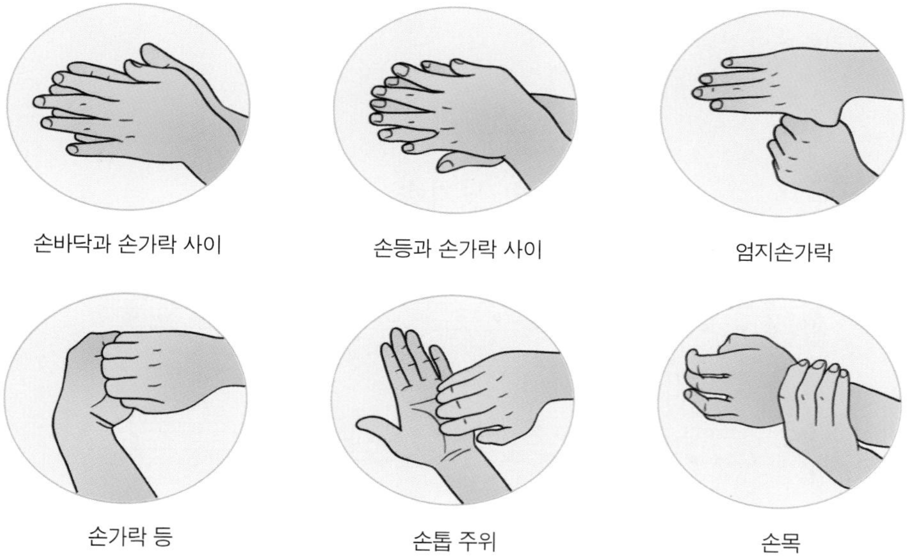

[그림 7-2] 손을 씻어야 하는 부위

③ 손을 씻는 시기 알고 실천하기

손을 씻는 시기는 음식을 먹기 전, 대소변 이후, 실외활동 후, 미술활동 및 탐구활동 후, 요리활동 전후 등이다. 교사는 이때 모든 영유아들이 손을 씻도록 안내해야 하며, 그 외 손이 더러워진 경우에 영유아가 스스로 손을 씻을 수 있도록 개별적으로 지도해야 한다.

(2) 손 씻기 습관 형성을 위한 교육 방법

직간접적으로 흥미로운 활동이나 교사의 모델링 등을 통해 손 씻기 교육 내용을 교육할 수 있다. 또한 영유아가 배운 것을 행동해 보도록 계획할 수 있으며, 이를 일상에서도 반복적으로 실천하도록 할 수 있다. 이때 손 씻기 순서도나 손 씻는 부위에 대한 그림을 세면대 벽면에 붙여 두고 행동을 유도할 수 있다. 영유아의 바른 행동에 대해 지속적인 칭찬을 해 줌으로써 영유아가 긍정적 정서를 경험하도록 할 수 있다.

활동 예시

- 활동목표
  - 손을 깨끗이 씻는 방법을 안다.
  - 더러운 손이 건강에 위험함을 안다.
  - 손을 깨끗이 씻는 모습을 즐겁게 신체로 표현한다.

손 씻기송

김은경 작사·작곡

- 실제 편, p. 356 참고

2) 치아관리

치아관리는 영아기부터 치아 발달 순서와 관련하여 실시되어야 한다. 영아기 평균적인 치아 발달에 따른 치아관리 지도 순서를 먼저 살펴보면 〈표 7-1〉과 같다.

〈표 7-1〉 **치아 발달에 따른 치아관리 지도**

생후 개월 수	치아 발달 순서	영양	치아관리 지도
약 생후 4~5개월	• 치아가 아직 나오지 않음	• 모유(조제유), 쌀죽	• 잇몸과 혓바닥을 부드러운 헝겊으로 닦아 주기
약 생후 6~7개월	• 유치가 나오기 시작함 • 아래쪽 앞니가 나옴	• 모유(조제유) • 채소, 고기죽	• 잇몸과 혓바닥을 부드러운 헝겊으로 닦아 주기 • 어른 주도의 칫솔질 가능 (치약 사용 안 함)
약 생후 8~9개월	• 위쪽 앞니가 나고, 턱을 움직여 씹음	• 모유(조제유) • 고형식 시작 가능(채소, 과일덩어리)	
약 생후 10개월	• 위쪽 송곳니가 나옴	• 모유(조제유) • 고형식을 즐김 • 섭식행동이 성숙해짐	
약 생후 12개월	• 아래쪽 송곳니가 나옴	• 이유(離乳)기	
약 생후 15개월	• 위아래 어금니가 나옴	일반식 가능	• 스스로 칫솔질 가능 (마무리만 어른이 도움) • 물 뱉는 연습
약 만 2~3세	• 유치 20개 모두 형성	일반식 가능	• 치약을 사용한 칫솔질 가능

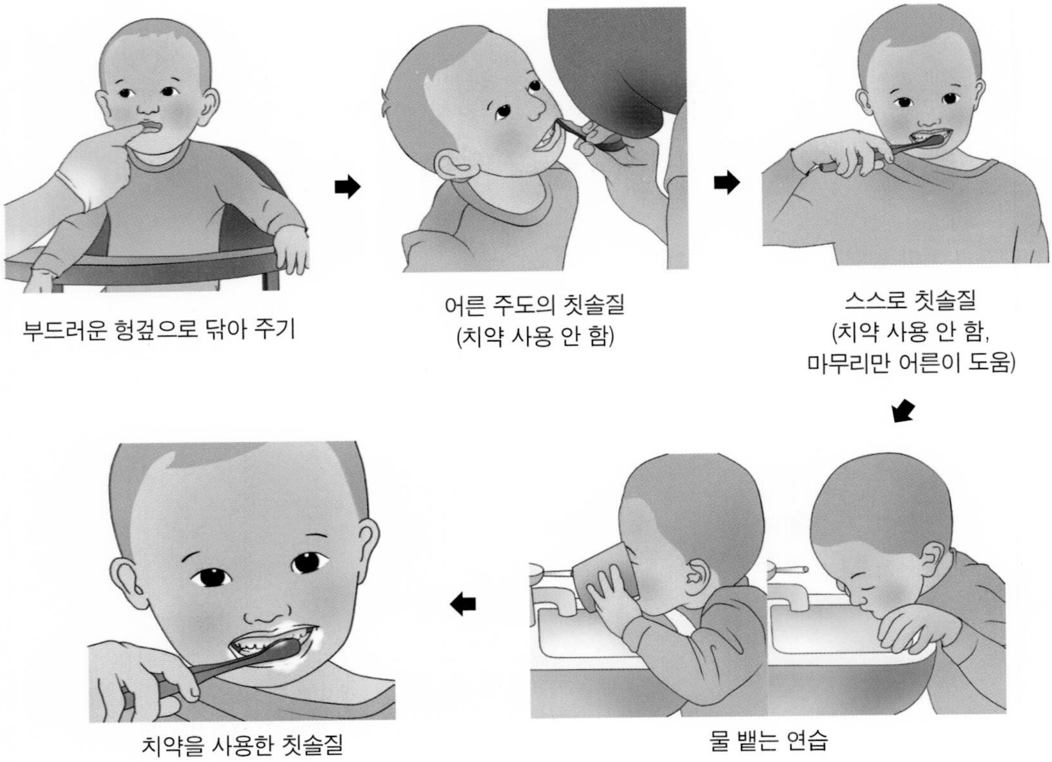

[그림 7-3] 치아 발달에 따른 치아관리 지도

(1) 치아관리 습관 형성을 위한 교육 내용

올바른 치아관리 습관 형성을 위한 교육 내용은 다음과 같다.

① 치아관리 습관 형성의 필요성

영유아기 유치는 향후 영구치로 대체되며, 치아건강의 기본이 된다. 치아 조직은 다른 조직과 달리 석회화가 되어 있어 재생이나 보수능력이 없으므로 충치가 생기면 영구적인 손상을 입기 쉽다. 따라서 영유아기부터 치아관리를 위한 습관을 기르도록 하는 것이 건강에 매우 중요하다.

유치는 영구치의 정상적 성장을 위한 기초라고 할 수 있다. 따라서 유치를 소홀히 관리하여 손상되거나 빠져 버리면 이웃한 치아가 쓰러지고 위치가 변하게 되어 영구치가 정상적으로 나오는 데 문제가 생긴다. 또한 유치는 언어 발달에 중요한 역할을 한다. 유치를 소홀히 관리하여 손상되거나 상실되면 불확실하게 발음하는 습관이 생기고, 이는 성인이 될 때까지 지속된다. 또한 턱뼈의 정상 발육에도 영향을 미치게 된다(허혜경, 김성희, 2006).

② 양치질하는 방법

- 윗니는 위에서 아래로 닦는다.
- 아랫니는 아래에서 위로 닦는다.
- 닦아야 할 곳: 윗니 안쪽 면, 윗니 바깥쪽 면, 아랫니 안쪽 면, 아랫니 바깥쪽 면, 어금니 씹는 표면, 혓바닥
- 닦아야 할 곳 모두를 닦는 일정한 순서를 정하고, 영아기부터 동일한 순서로 닦아 주는 것이 양치질 습관 형성에 도움이 된다.

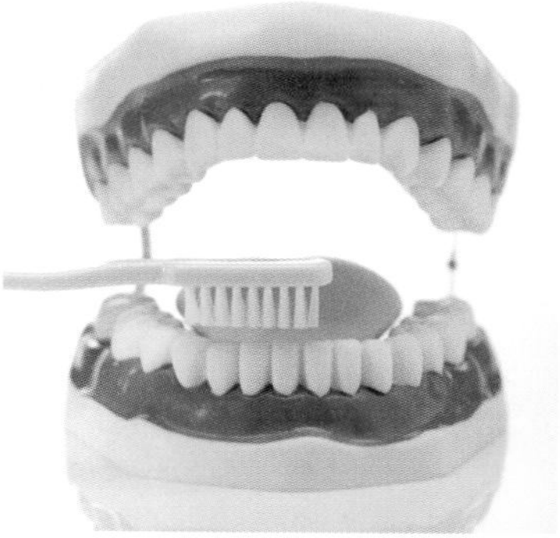

[그림 7-4] **올바른 양치질하기**

③ 양치질하는 시기

양치질하는 시기는 하루 3번이라고 교육하기보다는 식사 및 간식 등 음식을 먹은 후, 취침 전에는 반드시 양치질을 하여야 한다고 교육하는 것이 좋다. 장시간 음식물이 치아 사이에 남아 있지 않도록 하는 것이 중요하다.

(2) 치아관리 습관 형성을 위한 교육 방법

직간접적으로 흥미로운 활동이나 교사의 모델링 등을 통해 치아관리를 교육할 수 있다. 또한 영유아가 배운 것을 행동해 보도록 계획할 수 있으며, 이를 일상에서도 반복적으로 실천하도록 할 수 있다. 영유아의 바른 행동에 대해 지속적인 칭찬을 해 줌으로써 영유아가 긍정적 정서를 경험하도록 할 수 있다.

활동 예시

- 활동목표
  - 양치질의 중요성을 안다.
  - 깨끗하게 양치질하는 방법을 안다.
  - 깨끗하게 양치질하는 방법을 행동으로 표현해 본다.

싹싹 닦아라

정근 작사 · 작곡

- 실제 편, p. 360 참고

3. 배변

영유아기 중요한 과업 중 하나는 배변 습관 형성이다. 올바른 배변 습관은 청결 위생에도 매우 중요하지만, 향후 성격 형성과도 상당한 관련이 있다. 즉, 배변 습관이 잘 형성되면 자신의 신체에 대한 만족감 및 성취감을 획득하게 되고, 자율성과 주도성을 길러 자아존중감 형성에 긍정적 역할을 한다. 따라서 영유아기 올바른 배변 습관이 형성되도록 교육하는 것은 중요하다. 그러나 영유아가 아직 신체적으로 준비되지 않은 상태에서 지나치게 엄격한 배변 습관 교육을 받은 경우, 영유아는 과도한 스트레스를 경험하게 되고 수치심과 죄의식을 갖게 되어 향후 결백증이나 공격적 행동 등을 보이게 된다. 따라서 배변 습관 형성 교육을 할 때, 어른들의 교육에 대한 올바른 이해와 너그러운 태도는 매우 중요하다고 할 수 있다.

적절한 배변 습관 교육을 위해서는 영유아가 교육 받을 준비가 되었는지 판단하는 것이 우선 필요하다. 준비 여부를 판단하는 기준은 다음과 같다.

1) 배변 습관 교육의 준비 여부를 판단하는 기준

(1) 연령에 따른 준비 여부 판단

영유아의 배변 습관 교육이 가능하기 위해서는 자기 의지대로 괄약근과 동시에 복부 근육을 수축할 수 있어야 한다. 하지만 대체로 만 2세 미만의 영아는 이것이 불가능하여, 배설이 자동적, 반사적 기제로 일어나므로 배변 습관 교육이 불가능하다고 할 수 있다. 이후 만 2세 정도 되면 수의적으로 통제가 가능해지나 만 3세까지도 준비되지 않을 수 있으므로 주의를 기울이는 것이 좋다.

(2) 언어적 표현능력에 따른 준비 여부 판단

영유아의 배변 습관 교육이 가능하기 위해서는 배변에 관한 감각을 인식하고 말로 표현할 수 있는 언어적 표현능력이 있어야 한다. 즉, 배변 습관 교육이 준비된 영아는 자신의 배변 감각을 느끼고, '쉬(응가)하고 싶다'라는 문장을 사용해 교사나 양육자에게 표현할 수 있다.

(3) 신체운동능력에 따른 준비 여부 판단

영유아의 배변 습관 교육이 가능하기 위해서는 대소근육이 발달하여 혼자 앉고 서는 것이 자유로우며, 하의를 스스로 벗고 입기가 가능해야 한다.

(4) 기타

영유아의 배변 습관 교육이 가능하기 위해서는 속옷에 관심을 가져야 한다. 영아가 속옷에 관심을 가지기 시작하면 기저귀 대신 속옷 착용을 위해 배변 습관 교육이 필요함을 인지시킬 수 있고, 교육을 시도해 볼 수 있다.

따라서 위와 같은 준비가 되지 않았을 때는 배변 습관 교육을 엄격하게 실시하기보다는 준비가 되도록 도와주는 노력이 중요하다. 또한, 배변 습관 형성이 되었다고 하더라도 극심한 심리적 스트레스 등의 원인으로 배변 실수를 할 가능성이 있다. 즉, 이사 및 전학, 동생의 탄생, 양육자의 교체 등은 영유아에게 심리적 스트레스가 되고, 배변조절을 방해할 수 있다. 따라서 영유아가 평상시와 다르게 배변 실수를 한다면, 엄격하게 대하기보다는 스트레스의 원인이 무엇인지 파악하고, 정서적으로 안정시키려는 노력이 필요하다고 할 수 있다.

2) 배변 습관 형성을 위한 교육 내용

올바른 배변 습관 형성을 위한 교육 내용은 다음과 같다.

(1) 배변 습관 준비교육하기

배변 습관 교육의 준비가 안 된 만 2세 영아에게는 앞서 학습한 준비교육을 할 수 있다. 즉, 신체운동능력 준비교육으로서 혼자 앉고 서기, 하의 입고 벗기가 자유로워질 수 있도록 신체운동 교육을 할 수 있다. 이때 영유아가 손쉽게 입고 벗을 수 있는 옷을 입히는 것이 중요하다. 단추나 지퍼가 달린 옷보다는 고무줄이나 벨크로 테이프로 된 옷이 배변 습관 준비교육에 매우 도움이 된다. 또한 언어적 표현능력이 발달하도록 배변감각과 관련된 언어교육을 할 수 있다. 영유아가 배변활동을 하기 전, 하는 동안, 하고 난 후에 양육자나 교사가 영유아에게 '쉬', '응가'라는 단어를 들려주고, '쉬(응가) 했다', '쉬(응가) 하고 있다', '쉬(응가) 하고 싶다'의 문장을 반복적으로 지속적으로 들려주는 것이 도움이 된다.

(2) 대소변 통제 및 해소의 만족감과 성취감 경험하기

배변 습관 준비가 되어 교육하는 초기에는 신체감각으로 대소변을 구분하고, 화장실까지 이동하는 동안 대소변을 참고, 변기에서 해소하도록 함으로써 이에 대한 만족감과 성취감을 느끼도록 교육하는 것이 중요하다. 이를 위해 관련 동화를 활용하는 것도 도움이 된다. 또한, 대소변을 너무 오래 참는 것은 건강에 좋지 않음을 알려 주는 것도 필요하다. 즉, 복통이나 변비, 대장질환 등을 유발할 수 있음을 알려 주어야 한다.

(3) 화장실(변기) 사용 방법 이해하기

교육하는 초기에는 변기에 친해지도록 하는 것도 좋다. 이를 위해서 교실 내 영아용 변기를 준비해두는 것도 도움이 된다. 이후에는 다음과 같이 화장실 사용 방법을 알려 주어 올바르게 화장실을 사용하도록 교육해야 한다.

① 변기 커버를 올리기

② 하의를 속옷까지 벗기

③ 변기에 앉기

④ 배변활동하기

⑤ 화장지를 적당량 잘라 엉덩이를 2~3번 깨끗이 닦기

⑥ 휴지를 변기에 버리고 변기 커버 내리기

⑦ 변기 손잡이 내리기

⑧ 속옷, 하의 입기

⑨ 손 씻기

[그림 7-5] **화장실 사용 방법**

화장실 사용 방법의 효과적 교육을 위해서는 영유아의 배변활동에 도움이 되는 안정된 환경이 조성되어야 하는데, 영유아용 변기 커버, 다리 받침대 등의 장비를 마련해 주는 것이 좋다.

영유아용 변기 커버

다리 받침대

[그림 7-6] **영유아의 안정감 있는 배변을 위한 장비**

(4) 규칙적인 배변하기

배변 습관 교육을 위해서는 규칙적으로 배변활동을 스스로 하도록 교육하는 것이 필요하다. 잠자기 전과 후에는 배변활동을 하고, 비교적 오랜 시간이 걸리는 활동 전과 후에도 배변활동을 하도록 하는 것이 필요하다. 규칙적인 배변활동이 가능하도록 하기 위해서는 규칙적인 식사와 충분한 수분 공급도 필요함을 인지시키는 것이 중요하다.

3) 배변 습관 형성을 위한 교육 방법

직간접적으로 흥미로운 활동이나 또래 및 형제자매의 모델링 등을 통해 배변 습관 교육 내용을 교육할 수 있다. 또한 영유아가 배운 것을 행동으로 표현해 보도록 계획할 수 있으며, 이를 일상에서도 반복적으로 실천하도록 할 수 있다. 영유아의 바른 행동에 대해 지속적인 칭찬을 해 줌으로써 영유아가 긍정적 정서를 경험하도록 할 수 있다.

그리고 배변 습관은 성격 형성과도 관련이 있으므로 양육자나 교사의 부드러운 태도가 매우 중요하다. 따라서 영유아의 시도와 노력에 대해 항상 긍정적인 반응과 격려를 해 주어야 하며, 실수에 대해서 지나친 벌을 주는 것보다는 실수의 원인을 찾고, 정서적으로 안정감을 느껴 다음에 다시 시도해 볼 수 있도록 하는 것이 중요하다. 그리고 배변활동을 하는 동안 영유아를 방치하기보다는 존중받는 상호작용을 통해 배변이 즐거운 경험이 되도록 도와야 한다.

활동 예시

- 활동목표
  - 정해진 곳에서 배변하는 것이 무엇인지에 대해 안다.
  - 배변과정을 신체표현해 보며, 신체조절 경험을 한다.

- 실제 편, p. 316 참고

4. 휴식과 수면

영유아는 활동량이 매우 많다. 따라서 충분한 휴식과 수면을 통해 에너지를 충전하는 것이 영유아의 신체 및 정신건강에 매우 중요하다고 할 수 있다. 또한 영유아기 휴식 · 수면습관은 성인기까지 이어질 수 있으므로 영유아기 올바른 습관 형성을 위해 노력해야 한다.

1) 휴식과 수면습관 형성을 위한 교육 내용

올바른 휴식과 수면습관 형성을 위한 교육 내용은 다음과 같다.

(1) 휴식과 수면의 필요성 이해하기

적당한 휴식과 충분한 수면은 축적된 피로를 풀어 주고, 에너지를 충전해 준다. 특히 신체활동이 활발한 영유아의 경우에는 쉽게 피로해질 수 있으므로 적절한 휴식과 충분한 수면은 반드시 필요하다. 하지만 영유아의 뇌는 성인처럼 피로감을 잘 느끼지 못하여 스스로 휴식을 취하려고 하지 못하고, 신체적으로 피로함에도 불구하고, 계속 놀이를 하려고 할 수 있다. 따라서 교사나 양육자가 영유아로 하여금 놀이 중간에 적절하게 휴식을 취하도록 하는 지도가 반드시 요구된다.

휴식과 수면은 신체뿐만 아니라 정신건강에도 긍정적 영향을 미친다. 불충분한 휴식과 수면은 영유아로 하여금 다양한 형태의 문제행동을 보이도록 만든다. 예를 들어, 주의산만, 울음, 무관심, 과잉 활동, 공격성 등이다. 기관에서 문제행동을 보이는 영유아의 경우, 그 원인을 휴식과 수면 패턴에서도 찾아볼 수 있으므로 부모 상담 시 가정에서의 휴식과 수면 패턴을 조사함으로써 영유아의 휴식과 수면에 대한 건강한 습관 형성을 가정과 연계하여 도울 수 있다.

휴식과 수면은 면역력을 강화하여 건강을 유지하고, 질병으로부터 감염을 막을 수 있다. 면역세포의 움직임은 휴식과 수면을 취하는 동안에 가장 활발해지기 때문에 적당한 휴식과 충분한 수면은 건강을 지키는 데 큰 도움이 된다고 할 수 있다.

(2) 규칙적인 휴식과 수면 알고, 실천하기

올바른 휴식습관 형성을 위해서는 활발한 활동 후에 휴식이 필요함을 알고, 편안히 쉬도록 지도해야 한다. 일과를 계획할 때에도 적절한 휴식이 이루어지도록 균형적 활동을 계획해야 한다. 즉, 동적 활동 다음에는 정적 활동, 그다음에는 동적 활동을 계획하여 동적 활동과 정적 활동이 번갈아 계획됨으로써 일과 운영 중에 적절한 휴식이 자연스럽게 이루어지도록 해야 한다.

올바른 수면습관 형성을 위해서는 규칙적으로 적정한 시간 수면을 취하도록 지도해야 한다. 영유아의 경우 적당한 수면시간은 12시간 정도 내외가 적당하다. 따라서 대체로 저녁 9시에 취침하여, 오전 9시에 기상할 수 있도록 하는 수면습관을 기르는 것이 필요하다. 또한 영아의 경우에는 오전과 오후 1시간씩 낮잠을 자는 것이 좋으며, 유아의 경우에는 오후 1회 1시간 정도 낮잠을 자도록 하는 것이 좋다. 하지만 낮잠을 자지 않으려고 하는 경우에는 지나치게 강요하지 않고, 조용한 놀이를 하며 휴식을 취하도록 하는 것이 필요하다.

2) 휴식과 수면의 실제 지침

영유아가 쉽게 휴식과 수면을 취할 수 있도록 돕는 방법은 다음과 같다.

(1) 양육자와 영유아의 개별적인 생활리듬이나 수면습관 공유

가정에서의 수면과 관계된 생활 경험을 파악하여 기관에서의 낮잠 시간을 효율적으로 운영할 수 있다. 또한 기관에서의 영유아 낮잠 시간을 기록하여 양육자에게 알림으로써 가정에서 영유아를 돌보는 데에도 도움이 될 수 있도록 한다.

(2) 영유아마다 잠이 드는 데 걸리는 시간과 방법이 다름 이해

영유아의 개별적 특성과 요구를 존중해 주어 다른 영유아에게 방해가 되지 않는 범위에서 영유아가 원하는 휴식 형태를 선택하도록 허용해 주어야 한다. 이를 통해 영유아가 수면과 휴식에 대해 편안함과 안정감을 느끼도록 해야 한다.

(3) 알맞은 수면환경 준비

개별침구 사용을 통해 다른 영유아와 또 다른 놀이 시간이 되지 않도록 해야 하며, 실내 조명을 어둡게 하고, 온도와 환기를 적절하게 조정하고, 클래식 음악이나 구연동화 CD를 조용하게 들려주어 편안함을 느끼면서 수면을 취하도록 해야 한다. 또한 교사가 함께 수면이나 휴식하는 자세를 취하면서 모델링이 되어 주는 것도 도움이 된다.

(4) 낮잠 시간 지도

교사는 반드시 영유아들 곁에서 수면을 잘 취하고 있는지 확인해야 하며, 잠에서 깨어난 영유아에게는 조용한 목소리로 적절히 반응해 주어 불안감을 느끼지 않도록 해야 한다. 낮잠 시간이 끝날 무렵에는 방의 조명을 서서히 밝게 해 주고, 경쾌한 음악을 낮게 틀어 잠에서 깨어나는 것을 서서히 도와주어야 한다.

3) 휴식과 수면습관 형성을 위한 교육 방법

직간접적으로 흥미로운 활동이나 교사 및 양육자의 모델링 등을 통해 휴식과 수면습관 형성을 위한 교육을 할 수 있다. 또한, 영유아가 배운 것을 행동해 보도록 계획할 수 있으며, 이를 일상에서도 반복적으로 실천하도록 할 수 있다. 영유아의 바른 행동에 대해 지속적인 칭찬을 해 줌으로써 영유아가 긍정적 정서를 경험하도록 할 수 있다.

활동 예시

- 활동목표
  - 잠의 중요성에 대해 안다.
  - 수면이 부족한 경우와 충분히 수면을 취한 경우를 비교해 신체로 표현해 본다.
  - 잠을 잘 수 있는 방법에 대해 알아본다.

- 실제 편, p. 320 참고

5. 질병 관리

영유아는 면역체계가 발달하는 과정에 있으므로 면역력이 성인에 비해 낮다. 그러므로 영유아에게 자주 발병하는 질병의 유형과 원인을 파악하고, 질병에 걸리지 않도록 하는 예방습관을 기르고자 하는 노력이 필요하다.

1) 질병 관리 건강습관 형성을 위한 교육 내용

올바른 질병 관리 건강습관 형성을 위한 교육 내용은 다음과 같다.

(1) 주요 질병의 원인과 증상, 대처 방법 이해하기

영유아에게 자주 발생하는 질병의 유형에는 감기, 결막염, 식중독, 수족구가 있다. 각 질병의 원인과 증상 및 대처 방법을 살펴보면 다음과 같다.

① 감기

영유아에게 가장 자주 발생하는 질병 중 하나는 바로 감기다. 감기는 여러 가지 바이러스에 의해 발병하는 것으로 영유아들에게는 아직 여러 바이러스에 대한 면역체계가 형성되지 않았기 때문에 자주 발생한다고 할 수 있다.

감기의 주요 원인이 되는 영유아의 행동이나 생활습관을 살펴보면, 손을 잘 씻지 않을 경우가 주요 원인이 된다. 날씨에 맞지 않는 옷차림을 하였을 경우, 충분한 휴식이나 수면 시간을 갖지 못하였을 경우도 감기의 원인이 될 수 있다.

감기의 주요 증상은 발열, 두통, 콧물, 기침 등의 증상이 주로 나타난다. 또한 영유아의 경우에는 칭얼대며 짜증을 내거나 기운이 없고, 구토나 설사를 동반하기도 한다.

감기에 걸렸을 때, 대처 방법은 충분한 휴식을 취하는 것이 중요하고, 보리차를 자주 먹어 몸의 열을 내릴 수 있다. 또한 면역력을 높일 수 있도록 비타민 섭취를 위한 과일을 섭취하는 것이 좋다.

만약 정상체온(36~37.5℃)보다 높게 열이 오르면 부드러운 수건을 미지근한 물에 적셔 얼굴과 몸을 닦아 주고, 얇은 옷(기저귀나 속옷만)만을 입혀 체온을 내려 준다. 미지근한 물은 혈관을 팽창시켜 열을 빼앗아 가므로 해열작용에 도움이 되나, 차가운 물은 오히려 혈관을 수축시켜 열을 저장하도록 하므로 해열작용에 도움이 되지 않는다. 고열(39℃ 이상)에 구토나 설사를 동반하면 탈수 증상이 일어나기 쉬우므로 서둘러 의사의 치료를 받도록 하는 것이 중요하다.

② 결막염

눈병으로 불리는 결막염 또한 영유아에게 자주 발생하는 질환이다. 결막염은 전염병으로서 영유아는 아직 전염병 예방관리에 취약하여 집단생활을 통해 결막염 바이러스에 잘 노출되며, 특히 더운 여름 날씨에 수영장 놀이 등을 통해 더욱 잘 발생한다.

결막염의 주요 원인이 되는 영유아의 행동이나 생활습관을 살펴보면, 손을 잘 씻지 않은 경우가 가장 대표적인 원인이 된다. 손의 각종 세균이 눈에 들어가 질병이 유발되고, 그 증상이 더욱 악화될 수 있다.

결막염의 주요 증상은 눈이 충혈되고, 눈에 눈곱이 생기며, 눈물이 나고, 눈이 심하게 가렵다.

결막염에 걸렸을 때, 대처 방법은 전염병에 대한 이해를 통해 가족이나 친구끼리 같은 수건이나 비누를 사용하지 않아야 한다. 그리고 손을 통해 세균이 전염될 수 있음을 알고, 손으로 눈을 만지지 않도록 주의를 기울여야 한다. 또 의사의 지시에 따라 기관 등원을 보류할 수도 있다.

③ 식중독

식중독은 주로 음식물의 보관이나 조리 과정 등에 문제가 생겨 음식에 기생충이나 세균이 침투하여, 그 음식을 섭취하였을 때 발생하는 질환으로 면역력이 약한 영유아들에게 자주 발생하는 질환이다.

식중독의 주요 원인이 되는 영유아의 행동이나 생활습관을 살펴보면, 손을 잘 씻지 않은 경우가 가장 대표적이다. 더러운 손으로 음식물을 집어먹었을 때 손의 각종 세균이 음식물을 통해 배 속에 들어가 병을 유발할 수 있다.

식중독의 주요 증상은 구토, 설사, 복통, 열 증상이 나타난다.

식중독에 걸렸을 때, 대처 방법은 구토 발생 시 옷을 느슨하게 하고, 편안한 자세를 취하는 것이 좋다. 만약 누워 있는 자세를 취하는 경우, 갑자기 토하면서 토물이 기도에 들어가 질식할 수 있으므로 머리를 옆으로 돌려 누워 있는 것이 좋다. 구토가 멎으면 온수나 이온음료를 마셔 탈수 증상을 예방할 수 있다. 점차 죽이나 수프 같은 유동식부터 식사를 해야 한다.

설사를 하는 경우에는 지사제를 함부로 투약해서는 안 되며, 지사제를 처방 없이 먹이는 경우 장 속에 남아 있는 독성과 세균이 배출되지 못해 증상을 더욱 악화시킬 수 있다. 심한 설사는 수분 부족으로 탈수 증상을 일으키기 쉬우므로 보리차에 약간의 소금을 타서 마시도록 하는 것이 좋다.

④ 수족구

수족구는 손과 발에 발진이 생기고, 입에 궤양이 나타나는 것으로 주로 영유아에게 발생하는 질환이다. 전염성 질환이며, 빠른 치료를 하지 않는 경우 심각한 합병증을 일으킬 수 있다.

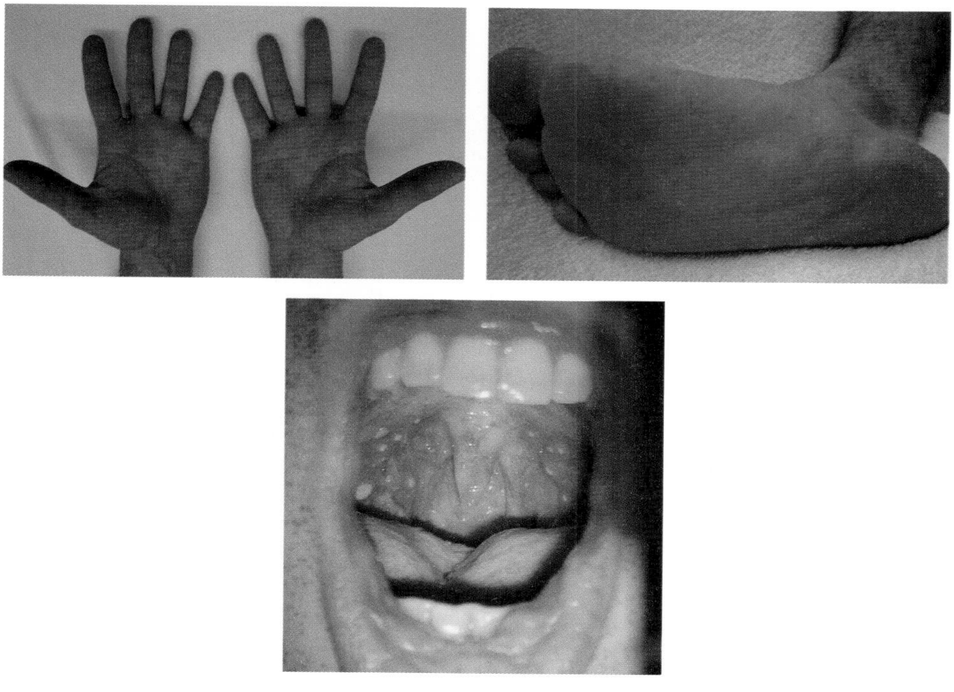

[그림 7-7] **수족구**

수족구의 주요 원인이 되는 영유아의 행동이나 생활습관을 살펴보면, 손을 잘 씻지 않은 경우, 치아관리를 깨끗이 하지 않은 경우, 배변 처리를 깨끗이 하지 않은 경우가 주요 원인이 된다.

수족구의 주요 증상은 손과 발에 발진이 생기고, 입에 궤양이 나타난다. 입에 궤양이 생긴 경우에는 입 안 통증이 있어 영유아들은 입안이 맵다고 하거나 통증을 호소하는 경우가 있다. 아주 어린 영아들의 경우에는 잘 먹지 못하고, 침을 잘 삼키지 못하여 많은 침을 흘리기도 한다. 손과 발에 생긴 발진은 물집 형태를 하고 있고, 통증이나 가려움 등의 증상은 없으며, 고열을 동반하기도 한다.

수족구에 걸렸을 때, 대처 방법은 전염병에 대한 이해를 통해 또래 및 형제자매와 격리되어야 한다. 또한 의사의 지시에 따라 기관 등원을 보류할 수도 있다.

⑤ 기타 질병

영유아에게 주로 발생하는 기타 질병에 대해서 교사는 질병의 원인과 증상, 대처 방법을 스스로 찾아보고, 이를 이해하여 영유아의 질병 관리의 노력을 적극적으로 하여야 한다. 또한 가정과 연계하여 관련 정보를 가정통신문이나 홈페이지, 게시판 등을 통해 제공해야 한다.

기타 질병 관리의 예

신종 코로나 바이러스 감염증(COVID-19)

- 원인: 기침 또는 재채기, 숨을 내쉴 때 발생하는 비말을 통해 전염
- 증상: 발열, 기침, 피로감, 몸살, 인후통 등
- 예방법
  - 손을 자주 씻기
  - 마스크 쓰기
  - 눈, 코, 입을 가급적 만지지 않기
  - 기침 또는 재채기를 할 때는 화장지를 이용하거나 팔꿈치를 구부려 코와 입을 가리기

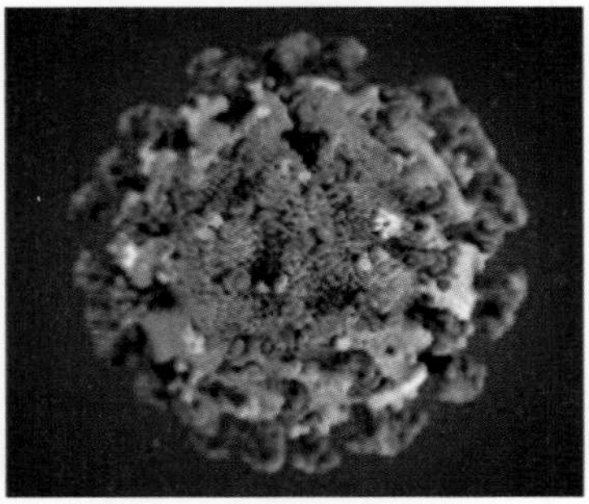

(2) 질병 관리를 위한 예방법 알고, 실천하기

질병 관리는 건강습관 형성을 위해서는 질병에 대한 이해교육과 더불어 예방교육을 하는 것이 필요하다. 질병 이해교육은 앞서 살펴본 것으로 영유아에게 자주 발생하는 질병별로 그 원인과 증상 대처 방법을 교육하는 것이다. 이때 영유아 스스로 자신의 아팠던 경험을 떠올려 이야기 나누면서 질병에 대한 이해력을 더욱 높일 수 있다.

질병 예방교육은 질병의 원인에 따른 예방법을 교육하는 것으로 예방법을 종합하여 정리하면 다음과 같다.

- 손을 깨끗이 한다.
- 치아관리를 깨끗이 한다.
- 배변 처리를 깨끗이 한다.
- 충분한 휴식과 수면을 취한다.

2) 질병 관리 건강습관 형성을 위한 교육 방법

직간접적으로 흥미로운 활동이나 교사 및 또래/양육자의 모델링 등을 통해 질병 이해 및 예방교육을 할 수 있다. 특히 영유아가 자신과 또래의 경험을 통해 이해력을 높일 수 있도록 경험을 서로 이야기 나누도록 하는 것도 도움이 된다. 또한 예방법의 경우에는 영유아가 직접 배운 것을 행동해 보도록 계획할 수 있으며, 이를 일상에서도 반복적으로 실천하도록 할 수 있다. 영유아의 바른 행동에 대해 지속적인 칭찬을 해 줌으로써 영유아가 긍정적 정서를 경험하도록 할 수 있다.

활동 예시

- 활동목표
  - 여름철 걸리기 쉬운 질병에 대해 안다.
  - 질병의 증상과 원인에 대해 안다.
  - 질병의 증상과 원인을 몸으로 표현해 본다.

그러면 안 돼

김성균 작사 · 작곡

- 실제 편, p. 362 참고

6. 제4차 표준보육과정에 제시된 영아기 건강한 생활습관 교육

표준보육과정의 6개의 영역 중 건강한 생활습관 교육과 관련된 영역은 '기본생활' 영역이며, 하위 내용 범주 가운데 건강한 생활습관 교육과 관련된 내용 범주는 '건강하게 생활하기'이다. 따라서 보건복지부(2020)에 제시된 영아기 연령별 건강한 생활습관의 교육방안에 대해 살펴보면 다음과 같다.

1) 0~1세 영아를 위한 건강한 생활습관 교육

'건강하게 생활하기' 내용 범주에 건강한 생활습관 교육 관련 내용은 3개가 있다.

내용 범주	내용
건강하게 생활하기	• 도움을 받아 몸을 깨끗이 한다. • 음식을 즐겁게 먹는다. • 하루 일과를 편안하게 경험한다. • 배변 의사를 표현한다.

각각 내용별로 교육방안을 살펴보면 다음과 같다.

(1) 도움을 받아 몸을 깨끗이 한다.

'도움을 받아 몸을 깨끗이 한다.'는 위생과 청결에 대한 기본적인 감각을 기르기 위한 것으로, 영아가 도움을 받아 손을 씻고 이를 닦는 경험을 하도록 지원해야 한다.

영아가 청결한 생활을 습관화하도록 하기 위해서는 영아를 씻겨 주고 닦아 준 후 몸이 깨끗해졌을 때 기분이 좋음을 느끼도록 지도해야 한다. 그리고 영아가 수유·식사 전후, 놀이가 끝났을 때, 배변 후에 스스로 손을 씻을 수 있도록 도와주어야 한다. 또한, 치아 건강을 위해 식사 후에 영아가 도움을 받아 이를 닦도록 지도해야 한다.

(2) 하루 일과를 편안하게 경험한다.

'하루 일과를 편안하게 경험한다.'는 영아가 어린이집에서 수면, 휴식, 놀이 등의 일상생활을 건강하고 편안하게 하기 위해 적절한 지원을 해야 한다. 수면과 관련하여 영아의 경우 수면이 일상생활 중 매우 중요하므로 충분하고 편안하게 수면을 취하도록 낮 동안 규칙적으로 생활하도록 해야 하며, 낮잠 자는 환경은 안락하고 조용한 장소여야 한다. 수면 시간은 영아의 월령에 따라 차이가 있으므로 영아 개인차에 따라 적절하게 맞춰야 한다.

휴식과 관련해서는 일과를 무리하게 진행하지 않고 수면 시간 외에도 편안하게 쉬도록 영아들의 개별적인 특성과 상황을 존중해서 영아 각자가 안정적으로 휴식을 취할 수 있는 환경을 제공하고, 심리적으로 편안한 분위기를 만들어 주어야 한다.

어린이집의 하루 일과에 영아가 가정에서처럼 편안하게 참여하도록 교사는 영아에게 쾌적하고 편안한 환경을 마련해 주어야 하며, 영아가 즐겁게 놀이에 참여하고 생활하고 있는지 늘 관찰해야 한다. 교사는 부드러운 말씨와 표정으로 영아를 대하며, 영아가 편안하고 즐겁게 놀이를 할 수 있는 분위기를 조성하여, 어린이집의 하루 일과에 편안하게 참여하도록 해야 한다.

(3) 배변 의사를 표현한다.

'배변 의사를 표현한다.'는 배변훈련을 하기 전 단계로 영아가 대소변의 마려움을 인식하고 배변 의사를 표현하도록 지도해야 한다. 교사는 영아의 기저귀가 젖었는지 수시로 확인하고 영아 개개인의 배변 간격을 파악하며, 영아의 울음소리와 불편해하는 표현, 배변하고자 하는 욕구 표현을 잘 관찰하도록 해야 한다. 그리고 영아가 배변 의사를 보이면 이를 칭찬하고 격려하여 배변 의사를 편안하게 표현할 수 있도록 해야 하며, 영아가 배변 의사를 표현할 수 있으면 배변훈련을 시작하도록 해야 한다.

2) 2세 영아를 위한 건강한 생활습관 교육

기본생활영역 중 '건강하게 생활하기' 내용 범주에 관련 교육 내용이 포함되며, '건강하게 생활하기'에는 3개의 교육 내용이 이에 해당한다.

내용 범주	내용
건강하게 생활하기	• 자신의 몸을 깨끗이 해 본다. • 음식에 관심을 가지고 즐겁게 먹는다. • 하루 일과를 즐겁게 경험한다. • 건강한 배변 습관을 갖는다.

(1) 자신의 몸을 깨끗이 해 본다.

'자신의 몸을 깨끗이 해 본다.'는 건강한 생활을 위한 기초로서, 영아가 스스로 손과 몸 씻기, 이 닦기를 시도하도록 기회를 제공해야 한다. 스스로 손과 몸을 씻으려고 시도해 보게 하며, 일과 속에서 손 씻는 방법, 손을 씻어야 하는 때를 영아에게 알려 주고 영아가 스스로 씻으려고 노력해 보도록 지도해야 한다.

또한, 충치를 예방하기 위하여 영아 스스로 이를 닦으려고 시도해 보게 하며, 뒷마무리는 교사가 도와준다.

(2) 하루 일과를 즐겁게 경험한다.

'하루 일과를 즐겁게 경험한다.'는 영아가 건강한 생활습관을 형성하는 데 필요한 규칙적인 수면과 휴식습관을 길러서 즐겁게 생활하는 태도를 형성하도록 적절히 지원해야 한다.

수면과 관련해서는 교사가 규칙적인 일과에 따라 영아가 수면을 취할 수 있도록 하되, 영아의 수면 시간은 개인차가 있고 같은 영아라도 그날의 활동량에 따라 수면 시간에 다소의 차이가 있음을 고려해야 한다. 이 시기의 영아는 각자 독특한 수면 주기와 습관이 형성되어 있으므로 교사는 보호자로부터 영아의 개별적 수면 시간과 수면습관을 파악하여 되도록이면 가정에서와 비슷한 환경을 제공하여 영아가 편안한 수면을 취할 수 있도록 해야 한다. 2세 영아는 오후 1회 정도 낮잠을 잔다.

휴식과 관련해서는 영아가 활동 후 적절하게 휴식을 취함으로써 생리적인 피곤을 회복하여 건강을 유지할 수 있도록 지원해야 한다. 피로한 영아는 자발적인 활동이 줄고, 칭얼거리거나 표정의 변화가 적어지는 등 행동에 이상이 생기게 되므로 충분한 휴식을 통해 쌓인 피로를 해소하고 에너지를 충전하도록 도와야 한다.

그리고 영아가 건강을 유지하기 위해서 신체적 건강뿐만 아니라 정신적 건강을 유지할 수 있도록 교사는 영아가 활동에 적극적으로 참여하고 보육실의 편안한 분위기에서 즐겁게 생활하도록 지원해야 한다. 이 시기의 영아는 다른 사람에 대한 관심이 높아지므로 영아가 교사나 또래와의 놀이에 즐겁게 참여할 수 있도록 배려해 주어야 한다. 또한 교사는 영아의 관심과 흥미에 맞는 놀잇감과 환경을 제공해 주고 영아의 개별적인 놀이 및 또래와의 놀이에도 참여해야 한다.

(3) 건강한 배변 습관을 갖는다.

'건강한 배변 습관을 갖는다.'는 처음부터 화장실에서 배변훈련을 하는 것이 어려운 경우에 보육실의 정해진 곳에서 변기를 사용하여 배변하도록 지도할 수 있다. 이때 영아를 변기에 5분 이상 앉혀 두거나 무리하게 배변훈련을 시켜서는 안 된다. 무리한 배변훈련은 영아에게 스트레스를 주어 심리적 불안의 역효과가 일어날 수 있다. 또한, 배변하는 장소는 늘 청결하게 유지해서 영아가 깨끗하고 즐거운 장소라고 느낄 수 있도록 해 주어야 한다.

이후, 정해진 곳에서의 배변훈련이 어느 정도 이루어지면 화장실로 장소를 옮겨 화장실에서 배변할 수 있도록 지도해야 한다. 영아가 배변 욕구를 느끼면 교사는 화장실로 데리고 가서, 화장실에서 용변을 보면서 편안함을 느낄 수 있도록 배려하고 격려해 주어야 한다.

7. 2019 개정 누리과정에 제시된 유아기 건강한 생활습관 교육

누리과정의 5개 영역 중 건강한 생활습관 교육과 관련된 영역은 '신체운동 · 건강' 영역이며, 하위 내용 범주 가운데 건강한 생활습관과 관련된 내용 범주는 '건강하게 생활하기'이다.

내용 범주	내용
건강하게 생활하기	• 자신의 몸과 주변을 깨끗이 한다. • 몸에 좋은 음식에 관심을 가지고 바른 태도로 즐겁게 먹는다. • 하루 일과에서 적당한 휴식을 취한다. • 질병을 예방하는 방법을 알고 실천한다.

내용별로 교육부(2019)에 제시된 유아기 건강한 생활습관의 교육방안에 대해 살펴보고자 한다.

1) 자신의 몸과 주변을 깨끗이 한다.

'자신의 몸과 주변을 깨끗이 한다.'는 유아가 질병을 예방하기 위한 기초로 자신의 손과 몸을 깨끗이 하는 방법을 알고 실천하며, 나아가 유아가 생활하는 주변을 깨끗이 하는 습관을 기르도록 지도해야 한다.

생활 속에서 항상 손과 몸, 이를 청결히 유지하도록 지도해야 하며, 손과 이를 닦는다는 행위 자체보다 올바르게 닦는 방법을 알고 실천할 수 있도록 지도해야 한다.

간식과 급식 전후는 물론이고, 화장실 이용 후, 미술활동 이후와 바깥놀이활동이나 산책을 다녀온 후, 항상 손을 깨끗이 씻는 것이 습관화되도록 지도해야 한다. 또한 유아 주변을 깨끗이 하도록 지도해야 한다. 주변이란 좁게는 유아의 개인장을 비롯한 활동실을 말하고, 넓게는 유아교육 및 보육기관을 비롯하여 유아가 이용하는 공공시설이나 공간 등을 모두 일컫는다. 주로 자신의 소지품과 생활 공간을 깨끗이 유지하도록 지도해야 한다.

그리고 자신이 사용한 물건을 스스로 정리 정돈하고 청결하게 하게 유지하는 습관을 형성할 수 있도록 지도해야 한다.

2) 하루 일과에서 적당한 휴식을 취한다.

'하루 일과에서 적당한 휴식을 취한다.'는 유아가 건강한 생활습관을 형성하는데 필요한 규칙적인 수면과 휴식, 배변 습관을 가지고 즐겁게 생활하는 태도를 형성하도록 적절히 지원해야 한다.

휴식, 수면과 관련해서는 유아가 활동 후 휴식을 취함으로써 생리적인 피곤을 회복하여 건강을 유지할 수 있도록 해야 하며, 만 3~5세 유아의 권장 수면 시간은 낮잠을 포함하여 12시간 정도이다. 만 5세 유아는 생리적 특성이나 활동량, 밤잠 시간 등에 따라 피곤을 느끼는 정도에 차이가 있으므로 낮잠 지도에서 개별적인 요구를 고려해야 하며, 낮잠을 자지 않으려 하는 유아는 조용히 책을 보거나 음악을 들으면서 휴식을 취하게 함으로써 생활에서 휴식의 중요성을 알고 실천하게 해야 한다.

유아가 건강을 유지하기 위해서는 신체적 건강뿐만 아니라 정신건강을 유지할 수 있도록 교사는 유아가 활동에 적극적으로 참여하고 활동과정에서 느끼는 다양한 감정과 느낌을 적절한 방법으로 표현할 수 있도록 해야 한다.

배변과 관련해서는 유아가 배변 욕구를 느낄 때 스스로 화장실에 가고자 하고, 화장실에서 용변을 보면서 편안함을 느낄 수 있도록 지도해야 한다. 만 3세 유아는 어떤 활동에 몰입하다 보면 용변의 욕구를 느끼면서도 화장실에 가야 함을 인지하지 못할 경우도 있으므로 교사가 유아의 행동을 관찰하고 수시로 화장실에 가야 함을 지도해야 한다. 그리고 유아가 화장실 사용에 대한 올바른 절차와 방법을 알고 배설 후 스스로 뒤처리할 수 있도록 지도해야 한다. 또한, 유아가 대소변을 지나치게 참거나 미루지 않고, 배변의 욕구를 느낄 때 스스로 배변하는 습관을 갖도록 해야 하며, 또 화장실을 사용한 후에는 반드시 물을 내리는 등 화장실을 깨끗이 사용할 수 있게 지도해야 한다.

규칙적인 배변 습관을 가지도록 하기 위해서는 아침에 일어난 후 규칙적으로 배변하는 습관을 가지게 함으로써 개인 위생과 건강 습관을 형성하게 해야 한다. 규칙적인 배변 습관이 건강의 기본이 됨을 이해하게 해야 한다.

3) 질병을 예방하는 방법을 알고 실천한다.

'질병을 예방하는 방법을 알고 실천한다.'는 전염병에 대한 면역력이 약한 유아가 질병의 위험을 알고 주의하며, 날씨와 상황에 맞게 옷을 조절하여 입게 함으로써 체온을 조절하고 건강을 유지할 수 있도록 지도하는 것이다.

우선, 유아가 질병의 위험성과 예방의 중요성을 인지하도록 해야 한다. 그리고 질병 예방하는 방법을 알아보고 스스로 실천하도록 지도해야 한다. 예를 들어, 외부 날씨나 기온에 적절하게 옷을 입고 벗을 수 있게 지도해야 하며, 유아 스스로 외부 온도나 날씨에 알맞은 옷을 선택하지 못하는 경우가 많으므로 교사가 적절히 도와주어야 한다.

날씨와 계절뿐만 아니라 바깥놀이나 조형 활동을 할 때 등 특별한 상황에 맞게 옷을 입을 수 있게 지도해야 한다. 햇볕이 강한 여름철에는 직사광선을 피하기 위해 반드시 모자를 쓰게 하고 땀을 흘린 뒤에는 몸을 깨끗이 닦고 젖은 옷을 즉시 갈아입도록 지도해야 한다.

수업 후 실습

학습 이해를 위한 조별 토의

✿ 영유아 건강한 생활습관 중 하나를 골라 교육 내용이 포함된 동시를 만들어 보세요.

생각에 도움이 될 만한 질문

- 청결과 위생, 배변, 휴식과 수면, 질병 관리에 포함된 교육 내용이 무엇이 있었나요?
- 동시를 통해 영유아가 행동적으로 실천해 볼 수 있도록 하는 방법은 무엇일까요?

학습 기억을 위한 조별 실습

✿ 앞서 토의한 내용을 토대로 교사가 되어 조별로 동시 활동을 실천해 보세요.

✿ 역할극을 보며 생각해 보세요.

- 동시 내용에 건강한 생활습관 관련 교육 내용이 잘 포함되어 있나요?
- 동시를 통해 영유아가 올바른 건강습관 행동을 직접 표현해 볼 수 있었나요?

Chapter

08

영유아 정신건강

이 장은 예비교사들로 하여금 영유아 정신건강에 대한 이해를 돕고자 한다. 영유아는 자신을 돌보아 주는 양육자나 교사와의 관계 속에서 정신건강을 증진시키고, 이를 기초로 향후 다른 사람과의 사회관계도 원만하게 형성할 수 있다. 사회는 점차 경제활동인구의 증가로 맞벌이 부부가 많아지면서 영유아들이 가정에서보다 영유아 교육기관에서 보내는 시간이 훨씬 많아졌다. 따라서 영유아의 정신건강에 교사들이 미칠 영향이 점점 증대되어 가고 있다. 이에 따라 영유아 교사들은 영유아의 정신건강에 대한 이해를 바탕으로 올바른 지원을 해 주어야 하며, 영유아의 문제행동에 대해서도 적절한 대처능력을 길러 올바른 방향으로 지도할 수 있어야 하겠다.

학습목표

- 영유아의 정신건강이 어떻게 형성되며, 정신건강 증진을 위해 어떤 지원이 필요한지 설명할 수 있다.
- 영유아의 문제행동의 유형 및 원인을 이해하고, 적절한 지도 방법을 설명할 수 있다.

수업 전 실습

학습 동기화를 위한 조별 토의

✿ 아래 왼쪽 남자아이는 철수, 오른쪽 여자아이는 영희라고 해요. 아래 둘의 이야기를 읽어 보세요.

"철수와 영희는 태어난 지 한 달도 되지 않았어요. 하루는 자다가 너무 몸이 불편해 도움이 필요했어요. 철수와 영희가 오직 할 수 있는 건 우는 것이어서 울음을 터트려 보았어요. 그러자, 철수는 엄마와 아빠가 곧장 달려와 안아 주어 불편함이 해소되었어요. 하지만 영희는 엄마와 아빠가 옆에 있는데 도움을 주지 않아요. 그래서 계속 더 크게 울어댔어요. 하지만 전혀 도움을 받지 못해 몸이 아프기까지 합니다."

- 둘의 현재 기분은 어떠하고, 둘이 느끼는 부모란 어떤 존재일까요?
- 향후 자라서 기관에 오게 된다면, 철수와 영희는 각각 어떤 행동을 주로 보일까요?
- 어른이 된 철수와 영희는 다른 사람과의 관계에서 어떻게 행동할까요?

생각에 도움이 될 만한 질문

- 여러분이 철수와 영희라면, 어떤 생각이 들까요?
- 만약 철수와 영희의 선생님이 된다면, 어떻게 대해 주어야 좋을까요?

1. 애착 형성

1) 정의

이제 막 태어난 신생아는 자신의 생존을 위해 스스로를 보호할 능력이 전혀 없다. 신생아는 누군가의 도움을 받아야만 생존이 가능하며, 주로 어머니의 도움으로 영양을 섭취하고, 성장이 가능하다. 이렇게 어머니로부터 도움을 받아 성장하면서 어머니를 자신의 안전기지로 여기게 된다. 이러한 인식은 정서적으로 어머니와 애착을 형성하게 만든다. 애착이 형성되면 자신의 안전기지가 되는 존재에게 미소를 보이는 등 긍정적 반응을 하며, 계속 옆에 붙어 있고 싶어 하고, 곁에 있을 때 편안함과 안정감을 느낀다.

이러한 애착의 형성은 영유아 정신건강의 기초라고 할 수 있으며, 향후 성인이 되어서 사회관계를 형성하는 데에도 영향을 미치는 매우 중요한 요인이라고 할 수 있다.

2) 유형

(1) 유형 평가 방법

애착의 유형을 평가하는 방법에는 주로 에인스워스(Ainsworth)의 낯선 상황 실험(SSP)이 사용된다. 즉, 영아를 낯선 상황(낯선 공간, 많은 놀잇감들, 낯선 사람)에 두고 양육자와 '분리'를 시켰을 때 어떤 반응을 보이는지 관찰하며, 이후 양육자와 다시 '재회'를 하였을 때 어떤 반응을 보이는지 관찰하는 실험이다. 실험 결과에 따라 3가지 애착 유형을 구분하였다.

이 외에도 Waters(1987)가 개발한 애착 Q-set(Attachment Q-set)가 사용되기도 한다. 이는 영유아의 일상생활에서 행동을 설명하는 총 90장의 카드로 구성되어 있으며 양육자가 90장의 카드를 보고, 자기 자녀의 행동과 일치하는 정도를 각각 체크하여 1~9점으로 점수를 부여하는 방식이다. 예를 들어, 낯선 사람이 집에 왔을 때 수줍어하며, 엄마에게 달려간다의 내용이 포함된다.

(2) 애착 유형

애착 유형은 안정 애착, 불안정 애착으로 나눌 수 있으며, 다시 불안정 애착은 회피형 불안정 애착, 저항형 불안정 애착, 혼란형 불안정 애착으로 나눌 수 있다. 애착 유형별 낯선 상황 실험에서의 영아 반응을 살펴보면 〈표 8-1〉과 같다.

〈표 8-1〉 낯선 상황 실험과 애착 유형

애착 유형	낯선 상황 실험에서 영아 반응	이후 주된 정서상태
안정 애착	• 분리되었을 때, 분리불안이 나타나 불안해한다. 점차 조금씩 진정을 해 나가며 놀잇감에 관심을 보인다. • 재회하였을 때, 양육자에게 매달려 위로받고자 하며, 위로받은 후 놀잇감 탐색을 한다.	• 정서적 안정감 • 진취적, 독립적
불안정 애착 (회피형)	• 분리되었을 때, 크게 불안해하지 않는다. • 재회하였을 때, 양육자에게 대체로 무관심을 표현한다.	• 무관심 • 감정이입능력 저하
불안정 애착 (저항형)	• 분리되었을 때, 극도로 불안해하며, 오랫동안 불안감을 느껴 진정이 잘 안 된다. • 재회하였을 때, 양육자에게 매달려 감정적으로 계속 불안한 상태를 표현하며 진정이 잘 안 된다.	• 불안상태 • 집착 • 감정 과잉
불안정 애착 (혼란형)	• 분리되었을 때, 극도로 불안해하며, 오랫동안 불안감을 느껴 진정이 잘 안 된다. • 재회하였을 때, 양육자를 회피하며 안정감을 찾지 못하고 진정이 잘 안 된다. • 학대 경험의 영아 80% 이상이 여기에 해당된다.	• 정서장애 • 경계선 인격장애 • 행동장애

안정 애착과 불안정 애착을 구분하는 기준은 양육자를 안전기지로 삼고 신뢰하고 있느냐 여부이다. 즉, 낯선 상황에서 양육자와 분리될 때 안전기지가 사라지는 것이므로 어느 정도의 분리불안이 표현되어야 하며, 재회되었을 때는 안전기지로부터 위로를 받고 진정이 되어야 한다.

따라서 분리불안은 안정 애착의 영아에게서 나타나는 정상적 반응이라고 할 수 있으며, 만약 그 정도가 극심하여 진정이 잘 되지 않는 경우에 문제가 된다고 할 수 있겠다.

낯가림과 분리불안

- 영아가 양육자와 안정 애착을 형성했다는 증거로 나타나는 현상

• 낯가림(Stranger Anxiety)

처음 본 어른들은 아이가 귀여워 안아 주려 한다. 이때 아이들의 반응은 어떤가? 대부분이 크게 울어 버린다. 이러한 반응을 '낯가림'이라고 한다. 영아가 주된 양육자와 애착을 형성하였다는 표시가 되기도 한다. 낯가림은 낯선 사람 자체에 대한 반응이 아니고, 영아가 안전하다고 여기는 얼굴과 다르기 때문에 보이는 반응이다. 낯가림은 생후 6~8개월경에 나타나기 시작해서 첫돌 전후에 최고조에 달했다가 서서히 감소한다. 낯가림의 정도는 아이의 기질이나 여러 요인에 따라 다르게 나타난다. 처음 본 어른에게도 잘 가고 울지 않으면 순하다고, 낯을 가리지 않는다고 좋아하는 어른들이 있다. 그러나 낯가림을 전혀 하지 않는다 하여 좋아하기만 할 일은 아니다. 이런 아이들은 낯선 사람을 구분하는 능력이 없을 뿐만 아니라 주된 양육자와 애착 형성이 잘 되지 않았다는 증거일 수 있다.

• 분리불안(Seperation Anxiety)

낯가림이 낯선 사람에 대한 불안에서 비롯된 것이라면, 친숙한 사람과 떨어지는 것 또한 아이들에게는 두렵고 불안한 일이다. '분리불안'은 영아가 애착이 형성된 주된 양육자와 분리될 때 느끼는 불안을 의미한다. 분리불안은 돌 전후에 나타나기 시작해서 생후 20~24개월경에 없어진다. 주된 양육자와 불안정하게 애착을 형성한 아이는 분리불안이 극심하게 나타나 잘 진정되지 않거나 아무렇지도 않게 느껴 전혀 불안해하지 않는다. 이러한 경우는 모두 주된 양육자와 애착 형성이 잘 되지 않았다는 것을 의미한다.

어느 정도의 낯가림과 분리불안은 걱정할 필요가 없다. 주된 양육자와 안정 애착을 형성했다는 증거이기 때문이다. 하지만 그 정도와 반응은 잘 살펴보아야 할 필요가 있다.

3) 안정 애착 형성 방법

안정 애착 형성을 위해서는 다음의 3가지를 고려해야 한다.

(1) 양육자의 긍정적 즉각적 반응의 지속성

볼비(Bowlby)는 안정 애착을 형성하기 위해서는 영아의 필요나 요구에 긍정적 태도나 말투로 즉각적 반응을 해 주는 것이 지속되어야 한다고 언급하였다. 영아는 주로 자신의 필요나 요구를 울음으로 표현하기 때문에 영아의 울음에 대해 즉각적으로 반응하고, 요구를 들어주는 것이 안정 애착을 형성하는 데 매우 중요하다.

그래서 볼비는 양육자의 반응 정도에 따라서 애착 유형이 결정된다고 보았다. 즉, 영아의 필요나 요구를 양육자가 주로 무시하였다면 회피형 불안정 애착을 형성할 가능성이 높고, 영아의 필요나 요구를 양육자가 간헐적으로만 반응했다면 저항형 불안정 애착을 형성할 가능성이 높다고 보았다. 그러므로 안정 애착 형성을 위해서는 영아의 필요나 요구에 긍정적으로 즉각적 반응을 지속해야 한다고 할 수 있겠다.

(2) 양육자와의 신체접촉

할로우(Harlow)는 안정 애착 형성에 있어서 주로 어머니와 안정 애착을 하는 이유가 생존과 관련한 영양 공급을 해 주기 때문인지, 수유하는 과정에서의 신체접촉이 자주 일어나기 때문인지 주된 원인을 파악하기 위해 아기 원숭이를 데리고 실험을 하였다.

실험을 위해 가짜로 어미 원숭이 모형 2개를 만들었는데, 하나는 철사로 만들어 거기에 원숭이 영양 공급을 위한 우유병을 달아 두었다. 또 다른 하나는 부드러운 헝겊으로 만들었고, 우유병은 달아두지 않았다. 어미 원숭이와 격리된 새끼 원숭이가 어느 원숭이 모형을 선호할지 관찰하는 실험이었다.

아기 원숭이는 하루의 거의 모든 시간을 부드러운 헝겊으로 된 어미 원숭이 모형 옆에서 지냈다. 배가 고플 때에만 철사 어미에게 잠시 머무르거나 몸은 거의 부드러운 헝겊으로 된 원숭이 모형에 머무른 채 입만 우유병에 갖다 대었다. 또한 아기 원숭이에게 공포스러운 자극을 주자 그 순간에도 주저 없이 부드러운 헝겊으로 된 원숭이 모형으로 달려갔다. 부드러운 헝겊으로 된 원숭이 모형을 없애고 공포스러운 자극을 주자 아기 원숭이는 불안 증세를 보이기도 했다.

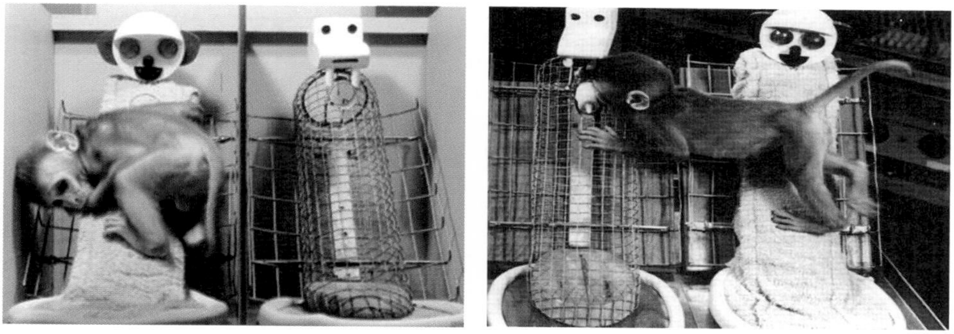

[그림 8-1] **할로우(Harlow)의 원숭이 애착 실험**

그리고 스피츠(Spitz)는 원숭이 실험 결과가 영아에게도 동일하게 해당하는지 살펴보고자 미국 고아원에 있었던 영아들을 연구하였다. 고아원은 매우 청결했으며 영양 공급도 충분히 이루어졌다. 하지만 아이들 중 37%가 만 2세가 되기도 전에 죽었으며, 많은 아이들이 우울 증세를 보였다. 그 원인은 외부의 질병이 아이에게 옮길 수 있다고 여겨 간호사들로 하여금 아이와의 엄격한 분리보호를 강조했기 때문이었다. 즉, 간호사들은 전혀 아이를 보듬고 만지고 쓰다듬을 수 없었다. 그래서 아이들은 하루 종일 혼자 지냈고, 결국 신체접촉이 없었던 아이들은 신체적 · 정신적 건강에 문제가 발생하게 되었다.

따라서 안정 애착 형성을 위해서는 양육자와의 신체접촉이 매우 중요하다고 할 수 있겠다.

(3) 애착 대상자

영유아의 애착 대상자는 양육자뿐만 아니라 영유아 교사가 될 수도 있다. 따라서 가정에서 잘못된 애착을 형성한 경우에도 영유아 교사와의 안정 애착 형성을 통해 올바른 정신건강을 도모할 수 있다. 국내외 여러 연구들에서도 영유아 교사와의 애착 형성이 영유아의 정서, 사회성 발달 및 인지 발달에도 긍정적 영향을 미치는 것으로 보고되었다(이은정, 2009; Commodari, 2013). 따라서 영유아 교사는 앞서 살펴본 2가지 안정 애착 형성 방법을 실천할 수 있어야 하겠다.

4) 안정 애착의 중요성

안정 애착은 영유아의 발달에 다음과 같은 중요한 영향을 미친다.

(1) 정서 및 사회성 발달

안정 애착은 영유아로 하여금 긍정적 자아개념을 형성하게 하며, 정서적으로 안정감을 갖도록 한다. 따라서 성장한 후 새로운 환경 속에 놓이거나 낯선 사람들 사이에서도 크게 불안을 경험하지 않고, 새로운 또래에게 쉽게 다가가거나 능동적인 탐색활동이 가능하다.

또한 신뢰감이 형성되어 자신의 욕구 충족을 지연시킬 수 있다. 친구의 놀잇감을 억지로 뺏기보다는 기다렸다가 사용할 수 있다. 그리고 또래 관계에서도 또래의 애정을 잃을까 걱정하고 조급해하기보다는 스스로 자존감이 높아 상대를 여유롭게 대함으로써 긍정적이고 원만한 관계를 형성할 수 있다.

(2) 인지 발달

주위 환경을 탐색하는 데 능동적이고 적극적이므로 인지 발달에도 긍정적 영향을 미친다. 반면 애착 형성이 잘되지 않은 유아들은 한 곳에 주의집중하기가 어렵고, 불안감이 있어 인지 발달에 부정적 영향을 미치게 되고, 주의산만한 모습을 보일 수 있다.

또한 장기적 불안감은 뇌의 코르티솔(cortisol)이라는 스트레스 호르몬을 지속적으로 분비시켜 뇌의 구조나 기능에 부정적 영향을 미칠 수 있다. 이를 통해 학습능력뿐만 아니라 자기 규제력이나 통제력이 발달하지 못하게 된다.

(3) 신체 발달

신체 발달에 있어서도 애착 형성이 잘되지 않은 유아들은 머리둘레와 키 성장에 있어서 발달이 평균에 미치지 못하는 것으로 나타났다. 와타나베 히사코는 애정 차단 증후군이라고 명칭하고, 그 증상을 보이는 유아의 치료 전과 치료 후 머리 크기와 키 성장곡선을 제시하였다(도도다 아케미, 2016).

[그림 8-2]를 보면 치료 전에는 성장이 정상 유아보다 크게 뒤떨어졌지만, 치료

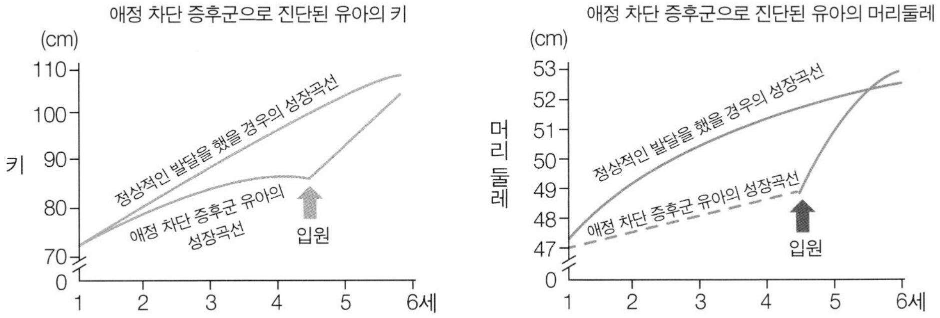

[그림 8-2] **애정 차단 증후군 유아의 치료 전후 성장 변화**

를 받으면서 병원 의료진의 따뜻한 보살핌으로 키와 몸무게가 급속히 늘어 정상 유아 수준에 도달했음을 알 수 있다.

2. 정신분석이론에 기초한 정신건강

1) 프로이트의 이론에 기초한 정신건강

정신분석학의 창시자인 프로이트(Freud)는 성격 형성에 있어서 무의식적 동기를 강조하였다. 즉, 인간의 행동은 성격에 따라 다르게 표현되는데, 이러한 차이는 무의식의 차이에서 생겨난 것이라고 주장하였다.

우리 자신은 '무의식'과 '의식'으로 이루어져 있고, 우리가 '나 자신'이라고 느끼는 것은 '의식'이며, 이것이 전부라고 착각하며 살아간다. 하지만 '의식'은 나를 이루는 빙산의 일각으로 거대한 '무의식'이 '의식' 아래 잠재되어 있고, 그 '무의식'이 '의식'에 영향을 미치며, 우리는 이에 따라 다르게 성격을 형성하고, 행동하게 되는 것이다(Coue, 2017).

[그림 8-3]에서 알 수 있듯, 나 자신은 '무의식'과 '의식'으로 구분되며, 또 다르게 원초아(id), 자아(ego), 초자아(superego) 3가지의 구조로 설명되기도 한다.

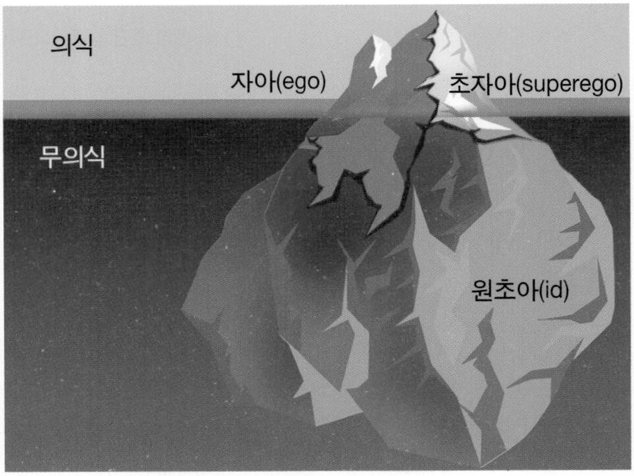

[그림 8-3] **무의식과 의식의 관계**

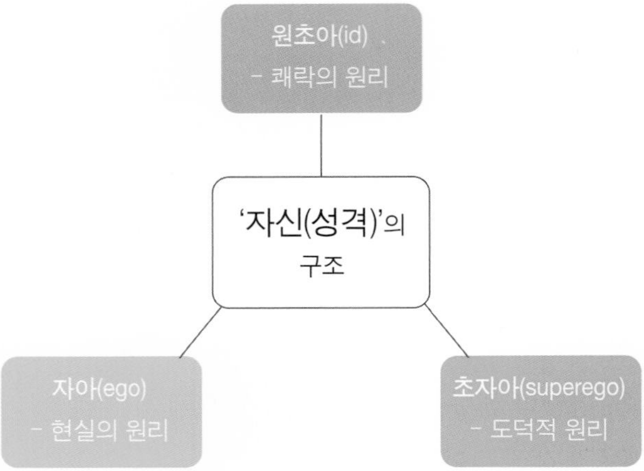

[그림 8-4] **자신(성격)의 구조**

우리 자신을 형성하는 이 3가지 구조는 서로 갈등이 발생하는 시기가 있고, 이때 갈등을 어떻게 해결하느냐가 정신건강에 매우 중요하다. 즉, 프로이트는 영유아 시기를 통해 원초아(id), 자아(ego), 초자아(superego)의 구조가 서로 갈등하고 해결하며, 어떻게 구조화되는지에 라 평생의 성격이 결정된다고 주장하였다. 그는 자아(ego)의 역할을 통해 원초아(id)와 초자아(superego)가 서로 균형을 이루는 것이 올바른 성격 형성 및 정신건강에 중요하다고 강조하였다.

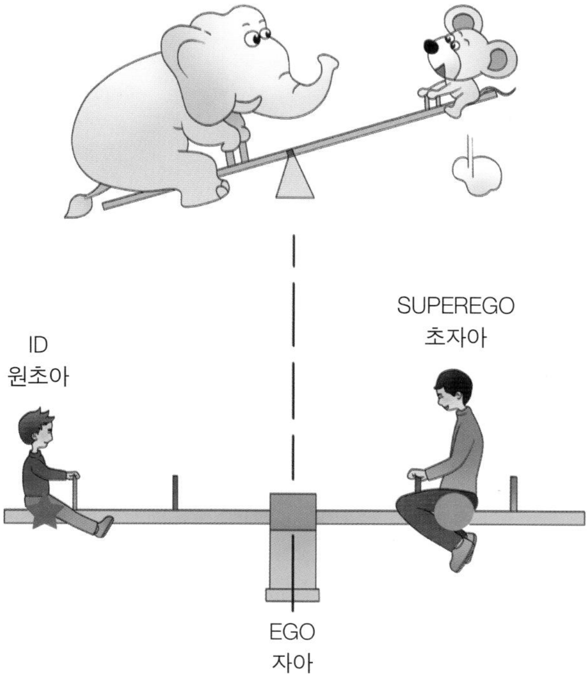

[그림 8-5] **자아를 통한 원초아와 초자아의 균형**

[그림 8-5]와 같은 균형을 이루기 위해서는 원초아(id), 자아(ego), 초자아(superego) 모두 적정의 힘을 가지고, 갈등 상황에서도 적절히 그 힘을 유지하며 조절하는 것이 필요하다. 원초아(id), 자아(ego), 초자아(superego)의 갈등이 일어나는 시점에 대해서 프로이트는 원초아(id)에 초점을 맞추어 설명하였는데, 영유아 발달에 따라 원초아(id)가 다르게 표출된다고 언급하였다. 그리고 이때마다 현실과 갈등이 발생하게 되고, 원초아(id)가 겪는 갈등을 자아(ego)와 초자아(superego)가 어떻게 해결하며, 적절히 원초아(id)의 욕구를 만족시켜 주면서 균형을 이루는지가 중요하다고 강조하였다.

구체적으로 영유아 발달에 따른 원초아(id), 자아(ego), 초자아(superego)의 발달 특성(갈등과 올바른 해결 방법)에 대해서 살펴보면 [그림 8-6]과 같다.

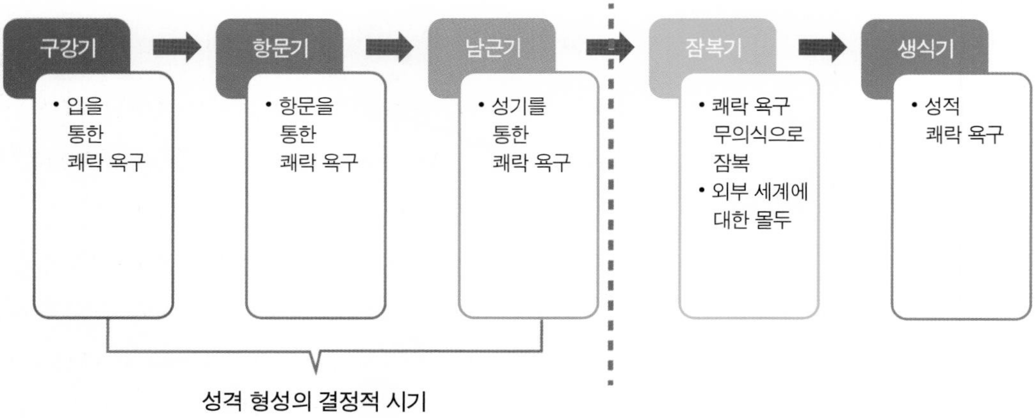

[그림 8-6] 원초아(id)의 변화에 따른 성격 발달 단계

(1) 0~1세 영아기(구강기)

0~1세 영아기를 프로이트는 구강기라고 명명하였고, 이 시기는 입을 통한 쾌락의 원리에 의해 지배된다고 주장하였다. 그리고 이 시기에는 대체로 원초아(id)가 강하게 존재하고, 초자아(superego)는 발달하지 않아 원초아(id)의 욕구를 그대로 충족시켜 주는 것이 좋다. 하지만 만약 영아가 입으로 물건을 탐색하려 할 때 위험한 물건인 경우나 젖을 떼는 이유(離乳)기가 되면 자아(ego)가 현실과 갈등을 겪게 된다. 그러나 이 경우에도 원초아(id)와 힘의 균형을 이루어야 하는 초자아(superego)가 발달하지 못하였기 때문에 원초아(id)의 욕구를 최대한 만족시킬 수 있는 범위에서 흥미를 안전한 물건으로 이끌어 원초아(id)의 욕구를 충족하도록 돕거나, 젖병이나 공갈젖꼭지 등을 제공해 욕구를 충족하도록 도와야 한다.

이때 원초아(id)의 욕구를 좌절시킨다면, 입을 활용한 욕구가 과도하게 분출되어 과식, 과음, 과도한 흡연, 언어적 폭력 등이 일어날 수 있다고 한다.

(2) 2~3세 영아기(항문기)

2~3세 영아기를 프로이트는 항문기라고 명명하였고, 이 시기는 항문을 통한 쾌락 욕구가 나타난다고 하였다. 따라서 이 시기에는 배변을 참고 있으려고 하거나 배변을 분출하면서 만족감을 얻는다. 하지만 배변의 실수로 인해 자아(ego)가 현

실과 갈등을 겪게 된다. 그러나 이 시기 영아는 여전히 원초아(id)의 힘이 강하고, 초자아(superego)가 발달하지 않았으므로 양육자들의 적절한 배려와 교육이 매우 중요하다. 배변 실수에 대해 영아에게 화를 내기보다는 차분히 설명하고, 이러한 상황이 일어나지 않도록 하기 위해서는 영아용 변기를 사용할 수 있음을 알려 줌으로써 원초아(id)를 조절하는 자아(ego)의 능력을 키워 주는 교육이 필요하다. 영아용 변기도 영아의 흥미를 끌 수 있도록 노래가 나오는 등의 장치가 있는 것이 도움이 된다.

이때 원초아(id)의 욕구가 심하게 좌절되거나 자아(ego)가 적절히 발달하지 못한다면, 항문기적 강박 성격인 결벽증, 공격성, 낭비벽 등으로 나타나게 된다고 본다.

(3) 3~5세 유아기(남근기)

3~5세 유아기를 프로이트는 남근기라고 명명하였고, 이 시기는 성기를 통한 쾌락 욕구가 나타난다고 하였다. 따라서 이 시기에는 자위행위를 한다거나 동일한 성기를 가진 부모(양육자)를 자기와 동일시하려고 한다. 부모(양육자)를 동일시하는 과정에서 부모(양육자)의 자아(ego)와 초자아(superego)를 그대로 학습하게 된다. 그래서 이때에는 유아들에게 보이는 부모(양육자)의 행동이 매우 중요하며, 적절한 교육적 노력도 중요하다고 할 수 있다. 이 시기를 통해 드디어 유아는 원초아(id)와 힘의 균형을 이룰 수 있는 초자아(superego)를 발달시키게 되며, 이 둘 사이의 힘을 조절하는 자아(ego)의 역할에 대해 학습할 수 있다.

초자아(superego)의 적절한 발달을 위해서 부모(양육자)는 유아에게 도덕적 가치를 교육하는 것이 필요하다. 이를 위해서는 전래동화나 위인전을 활용해 선악을 구분하고, 선한 행동을 실천해야 할 필요성을 알려 주는 것이 좋다. 또한 생활 속 기본예절이 무엇이고, 왜 필요한지에 대해서도 교육해야 한다.

자아(ego)의 적절한 발달을 위해서는 원초아에 반응할 수 있는 성숙한 방어기제를 알려 주고, 부모(양육자)도 모델링이 되어 주는 것이 필요하다. 〈표 8-2〉와 〈표 8-3〉은 방어기제의 종류를 구분한 것인데, 우선 부모(양육자) 스스로 자신이 현재 주로 행하는 방어기제가 무엇인지 체크해 보는 것이 중요하다. 그리고 그것이 미성숙한 것일 때 성숙한 방어기제를 숙지하여 생활 속에서 사용하려는 노력을 기울여야 한다.

〈표 8-2〉 미성숙한 방어기제 종류

<table>
<tr><th colspan="3">미성숙한 방어기제</th></tr>
<tr><td>투사</td><td>욕구를 충족하거나 좌절한 것에 대해 남의 탓을 한다.</td><td>
</td></tr>
<tr><td>부정</td><td>욕구를 반대로 생각하며 좌절시킨다.</td><td>
</td></tr>
<tr><td>합리화</td><td>욕구를 충족하거나 그렇지 못한 것에 대한 변명이나 핑계를 만들어 정당화하려고 한다.</td><td>
</td></tr>
</table>

행동화	욕구를 바로 충족시킨다.	
반동형성	욕구를 감추기 위해 반대되는 행동을 한다.	
억압	욕구 자체를 억누른다.	

출처: Carducci, B. J. (2009).

〈표 8-3〉 **성숙한 방어기제 종류**

성숙한 방어기제		
승화	욕구를 현실에 적절한 것으로 대리 충족한다.	
억제	욕구가 충족되기 어려운 경우, 해결이 가능할 때까지 잠시 보류하여 지연시키는 것으로 회피와 구별된다.	
예견	더 나은 욕구를 충족했을 때를 미리 앞서 생각해 보고, 지금의 욕구를 인내하는 것이다.	

유머	욕구가 충족되지 못하는 상황을 낙관적으로 바라보며, 재치 있게 대처하는 것이다.	

참고: Carducci, B. J. (2009).

만약 유아의 욕구가 현실과 부딪혀 갈등이 생길 때, 부모(양육자)는 성숙한 방어기제를 사용하도록 유아에게 자아(ego)의 사고방식을 가르쳐 줄 수 있으며, 초자아(superego)의 발달을 위해서 그 행동이 도덕적으로 문제가 있는 경우에는 어떤 문제가 있고, 올바른 행동이 무엇인지 반드시 가르쳐 주어야 한다. 이러한 과정을 통해 유아들은 원만한 성격을 형성할 수 있다.

이 시기에 원초아(id)의 욕구가 심하게 좌절되거나 자아(ego)와 초자아(superego)가 적절히 발달하지 못한다면 정신건강에 문제가 생길 수 있다.

2) 에릭슨의 이론에 기초한 정신건강

에릭슨(Erickson)은 심리사회적 성격 발달 이론의 창시자로 사회적 관계를 통해 성격 발달이 이루어진다고 주장하였다. 사회적 관계는 영유아의 발달 시기에 따라 변화한다고 보았고, 변화하는 관계 속에서 심리적 갈등 상황을 경험하고, 갈등의 균형을 이루는 것이 정신건강에 적절하다고 강조하였다. 영유아기 발달에 따라 변화하는 사회적 관계 속 심리적 갈등을 〈표 8-4〉와 같이 정리하였다.

〈표 8-4〉 영유아기 발달에 따른 사회관계 속 심리적 갈등

단계	연령	심리적 갈등 (긍정적 요인 vs 부정적 요인)
1	0~1세	신뢰감 vs 불신감
2	2~3세	자율성 vs 수치심
3	3~5세	주도성 vs 죄책감
4	6~12세	근면성 vs 열등감
5	13~18세	자아정체감 vs 역할혼란
6	성인기	친밀감 vs 고립감
7	중년기	생산성 vs 침체감
8	노년기	자아통합 vs 절망감

에릭슨 또한 성격 형성에 있어서 영유아기인 1~3단계가 중요하며, 이를 통해 자아존중감이 형성되고, 이후 성격 형성에 영향을 미친다고 보았다. 하지만 프로이트에 비해 그 영향력을 크게 보지는 않았고, 만일 1~3단계가 잘못되었더라도 이후 발달 단계를 원만히 거치면 올바른 성격 형성이 가능하다고 주장하였다.

그리고 갈등의 구성 요인 중 긍정적 요인과 부정적 요인 모두 성격 형성에 중요한 것이라고 보았으며, 부정적 요인의 경험도 더 발전된 자신을 만드는 데 필요한 요인으로 보았다. 구체적으로 영유아기 단계별 갈등의 구성 요인과 성격 형성 원인을 살펴보면 다음과 같다.

(1) 0~1세 영아기(신뢰감 vs 불신감)

1단계로 이 시기 영아는 주로 양육자와 관계를 맺고, 갈등을 경험하게 된다. 양육자가 영아의 신체적 · 심리적 욕구와 필요를 충족시켜 주는 경우 신뢰감을 경험하게 된다. 하지만 영아의 욕구와 필요를 충족시켜 주지 못하거나, 일관성이 없을 때는 불신감을 경험하게 된다. 신뢰감을 형성하는 것은 모든 사회관계의 밑거름이 되므로 매우 중요하다. 하지만 불신감을 어느 정도 경험하는 것도 필요하다고 할 수 있다. 즉, 완전한 신뢰감은 영아로 하여금 완전히 의존적인 존재로 성장하도록 하는 위험 요소가 될 수 있기 때문이다.

(2) 2~3세 영아기(자율성 vs 수치심)

2단계로 이 시기 영아는 근육의 발달로 인해 신체활동이 자유로워지나, 양육자의 기대와 규칙 간에 갈등을 경험하게 된다. 영아가 스스로 행동할 수 있도록 지지한다면 자율성을 경험하고, 양육자가 영아에게 행동의 기대를 표현하면서 영아의 행동을 간섭하고, 평가한다면 수치심을 경험하게 된다. 자율성을 형성하는 것은 이후 능동적 행동을 이끄는 데 매우 중요하다. 하지만 수치감을 어느 정도 경험하는 것도 필요하다고 할 수 있다. 완전한 자율성은 이기적으로 제멋대로 행동하는 방종으로 이어질 수 있는 위험이 있기 때문이다.

(3) 3~5세 유아기(주도성 vs 죄책감)

3단계로 이 시기 유아는 자신과 주변에 대한 책임의식을 가지게 되며, 목표를 설정해 이를 위한 행동을 적극적으로 하려고 한다. 유아의 목표와 행동계획 및 실천을 지지해 주고, 지원해 준다면 유아는 주도성을 경험하게 된다. 하지만 양육자가 자신의 권위나 의견을 내세워 유아의 목표나 계획을 무시하거나 좌절시킨다면 죄책감을 경험하게 된다. 주도성을 형성하는 것은 이후 자기주도적 학습 및 행동에 매우 중요하다. 하지만 죄책감을 어느 정도 경험하는 것도 필요하다고 할 수 있다. 완전한 주도성은 자신만이 옳다는 아집에 사로잡혀 타인을 배려하지 못할 위험이 있기 때문이다. 따라서 죄책감의 경험을 통해 자신의 행동에 대한 반성적 사고를 하여 행동을 조절하고, 타인을 배려하는 마음을 갖도록 하는 것이 필요하겠다.

3. 뇌 과학에 기초한 정신건강

영유아기 뇌 발달 특성을 살펴보면, 정신건강을 위한 노력이 매우 중요함을 알 수 있고, 영유아를 대하는 모든 순간에 영유아의 정서를 고려하는 것이 얼마나 중요한지 알 수 있다.

1) 영유아기 뇌 발달 특성

영유아기 뇌 발달 특성을 맥린(MacLean)의 삼위일체 뇌(Triune Brain) 이론에 따라 살펴보면 [그림 8-7]과 같다.

삼위일체 뇌(Triune Brain) 중 뇌간(brainstem)은 파충류의 뇌라고 일컬으며, 기본적인 생존을 위한 호흡, 소화 등을 담당한다. 변연계(limbic system)는 포유류의 뇌라고 불리며, 감정을 담당하는 편도체(amygdala), 기억을 담당하는 해마(hippocampus), 외부의 감각 정보가 1차로 수집되고, 대뇌피질(cerebrum cortex, 신피질)로 전달하는 시상(thalamus) 등이 있다. 그리고 대뇌피질(신피질)은 고등 포유류의 진화 마지막 단계에서 발달한 것으로 고차원적 사고와 판단, 언어 활용을 담당한다.

태아기에는 이미 뇌간이 거의 성숙이 되어, 성숙된 뇌간을 지니고 태어나게 되며, 변연계는 태아기 약간의 성숙이 일어난 상태로 태어나게 된다. 태어난 이후부터는 양육자 및 주변 환경과의 상호작용을 통해 변연계의 성숙이 급속히 이루어지고, 변연계를 기반으로 대뇌피질(신피질)을 발달시켜 나간다.

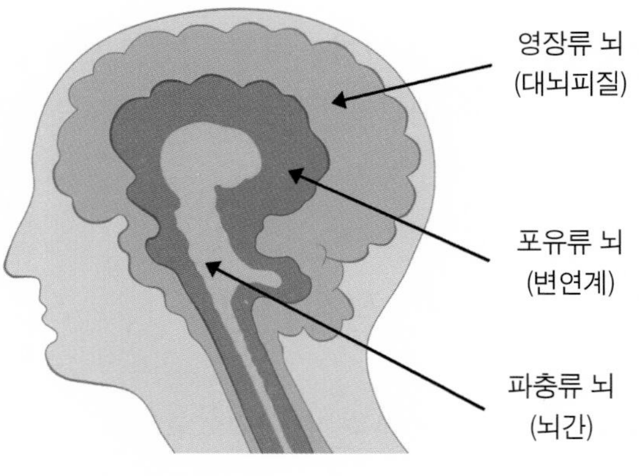

[그림 8-7] **삼위일체 뇌**

2) 영유아기 뇌 발달 특성에 따른 정신건강 지도

영유아기는 변연계가 급속도로 발달하며, 대뇌피질 발달의 기초 역할을 한다. 변연계는 앞서 언급하였듯, 정서를 담당하는 편도체(amygdala), 기억을 담당하는 해마(hippocampus), 외부의 감각 정보가 1차로 수집되고, 대뇌피질(신피질)로 전달하는 시상(thalamus) 등이 있다.

이 중 특히 정서를 담당하는 편도체(amygdala)의 영향력이 매우 크다고 할 수 있다. 편도체의 영향력은 기억을 담당하는 해마, 시상 등에 영향을 미쳐 만약 영유아가 강한 부정적 정서 경험을 하게 된다면, 이를 해마가 장기간 기억하여 삶의 트라우마가 되도록 할 수 있고, 해마의 발달을 저해시켜 기억력 발달에 부정적 영향을 미칠 수도 있다. 또한 부정적 정서 경험을 가진 외부 감각자극이 시상으로 전달되는 경우, 편도체가 작용하여 외부 감각자극을 대뇌피질로까지 전달하지 않도록 할 수 있다. 예를 들어, 영유아가 언어학습을 할 때 양육자에게 심하게 혼나 부정적 정서 경험을 한 경우, 언어에 대한 나쁜 기억이 트라우마로 작용하여 말더듬이나 난독증으로 연결될 수 있으며, 언어자극을 활용한 고차원적 사고나 판단에 어려움을 경험할 수 있다.

따라서 영유아를 대하는 모든 순간에 영유아의 정서를 고려하여 긍정적 정서 경험이 되도록 하는 노력이 매우 중요하다고 할 수 있겠다.

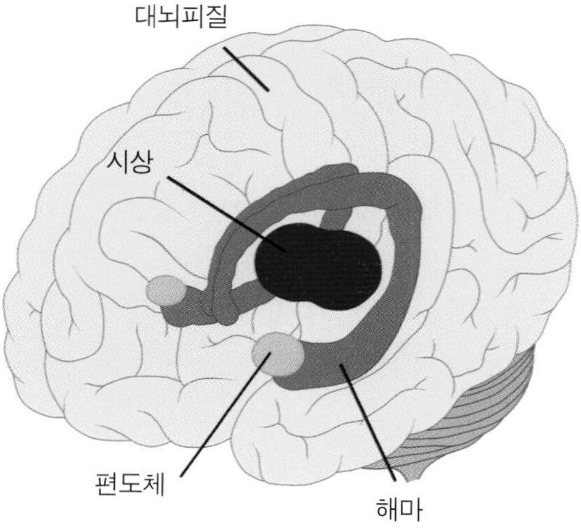

[그림 8-8] 변연계의 구조

4. 문제행동 지도

문제행동이란 사회적 규범에서 벗어나 일반적으로 허용되지 않는 일탈행동을 의미하며, 영유아의 입장에서 부적응 행동이라는 용어로 쓰이기도 한다. 이는 영유아의 정신건강에서 비롯되어 표출되는 것이라고 할 수 있으며, 이러한 영유아의 문제행동을 교사나 양육자가 발견하여 적절히 중재하지 못하면 점차 성장해 가면서 사회성과 학업에 부정적 영향을 미치게 되고, 결국 미래 사회적 문제를 일으킬 위험성이 매우 높다(Kaiser & Rasminsky, 2003; Shaw, Gilliom, Ingoldsby, & Nagin, 2003). 따라서 영유아 교사의 문제행동 지도가 영유아의 긍정적 발달과 성장에 무척 중요하다고 할 수 있다.

양수영(2014)에 따르면 영유아 교사의 문제행동 지도 자신감에 영향을 미치는 요인으로 문제행동의 유형과 원인, 적절한 지도 방법에 대한 이해 정도가 중요한 요인인 것으로 밝혀졌다. 따라서 문제행동 유형, 원인, 지도방법에 대해 이해하는 것이 필요하다고 할 수 있겠다.

1) 문제행동 유형

영유아의 문제행동 유형은 크게 외현적 문제행동과 내현적 문제행동으로 구분된다. 외현적 문제행동은 그 행동의 정도가 일반적 행동보다 심하게 표출되는 경우를 일컬으며, 내현적 문제행동은 그 행동의 정도가 일반적 행동보다 감소되어 위축되어 나타나는 경우를 일컫는다.

외현적 · 내현적 문제행동별 종류는 〈표 8-5〉와 같다.

〈표 8-5〉 문제행동의 유형과 종류

외현적 문제행동	내현적 문제행동
공격적 행동 적대적 행동 과잉 행동/주의산만	자기비하 걱정/불안 우울

참고: Gretchen & Melissa (2007), Tunbull, Tunmull, Shank, & Smith (2004).

(1) 외현적 문제행동

① 공격적 행동

공격적 행동은 타인을 향해 신체적 해(害)를 미치는 행동으로 상대를 때리거나, 물어뜯거나, 상대를 향해 사물을 던지는 행동 등이 이에 속한다.

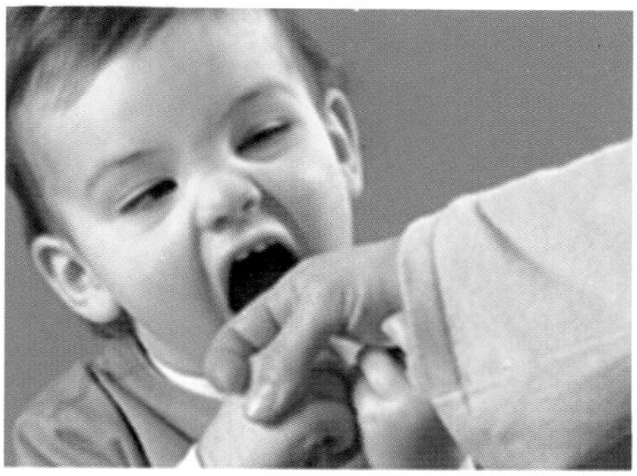

[그림 8-9] **공격적 행동**

② 적대적 행동

적대적 행동은 자신의 주변 상황 등에 대해 부정적 감정을 강도가 심하게 표현하는 것으로, 과도하게 울기, 소리 지르기, 물건 파괴하기, 욕하기, 놀리기 등이 이에 속한다.

[그림 8-10] **적대적 행동**

③ 과잉 행동/주의산만

과잉 행동과 주의산만은 자기조절력이 미숙하고 주의집중력이 떨어져 나타나는 것으로 과도한 흥분상태의 행동, 충동적 행동, 불안정한 상태의 행동 등이 이에 속한다.

[그림 8-11] **과잉 행동/주의산만**

(2) 내현적 문제행동

① 자기비하

모든 활동에 대해 관심을 보이지 않고, 자신감이 매우 떨어진 행동을 보이며, 활동에 참여하고자 하는 의지를 보이지 않는다. 활동 참여 수준이 심각하게 낮은 편이다.

[그림 8-12] **자기비하**

② 걱정/불안

걱정과 불안감을 많이 느껴 심각한 두통이나 소화장애로 인한 복통과 구토, 현기증 등을 많이 호소한다. 식사장애와 수면장애로도 이어지며, 대소변 실수를 자주 하기도 한다. 대체로 새로운 환경에 적응하지 못한 영유아에게서 많이 나타나기도 한다.

[그림 8-13] **걱정/불안**

③ 우울

슬픈 감정을 자주 표현하며, 자주 눈물을 보이거나, 이유도 없이 갑자기 울기도 한다.

[그림 8-14] **우울**

2) 문제행동 원인

문제행동을 발견한 후에는 그 원인이 무엇인지 다각적 접근에서 살피려는 노력이 매우 중요하다. 문제행동의 원인으로 다음을 살펴볼 수 있다.

(1) 영유아의 특성

문제행동의 원인으로 영유아의 기질적 특성과 발달적 특성을 살펴볼 수 있다.

① 기질적 특성

기질적 특성은 사회환경에 대한 특정한 정서적 반응과 행동양식을 의미한다. 대체로 기질은 유전적 영향을 받은 선천적인 것으로 환경에 적응하는 개인차라고 할 수 있다. 기질의 종류는 쉬운 기질(easy), 까다로운 기질(difficult), 천천히 적응하는 기질(slow to warm up) 이렇게 3가지로 나눌 수 있다(Barbara & Rasminsky, 2003; Turecki & Tonner, 2000).

쉬운 기질(easy)의 영유아는 생체 리듬이 규칙적이며, 환경에 쉽게 적응하며 긍정적 정서표현을 많이 한다. 다만 변화된 환경에 적응을 하지 못하면 스트레스를 받고, 이때 문제행동을 일으킬 가능성이 많다.

까다로운 기질(difficult)의 영유아는 생체 리듬이 불규칙적이며, 부정적 정서표현을 많이 한다. 환경 변화에 민감하고, 강한 반응을 보이기 때문에 적응을 하는 데 시간이 많이 걸린다. 전체 영유아의 약 10%가 이에 속한다. 환경 변화에 대한 적응을 강요하거나 적절한 지지와 지원이 없는 경우 스트레스를 받고 문제행동을 일으킬 가능성이 많다.

천천히 적응하는 기질(slow to warm up)의 영유아는 신체적 리듬이 규칙적이고 대체적으로 긍정적 정서표현을 많이 하지만, 긍정적 정서를 갖기에 시간이 걸리는 편이며, 인내의 돌봄이 필요하다. 변화된 환경에 먼저 불안을 느끼나, 천천히 적응해 간다. 이때 교사나 양육자가 천천히 기다려 주고, 신뢰를 보이는 노력이 중요하다.

② 발달적 특성

영유아가 태내에 있을 때, 어머니의 잘못된 약물 복용 및 흡연, 음주 등이 영유아 두뇌 및 신체 발달에 부정적 영향을 미쳐 집중력 저하, 신체 및 정서 조절의 문제로 인한 충동적 행동 등의 문제행동을 일으킬 수 있다. 또한 출생 후에도 적절한 영양 공급이 되지 않으면 두뇌 발달과 신체 발달에 해를 끼치고, 집중력 부족 등의 문제행동을 보일 수 있다(Barbara & Rasminsky, 2003; Barbara & Jane, 2002).

(2) 영유아의 의도

영유아가 성장하는 과정에서 교사 및 양육자와 잘못된 상호작용을 함으로써 영유아가 잘못된 신념이나 의도를 가지게 되는 경우이다(Barbara & Rasminsky, 2003; Malle & Moses, 2003). 즉, 영유아가 문제행동을 보인 경우, 교사 및 양육자로부터 반복적으로 관심을 받았을 때, 영유아는 관심을 받고자 문제행동을 일으킬 수 있다.

(3) 영유아의 가정환경

가정의 양육자와의 애착의 질, 양육태도 등은 영유아의 문제행동에 매우 중요한 원인이 된다. 불안정 애착 및 거부적 · 통제적 양육태도는 영유아의 문제행동과 매우 높은 상관이 있음이 보고되었다(Barbara & Rasminsky, 2003; Shonkoff & Marshall, 2000). 또 가정 내 영양 섭취와 수면과 휴식의 질 또한 영유아의 문제행동과 높은 상관이 있고, 폭력적 환경에 자주 노출된 경우에도 영유아의 문제행동과 높은 상관이 있다(Shonkoff & Marshall, 2000). 폭력적 환경에는 가정불화, 폭력적 미디어에의 노출 등이 있다.

부모의 양육태도

양육태도란 부모가 자녀를 양육하면서 일반적으로 보이는 태도와 행동을 의미한다. 부모의 양육태도는 자녀의 성장에 매우 중요한 요소가 된다. Schaefer(1959)가 구분한 양육태도와 그 특징을 살펴보면 다음과 같다.

- **애정적 · 자율적 양육태도**
  - 자녀에게 스킨십을 많이 하며, 사랑한다는 표현을 자주 한다.
  - 자녀가 스스로 하도록 믿고 세심히 지켜보며 기다려 준다.
  - 자녀의 성장에 긍정적인 양육태도이다.

- **거부적 · 자율적 양육태도**
  - 자녀에게 무관심하고 냉담하다.
  - 자녀가 무엇을 하는지 내버려둔다(방임).

- **애정적 · 통제적 양육태도**
  - 자녀에게 애정을 표현한다.
  - 자녀를 과보호하며, 자녀의 행동을 통제하기 위한 간섭이 심하다.
  - 우리나라에서 가장 많이 나타나는 양육태도이다.

- **거부적 · 통제적 양육태도**
  - 자녀에게 엄격한 훈육을 하며, 체벌을 가한다.
  - 독재적이고 권위주의적이다.

(4) 영유아가 주로 머무는 교실환경

교실환경도 문제행동의 원인이 될 수 있다(Barbara & Rasminsky, 2003; Lisabeth & Mullineaus, 2008). 영유아들이 지나다니는 통로가 좁거나, 넓은 개방적 공간이 확보되지 못한 경우, 교재 · 교구의 수가 매우 제한적인 경우 등이다.

개방적 공간이 확보된 경우

개방적 공간이 없고, 통로가 좁은 경우

[그림 8-15] **교실환경과 문제행동**

3) 문제행동 지도 방법

앞서 영유아의 문제행동을 발견하면, 그 유형과 원인을 다각도로 파악하고, 이에 따라 적절한 지도 방법을 실천하여 중재할 수 있어야 한다.

(1) 반응적 상호작용

반응적 상호작용은 자극-반응의 행동주의 지도 방법으로 긍정적 행동에 대해 보상을 주어 행동을 증가시키고(강화), 부정적 행동에 대해 벌을 줌으로써 행동을 감소(소거)시키는 것이다. 강화기법으로는 칭찬, 스킨십, 미소 지어 주기 등이 있으며, 개별 유아에 따라 강화기법의 효과는 다를 수 있으므로 적절히 사용하는 것이 좋다. 소거기법으로는 타임아웃, 벌주기 등이 있으며, 이 중 타임아웃(time-out) 기법이 가장 많이 사용된다. 타임아웃 기법은 문제행동을 한 영유아를 다른 영유아와 분리하여 교실 내 한쪽 조용한 공간에 격리하여 잠시 머무르도록 하는 것이다. 긍정적 효과로는 과도한 감정적 표출이 되지 않기 때문에 교사와 영유아 간의 신뢰관계를 유지하면서 문제행동을 중재시킬 수 있는 면이 있다(Quinn, Osher, Warger, Hanley, Bader, & Hoffamn, 2000). 부정적 효과로는 격리된 시간을 의미 있게 영유아가 사용하지 못하는 경우, 교사의 권력에 의해 영유아의 권리가 박탈당하는 행위로, 이는 자아존중감 형성에 부정적 영향을 미칠 수 있는 측면이 있다(Gonzalez-

Mena, 2002). 따라서 긍정적 측면을 기대하기 위해서 세심한 지도가 필요하다 (Barbara & Rasminsky, 2003).

올바른 타임아웃(time-out) 지도 방법

- 학기 초 타임아웃 방법에 대한 안내
  - 타임아웃의 필요성과 방법에 대한 안내 및 교사의 시범 보이기
  - 타임아웃 사용은 영유아 스스로 화가 났을 때, 생각할 시간이 필요할 때 등 자발적으로도 사용 가능함을 알려 주기
  - 타임아웃을 받고 있을 때, 다른 영유아들의 태도에 대해서도 이야기 나누기 (예: 생각하는 시간을 방해하지 않기)
- 타임아웃 시간
  - 영유아의 나이에 적절한 시간 운영(만 1세의 경우 1분, 1년씩 1분 증가)
  - 영유아 스스로 시간 확인이 가능하도록 근처에 타이머를 두기
- 타임아웃 동안 생각할 내용
  - 잘못된 행동이 무엇이고, 그 상황에서 어떻게 행동했어야 했는지 생각하기
  - 호흡 조절, 눈 감고 생각하기 등을 통해 정서 조절하기
- 타임아웃 장소
  - 고립된 장소가 아닌, 교실 내 위치 확인이 가능한 조용한 장소
- 타임아웃 마무리
  - 교사는 영유아가 생각한 결과를 들어주고, 따뜻하게 안아 주기

(2) 예방을 위한 실제

문제행동을 관찰하고, 기록함으로써 문제행동의 원인이 되는 환경적 측면을 분석하여, 이에 대한 수정이나 적절한 규칙을 만들어 제시하는 것이 이에 속한다 (Barbara & Rasminsky, 2003).

예를 들어, 쌓기영역 내 특정 놀잇감과 관련하여 지속적 문제행동이 일어난다면, 놀잇감의 수를 늘리거나, 놀잇감을 가지고 사이 좋게 놀이하는 규칙을 유아들과 함께 만들어 제시할 수 있다.

(3) 사회정서 전략

문제행동 발생 시, 자신과 타인의 정서 인식과 정서 조절에 대한 교육을 포함하여, 감정이입 및 대인관계기술을 교육하는 것을 의미한다(Barbara & Rasminsky, 2003; Nagin & Tremblay, 2001). 대부분 문제행동을 일으키는 영유아는 사회정서 전략이 부족하여 문제가 일어난 상황에서 타인의 감정에 대한 이해가 부족하며, 적절한 대안행동이 무엇인지도 인지하지 못한다. 그러므로 문제 상황에서 다음과 같이 사회정서 전략을 발달시킬 수 있도록 도와야 한다.

교사는 가장 먼저 문제행동을 일으킨 영유아의 정서를 인식하여 공감해 주어야 한다. 그리고 관련한 유아 모두에게서 이야기를 들어 상황 파악을 해야 한다. 그 뒤 상대방 영유아의 정서가 어떨지 서로 감정이입하도록 도와야 하며, 올바른 대인관계기술에 따른 대안행동이 무엇인지 질문하고, 대답을 못하는 경우 교실 내 규칙과 관련하여 알려 주어야 한다(Nagin & Tremblay, 2001; Quinn et al., 2000). 이러한 지속적 노력을 통해 영유아의 사회정서 전략을 발달시킬 수 있다.

(4) 개별화된 중재

영유아의 가정과 협력하여 체계적인 문제행동 중재계획을 세우고, 때에 따라 전문가와 상의할 수 있다(Barbara & Rasminsky, 2003). 이를 통해 가정환경의 변화까지 도모할 수 있다.

수업 후 실습

학습 이해를 위한 조별 토의

✿ 유아들의 문제행동 상황을 만들고, 교사의 문제행동 지도를 계획해 보세요.

생각에 도움이 될 만한 질문

- 문제행동 유형들은 무엇이 있었나요?
- 문제행동 원인들은 무엇이 있었나요?
- 문제행동 지도 방법들에는 무엇이 있었나요?

학습 기억을 위한 조별 실습

✿ 앞서 토의한 내용을 토대로 교사와 유아가 되어 조별로 계획한 문제행동 상황 및 해결과정을 실천해 보세요.

역할극을 보며 생각해 보세요.

- 문제행동 유형은 무엇인가요?
- 문제행동 원인은 무엇인가요?
- 교사가 실천한 문제행동 지도 방법은 무엇이며, 적절하다고 판단되나요?

Chapter

09

영아 안전한 생활습관

이 장은 예비교사들로 하여금 영아의 안전한 생활습관 형성을 돕는 효과적 지도능력을 기르도록 돕고자 한다. 영아는 의사소통능력이 발달하지 않아 대부분 교사나 양육자들이 영아를 대상으로 안전교육을 실시하려고 하기보다는 안전한 환경을 만들어 제공하고자 노력하는 데 초점을 맞춘다. 하지만 영아에게 완전히 안전한 환경을 만들어 제공하는 것은 불가능하다고 할 수 있다. 따라서 영아를 위한 안전교육 내용 및 방법을 이해하고, 이를 적용함으로써 영아가 안전한 생활습관을 형성할 수 있도록 도울 수 있어야 하겠다.

학습목표

영아 대상 안전한 생활습관 형성을 위한 교육 내용 및 교육 방법을 설명할 수 있다.

수업 전 실습

학습 동기화를 위한 조별 토의

✿ 더운 여름 선풍기 앞에서 놀고 있는 영아, 영아가 손가락을 선풍기 안으로 넣으려고 합니다. 어떻게 안전교육을 해야 할까요?

생각에 도움이 될 만한 질문

- 환경의 변화 없이 선풍기를 그대로 둔 채, 어떻게 안전교육을 할 수 있을까요?

I. 영아 안전의 위험 요인

영아 안전의 위험 요인은 발달의 특성이 주된 원인이며, 영아 주변의 위험한 환경이라고 할 수 있다. 구체적으로 영아 안전의 위험 요인을 살펴보면 다음과 같다.

1) 안전에 취약한 영아 발달 특성

영아는 발달 특성상 안전사고에 자주 노출된다. 신체 기능의 미성숙과 왕성한 탐구심이 서로 균형을 이루지 못하고, 의사소통능력이 미숙하여 더욱 위험에 노출될 가능성이 크다고 할 수 있다.

이러한 영아의 발달 특성으로 인한 대표적 위험한 사고는 다음의 2가지이다.

(1) 흔들린 아이 증후군

흔들린 아이 증후군(Shaken Baby Syndrome: SBS)은 만 2세 이하의 영아를 심하게 흔드는 행위를 지속적으로 할 경우 발생하는 현상이다. 만 2세 이하의 영아는 발달 특성상 뇌가 아직 두개골에 고정되지 못하였기 때문에 영아를 심하게 흔드는 경우 영아의 뇌가 뇌골격과 충돌이 생겨 뇌출혈, 뇌부종 등이 발생한다. 이로 인해 영아는 두통을 호소하여 칭얼대고, 구토를 한다. 심각한 경우 망막출혈, 시력상실, 발달지체, 학습장애, 뇌성마비, 사망에 이르게 된다.

미국에서는 매년 1,000명 정도가 '흔들린 아이 증후군'으로 사망하는 것으로 알려졌다. 이를 예방하기 위해서는 영아 대상 안전 지도의 접근보다는 양육자나 교사의 주의가 필요하다고 할 수 있다. 따라서 영유아 교사는 부모를 대상으로 '흔들린 아이 증후군'의 위험성을 교육하는 것이 중요하다.

흔들린 아이 증후군 원인

뇌가 두개골에 고정되지 않아 영아를 심하게 흔드는 경우 머릿속 뇌가 두개골에 부딪혀 발생한다.

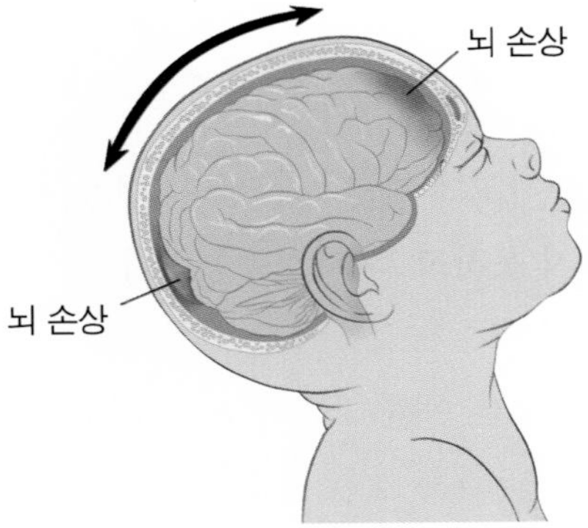

흔들린 아이 증후군 방지법

만 2세 이하의 영아들은 물리적으로 세게 힘을 가하지 않더라도, 일상생활에서 머리에 충격을 받을 수 있다. 전문가들은 양육자들의 다음과 같은 행동을 조심해야 한다고 경고한다.

아이를 공중으로 던지거나
위로 들어 '비행기'를 태우는 행위

아이를 업고 뛰어다니는 행위

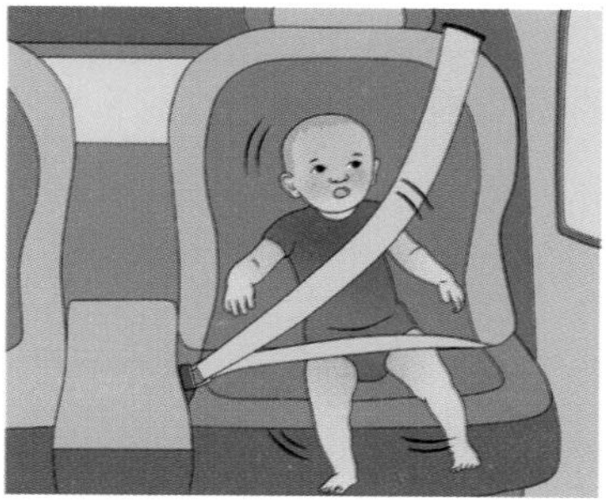

안전한 카시트 없이 몸이
흔들리는 상태로
차에 태우는 행위

아이를 달래거나 타이른다고
몸을 흔드는 행위

왼쪽보다는 오른쪽 카시트가 머리를 안정적으로 받쳐 주는 장치가 있어 안전함

(2) 영아 돌연사 증후군

영아 돌연사 증후군(Sudden Infant Death Syndrom: SIDS)이란 생후 5개월 이하의 영아 사망 중 가장 높은 비율을 차지하는 사고로 영아가 갑자기 사망하는 것을 의미한다. 사망의 정확한 원인이 아직 밝혀지지 않아 돌연사 증후군으로 불린다. 그럼에도 불구하고 주로 언급되는 원인들로는 임신 중 어머니의 흡연이나 약물 복용, 영양 부족, 수면환경 등이다.

이들 중 미국소아과학회가 주의를 기울이도록 강조해 온 것은 수면환경이다. 생후 5개월 이하인 경우는 일반적으로 목 가누기 신체능력이 완전히 발달하기 이전이라고 할 수 있다. 따라서 잘못된 수면 자세로 인해 영아가 질식사했을 가능성이 높다고 보는 것이다. 실제로 사망한 아동의 90~95%가 수면 중이었기 때문이다. 그러므로 영아 돌연사 증후군을 예방하기 위해서는 안전한 수면환경을 만드는 다음의 주의가 필요하다(미국국립소아건강 및 인간개발연구소, 2017).

- 자세: 낮잠이나 밤에 재울 때 영아의 등이 바닥에 닿도록 바로 눕혀 재운다.
- 침구: 푹신한 이불과 베개 사용은 좋지 않다.
- 위치: 부모와 가까이 위치해도 상관없지만, 분리된 침구를 사용해야 한다.
- 주변: 수면환경 주변에 푹신한 인형이나 다른 침구가 가까이 놓여 있지 않도록 한다.
- 압력: 영아의 심장을 누르는 압력도 위험하다. 따라서 부모가 영아의 가까이에서 잠을 자게 되는 경우 부모의 손을 영아 가슴에 올려 두고 잠들지 않도록 주의해야 한다. 또한 이불을 덮어 줄 때도 무게감 있는 이불이 아동의 심장을 누르지 않도록 주의하는 것이 좋다.

영아 돌연사 증후군(Sudden Infant Death Syndrome: SIDS)

- **의미**: 만 1세 미만의 영아가 갑작스럽게 사망한 경우를 의미한다.
  대부분 목 가누기 운동능력 발달 전(前)인 생후 4개월 이전에 많이 발생한다.
- **원인**: 사망 원인은 주로 적절하지 못한 수면환경에 의해 초래된 질식, 목조임, 심장성 부정맥 등으로 그 원인이 진단되나 구체적 증거가 명확하지 않고, 충분한 정보수집이 어려워 돌연사 증후군이라고 언급된다.
- **대처방안**: 안전한 수면환경을 마련하는 것이 요구된다.
  - 등을 바닥에 대고 똑바로 눕혀 재운다.
  - 얼굴이 파묻힐 수 있는 푹신한 이불이나 베개 등의 침구 사용을 금한다.
  - 얼굴이 파묻힐 수 있는 푹신한 인형이나 놀잇감을 아이 주변에 두지 않는다.
  - 성인과 함께 수면을 취할 경우, 성인의 손등이 아이의 심장에 압박이 될 수 있으므로 수면을 취하는 동안 아이의 가슴 부위를 압박하지 않도록 주의한다.

※ 아래 그림에서 위험하다고 판단되는 것을 모두 찾아보시오.

예쁜 두상 만들기와 영아 수면 자세

아기의 두상을 예쁘게 만들기 위해 영아들을 옆으로 눕혀 재우거나, 엎드려 재우는 부모들이 있다. 이는 영아 돌연사 우려가 있는 매우 위험한 행동이라고 할 수 있다.

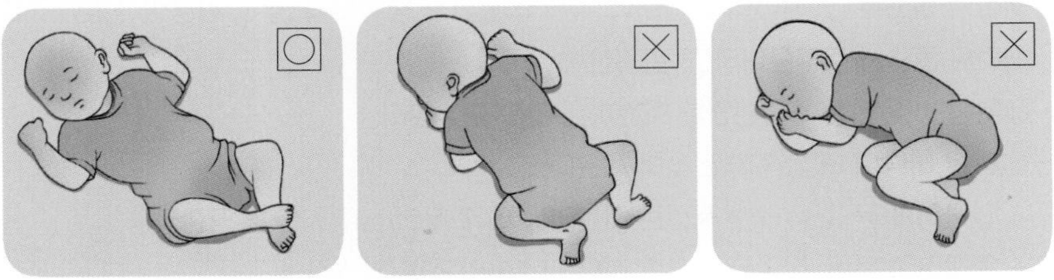

영아를 재울 때에는 왼쪽의 그림처럼 똑바로 눕혀 재워야 한다. 엎어서 재우거나(가운데 그림), 옆으로 눕혀 재울 경우(오른쪽 그림) 영아 돌연사 증후군이 발생할 가능성이 상대적으로 높다.

2) 위험한 환경

영아 주변의 위험한 환경도 영아의 발달 특성으로 인해 더욱 위험할 수 있다. 하지만 완전히 안전한 환경을 제공하는 것이 어려우므로 위험한 환경이 무엇인지 파악하고, 대처하는 노력이 중요하다.

영아의 안전을 위협하는 환경은 다음과 같다.

(1) 질식사고를 유발하는 환경

질식사고를 유발하는 지름 3.5cm 이하의 놀잇감이나 음식물(사탕, 젤리 등), 블라인드의 기다란 끈이나 늘어뜨려져 있는 전선, 세제나 약품, 여성 화장품 등이 주로 영아의 질식사고를 유발할 수 있다.

질식사고를 유발하는 환경

지름이 3.5cm 이하인 물건을 영아가 삼켰을 때 기도가 막혀 질식사고가 일어날 수 있다.

영아 놀잇감 중 인형의 눈알이나 단추가 헐렁해서 빠진 경우에도 질식사고에 위험 요인이 될 수 있다. 또한 블록의 구성품 중에서도 지름이 3.5cm 이하인 것은 위험할 수 있으므로 주의가 필요하다.

영아들이 먹을 수 있는 음식 중 동그란 알사탕이나 한입 크기의 떡과 과일(방울토마토, 체리 등)도 질식사고의 위험 요인이 될 수 있으므로 주의가 필요하다.

영아 질식사고 대처법

질식사고가 난 경우, 다음과 같이 대처할 수 있다.

1. 영아의 발바닥을 두드려 의식을 확인하고, 119에 도움을 청한다.
2. 영아의 얼굴이 아래를 향하게 한 후, 성인의 손 아랫부분으로 등을 5회 두드린다.

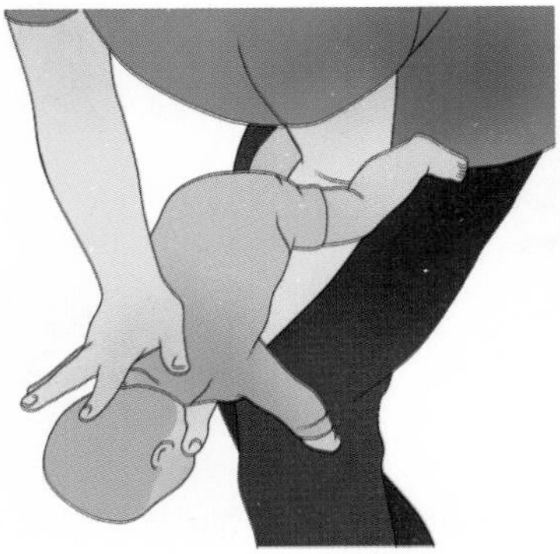

3. 영아를 뒤집어 머리가 아래로 향하게 안고, 가슴의 중앙을 성인의 검지와 중지로 4cm 깊이 5번 누른다.

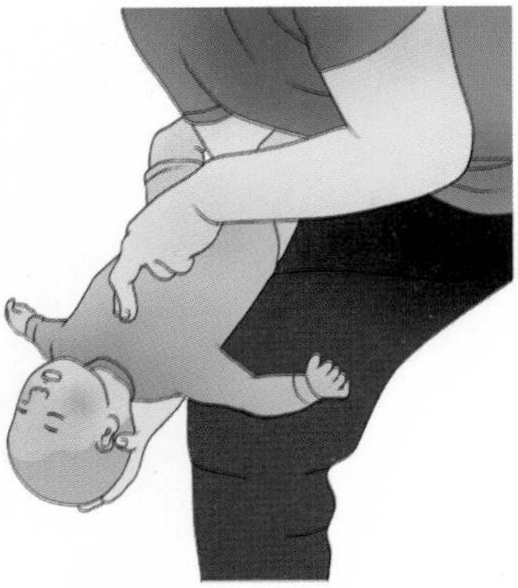

4. 이물질이 나올 때까지 등 두드리기 5회와 가슴 압박 5회를 반복한다.

(2) 끼임, 베임사고를 유발하는 환경

주로 문틈, 서랍 틈, 가구 틈이나 선풍기 날개, 날카로운 도구(가위, 칼, 연필), 파손된 놀잇감은 영아의 끼임과 베임사고를 유발할 수 있다.

끼임과 베임사고를 유발하는 환경

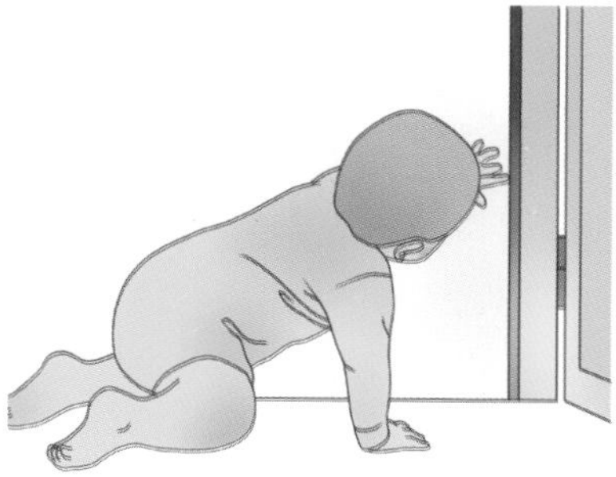

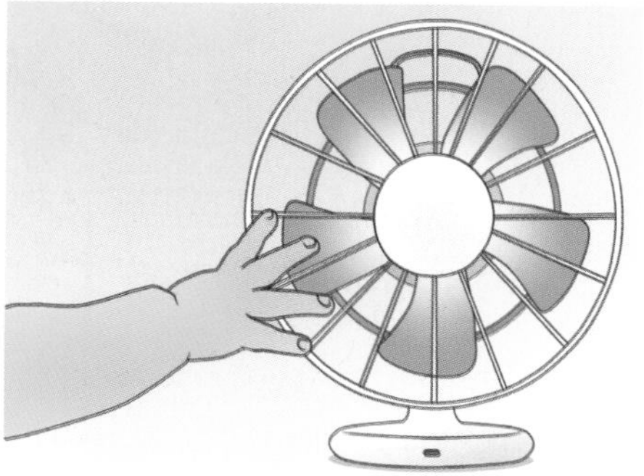

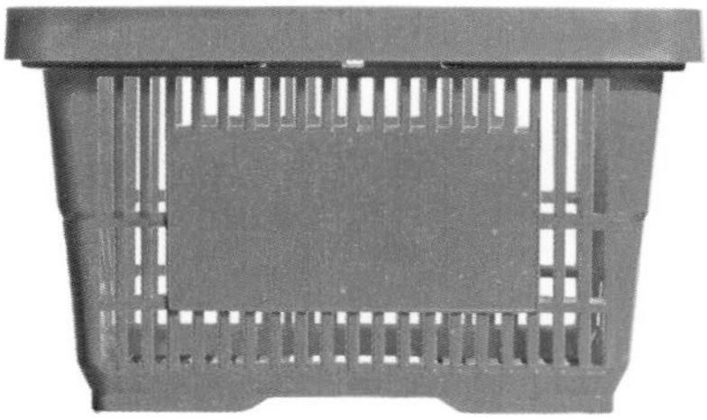

문이나 서랍, 가구 틈에 손이 끼이는 사고가 발생할 수 있고, 선풍기 날개에 손이 끼이거나 다치는 사고가 발생할 수 있다. 또 플라스틱 재질의 놀잇감이나 바구니 등이 파손된 경우에도 영아에게 베임사고가 생길 수 있으므로 주의가 필요하다.

(3) 추락 및 충돌사고를 유발하는 환경

베란다 창틀 및 창문 아래 놓인 가구(밟고 올라갈 수 있는), 침대나 소파 위, 탁자나 책상의 뾰족한 모서리, 식탁이나 책상 위 물건 낙하, 책장이나 선반의 물건 낙하를 통해 영아가 추락 및 충돌사고를 당할 수 있다.

추락 및 충돌사고를 유발하는 환경

창문이나 창틀 아래 영아가 올라갈 수 있는 가구를 진열해 놓은 경우, 추락사고의 위험이 있다.

책상이나 탁자의 뾰족한 모서리도 영아 충돌 사고의 위험 요인이 될 수 있으므로 주의가 필요하다.

책상이나 식탁 위에 놓인 물건이나 책장에 놓인 물건들이 영아의 손에 닿아 영아 위로 떨어져서 영아와 충돌할 위험성이 있으므로 주의해야 한다.

(4) 화상사고를 유발하는 환경

주방에 있는 뜨거운 그릇이나 도구가 영아 손에 닿는 위치에 놓인 경우, 바닥에

화상사고를 유발하는 환경

다음의 경우에는 화상사고에 대한 위험이 있으므로 주의를 해야 한다.

전기밥솥이나 커피포트의 뜨거운 증기를 쐬게 되는 경우

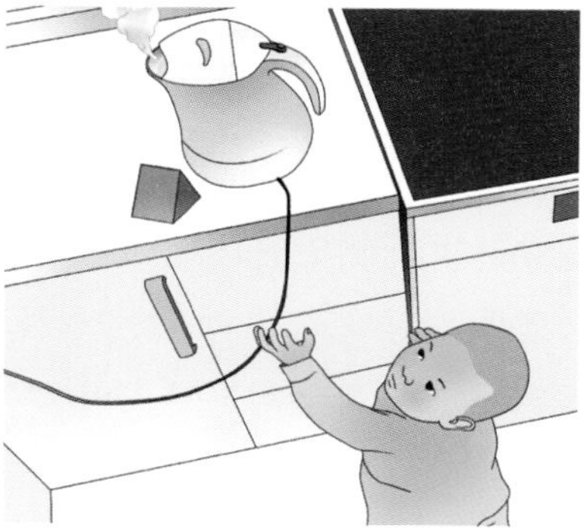

주방에 뜨거운 그릇이나 도구가 영아 손에 닿는 위치에 놓인 경우

바닥에 뜨거운 다리미 등을 놓아둔 경우

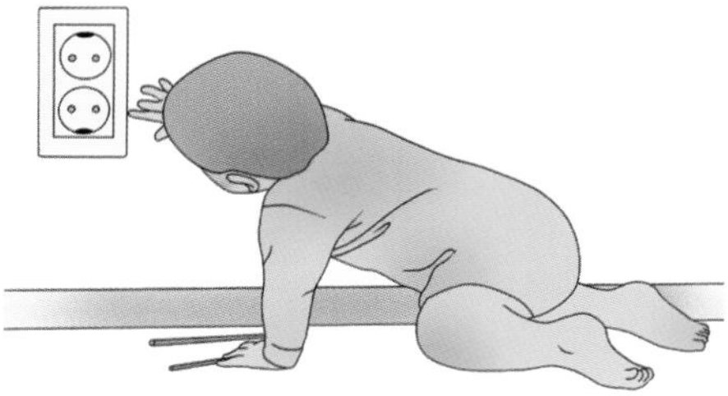

전기 콘센트 구멍이 개봉된 경우

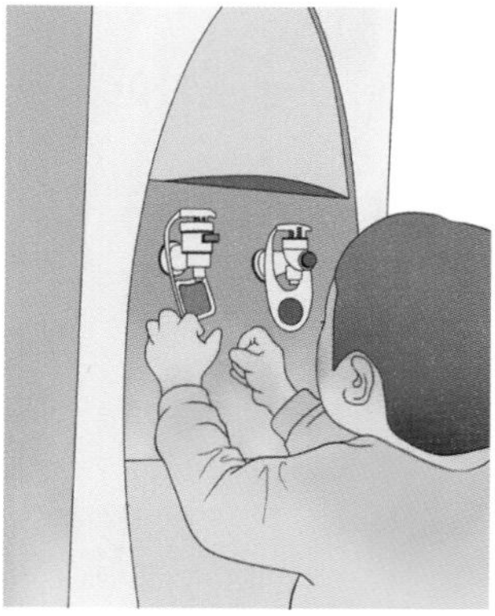

정수기의 뜨거운 물 사용에 대한 안전장치를 해 놓지 않은 경우

뜨거운 다리미 등을 놓아 둔 경우, 정수기의 뜨거운 물 사용에 대한 안전장치를 해 놓지 않은 경우, 전기밥솥이나 커피포트의 뜨거운 증기를 쐬게 되는 경우, 전기 콘센트 구멍에 손가락을 넣거나 젓가락을 넣어 비비는 등의 행동을 하는 경우 영아가 화상사고를 당할 수 있다.

2. 영아 안전교육 내용

앞서 살펴본 영아 안전의 위험 요인 중 흔들린 아이 증후군, 돌연사 증후군과 같이 교사나 양육자가 그 위험성을 알고 주의를 기울여 하는 것 이외에 영아에게 위험함을 알려야 하는 안전교육 내용이 있다. 즉, 영아 주변 환경에서 영아의 질식사고나 끼임과 베임사고, 추락 및 충돌사고, 화상사고를 일으킬 수 있는 위험한 환경 요인이 무엇이며, 왜 위험한지 알려 주는 것이 필요하다.

따라서 영아 대상 안전교육을 위해 교사나 양육자는 영아 주변 환경에서 위험한 환경 요인을 찾는 노력이 필요하며, 또한 위험한 환경 요인에 대해서도 영아의 접근이 전혀 수용 불가능한 것인지, 어른의 도움으로 영아가 접근하여 안전한 탐색이 가능한 것인지 고려해야 한다.

가능하다면 어른의 도움으로 영아의 접근이 가능하도록 허용하는 것이 좋으나, 영아의 접근이 수용 불가한 경우에는 반드시 안전교육의 내용으로 삼아 교육을 실시해야 한다.

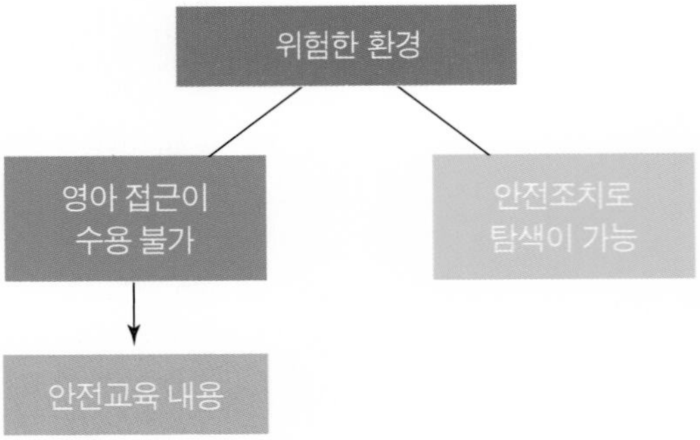

[그림 9-1] 영아 안전교육의 내용

어른의 도움(안전조치)으로 안전한 탐색이 가능한 경우

탁자 뾰족한 모서리의 경우 충돌사고를 일으킬 수 있는 위험한 환경 요인이다.

하지만 모서리 보호대를 붙여서 영아의 안전한 탐색을 도울 수 있다.

수용 불가능한 경우

칼이나 가위 등과 같이 그 자체로 위험한 환경 요인에 대해서는 영아의 접근을 수용해서는 안 되며, 반드시 안전교육의 내용으로 삼아야 한다.

3. 영아 안전교육 방법

양수영(2017)이 개발한 뇌 기반 영아 안전교육 방안에 따라 방법을 살펴보면 다음과 같다. 앞서 안전교육이 필요한 내용이 무엇인지 살펴보았고, 영아의 접근이 수용 불가능한 경우에는 영아가 접근하는 초기부터 반복적으로 다음 4단계의 안전교육을 실시할 수 있어야 한다.

1) 1단계: 접근 순간에 즉각적으로 '위험해!'라고 엄격하게 말하기

영아가 접근하는 위험한 환경에 대해 정서적으로 두려움을 느끼고 경계태세를 가지도록 하는 것이 필요하다.

영아의 뇌는 정서적 기능을 담당하는 변연계(limbic system)가 성숙 중이며, 성숙된 변연계를 기반으로 인지 기능을 담당하는 대뇌피질이 발달하고 있으므로 변연계에 위치한 편도체(amygdala)를 우선 자극하는 것이 필요하다. 대뇌피질은 편도체를 통해 위험 요소에 대한 정서적 인지를 하고, 행동학습을 하게 된다(Aamodt & Wang, 2012; Gazzaniga, Ivry, & Mangun, 2009). 즉, 영아의 감정 중추인 편도체를 성인의 '위험해!'라는 엄격한 소리를 통해 자극함으로써 영아가 접근하려는 환경에 대해 주저하고 자신의 탐색행동을 멈추게 할 수 있다.

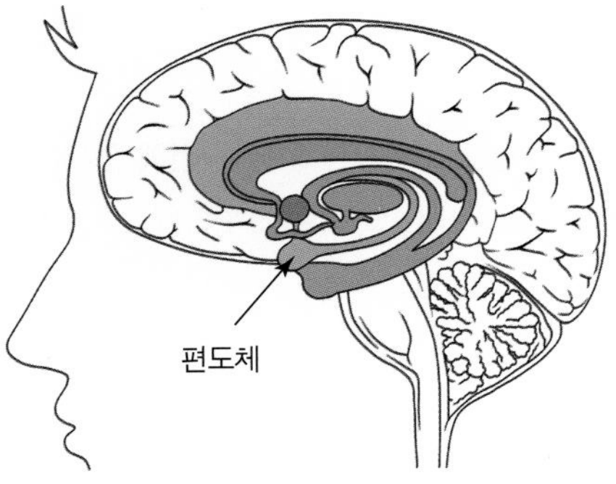

[그림 9-2] 변연계의 편도체

2) 2단계: 위험한 이유를 몸짓과 표정을 활용해 설명하기

영아의 뇌는 환경에 대한 인지적 학습 및 판단을 위해 우선 외부 환경으로부터의 감각 경험이 변연계의 시상(thalamus)으로 모아지고, 편도체의 정서적 판단과 함께 대뇌피질로 보내진다. 즉, 영아는 어떤 경험에 대한 정서적인 이해를 바탕으로 대뇌피질을 활용하여 고차원적 학습을 하게 된다(양수영, 2013; Aamodt & Wang, 2012; Gazzaniga et al., 2009). 따라서 영아가 접근하려던 대상에 두려움을 느끼게 하고 경계태세를 갖추게 한 후, 그다음 단계에서 영아에게 왜 그것이 위험한지 몸짓이나 표정을 통해 이해시켜 주는 노력이 필요하다. 이를 통해 대뇌피질 내 환경에 대한 이해를 추가할 수 있다.

의사소통이 불가능한 영아에게도 몸짓이나 표정으로 충분히 소통이 가능하다. 따라서 몸짓과 표정을 사용해 위험한 사물이나 환경을 구체적으로 가리키며 설명하는 것이 필요하다.

3) 3단계: 안아 주기

영아기는 주로 변연계(limbic system)가 성숙하는 과정에 있으므로, 정서에 기초하여 자아를 비롯한 주변을 이해하므로 양육자와의 애착 형성이 매우 중요하다(김경철, 홍정선, 2008; 양수영, 2013). 이에 따라 안전교육을 하는 과정 중에도 애정적 상호작용이 지속적으로 이루어지도록 노력해야 한다(MacLaughlin, Gillespie, & Parlakian, 2017).

따라서 영아에게 '위험해!'라는 엄격한 말소리를 들려주고 난 후에는 영아가 양육자에게도 정서적으로 두려움을 느낄 수 있으므로 위험한 이유를 설명해 준 이후에는 영아를 꼭 안아 주어 정서적으로 달래 주도록 한다.

4) 4단계: 반복과 긍정적 강화

영아의 기억력은 매우 짧기 때문에 이후 접근을 시도할 때마다 기억 전략을 사용하여 기억중추인 해마(hippocampus)에서 위험 요소를 기억하도록 해야 한다

(Aamodt & Wang, 2012). 이때 기억 전략으로 활용 가능한 것 중의 하나는 반복이다(권경숙, 박지영, 2010; 양수영, 2013). 즉, 영아가 위험 요소에 접근할 때마다 1~3단계의 안전교육을 반복함으로써 영아가 기억하도록 도울 수 있다. 그리고 또 다른 기억 전략은 긍정적 강화기법인 칭찬이다(양수영, 2013; Aamodt & Wang, 2012; MacLaughlin et al., 2017). 영아가 위험 요소에 대해 안전하게 대처하는 행동, 즉 피하기 등의 행동을 한 경우에는 긍정적 정서 경험으로 칭찬을 해 줄 수 있다. 칭찬을 통해 안전한 대처행동이 강화될 수 있다.

이렇게 영아로 하여금 안전교육을 지속적으로 기억하도록 하기 위해서는 기억 전략으로서 안전교육의 반복 수행과 위험 요소에 대한 안전한 대처행동을 실천한 경우 긍정적 강화로서 칭찬을 해 줄 수 있다.

교육이 끝난 이후에는, 영아의 호기심을 다른 곳으로 돌리기 위한 놀잇감 등을 제시하는 것도 좋다.

4. 제4차 표준보육과정에 제시된 영아기 안전한 생활습관 교육

표준보육과정의 6개의 영역 중 안전한 생활습관 교육과 관련된 영역은 '기본생활' 영역이며, 하위 내용 범주 가운데 안전한 생활습관 교육과 관련된 내용 범주는 '안전하게 생활하기'이다. 따라서 보건복지부(2020)에 제시된 영아기 연령별 안전한 생활습관 교육방안에 대해 살펴보면 다음과 같다.

1) 0~1세 영아를 위한 안전한 생활습관 교육

'안전하게 생활하기' 내용 범주에 안전한 생활습관 교육 관련 내용은 3개가 있다.

내용 범주	내용
안전하게 생활하기	• 안전한 상황에서 놀이하고, 생활한다. • 안전한 상황에서 교통수단을 이용해 본다. • 위험하다는 말에 주의한다.

각각 내용별로 교육방안을 살펴보면 다음과 같다.

(1) 안전한 상황에서 놀이하고, 생활한다.

'안전한 상황에서 놀이하고, 생활한다.'는 영아가 안전한 상황과 장소에서 놀이하고 놀잇감을 안전하게 사용하며 안전하게 생활하도록 도와야 한다.

영아가 생활하는 환경을 안전하게 하고 안전한 상황에서 놀이하도록 지원해야 하며, 영아가 놀잇감을 올바르게 사용하게 하여 안전하게 놀이할 수 있도록 도와야 한다. 만 2세 미만의 영아는 무엇이든 입에 넣는 본능이 있기 때문에 주위의 작은 물건을 삼키는 등 이물질 흡입에 의한 질식사고가 많다. 따라서 교사는 영아가 삼킬 수 없을 정도로 충분히 크고 모서리가 날카롭지 않으며 독성이 없는 놀잇감을 제공하여 영아가 놀잇감을 안전하게 탐색하도록 해야 한다.

실내외 놀이 장소에서도 영아가 안전하게 놀이할 수 있도록 도와야 한다. 영아가 안전하게 놀이하도록 하기 위해서 교사는 영아가 놀이하는 환경에 위험한 물건이 없는지 확인하고 안전한 상황과 장소에서 놀이하도록 늘 세심하게 주의를 기울여야 한다.

(2) 안전한 상황에서 교통수단을 이용해 본다.

'안전한 상황에서 교통수단을 이용해 본다.' 는 어린이집 등 · 하원 시 차량을 이용하는 경우에는 반드시 안전 장구를 착용하도록 지도해야 하며, 가정에서도 영아가 차량을 이용할 때는 안전 장구를 착용하여 교통안전을 중시하는 습관을 들이도록 해야 한다. 또한, 흔들린 아이 증후군을 방지할 수 있는 안전 장구를 선택해야 한다.

(3) 위험하다는 말에 주의한다.

'위험하다는 말에 주의한다.'는 여러 가지 위험한 상황에서 영아가 위험하다는 것을 느끼고 이에 반응하도록 지도해야 한다. 이를 위해 영아가 위험하다는 말을 알아듣고 이에 반응을 보이도록 지도해야 한다. 영아가 위험한 상황에 처했을 때 교사가 위험하다고 말해 주면 영아가 이를 알아듣고 행동을 멈추거나 조심하는 등 반응을 보인다. 따라서 교사는 영아에게 위험한 것이 무엇이고, 위험한 물건과 위험한 장소가 어떤 것인지에 대해 알게 해서, 영아가 함부로 만지거나 가까이 가지 않고 주의하도록 지도해야 한다.

2) 2세 영아를 위한 안전교육

기본생활영역 중 '안전하게 생활하기' 내용 범주에 안전교육 내용이 포함되며, '안전하게 생활하기'에는 3개의 교육 내용이 있다.

내용 범주	내용
안전하게 생활하기	• 일상에서 안전하게 놀이하고, 생활한다. • 교통수단을 안전하게 이용해 본다. • 위험한 상황에 대처하는 방법을 경험한다.

(1) 일상에서 안전하게 놀이하고, 생활한다.

'일상에서 안전하게 놀이하고, 생활한다.'는 영아가 실내외 여러 가지 놀이기구나 놀잇감을 안전하게 사용하고, 안전한 장소에서 놀이하는 태도를 형성하도록 지도해야 한다. 따라서 영아에게 실내외 놀이기구나 놀잇감의 올바른 사용법을 놀이하기 전에 미리 알려 주어 안전하게 놀이할 수 있도록 지도해야 한다. 또한 실내외 장소에서 안전하게 놀이할 수 있도록 안전사고 위험 요인들이 미리 제거된 안전한 놀이 공간과 시설을 제공해야 하며, 위험한 장소에 대해서도 알려 주어 위험을 인지하도록 해야 한다.

(2) 교통수단을 안전하게 이용해 본다.

'교통수단을 안전하게 이용해 본다.'는 영아가 교통수단의 위험을 알고 사고의 위험으로부터 자신을 보호하기 위해 필요한 교통안전을 알도록 지도해야 한다. 영아가 접할 수 있는 기본적인 교통수단의 안전한 이용 방법과 위험에 대해서 알도록 지도해야 한다. 어린이집 등·하원 시 또는 가정에서 이용하는 차량이 유익한 교통수단인 반면 안전을 위협할 수도 있다는 것을 설명하여 영아가 교통수단의 위험을 알도록 지도해야 한다.

(3) 위험한 상황에 대처하는 방법을 경험한다.

'위험한 상황에 대처하는 방법을 경험한다.'는 영아가 처할 수 있는 여러 가지 위험한 상황과 위험한 것에 대해서 알고 조심하며, 위험한 상황이 발생했을 때 어른의 지시에 따를 수 있도록 지도해야 한다. 이를 위해 영아에게 위험이 될 수 있는 여러 가지 상황과 위험 요인에 대해 알도록 해야 하며, 여러 가지 재난과 사고, 화재, 학대, 유괴 등 비상 상황의 위험에 대해 알도록 지도해야 한다.

또한, 영아가 위험한 상황을 인지할 뿐만 아니라 이를 조심할 수 있게 지도해야 한다. 만 2세 영아는 이동능력이 커지고 호기심이 왕성한 반면 위험을 잘 모르기 때문에 사고에 취약하다. 그러나 지속적인 감독과 안전교육이 제공될 경우, 주변 환경의 위험에 대해 알게 되고 주의를 기울일 수 있게 된다. 그러므로 교사는 영아에게 주변 환경의 다양한 위험 요인과 상황에 대해 지속적으로 안전교육을 함으로써 영아가 위험을 인지하고 조심하도록 지도할 수 있다.

그리고 영아가 위험한 상황에 처했을 때 적극적으로 대처하는 것이 어려우므로 어른의 지시에 따라 행동하여 위험에 대처할 수 있도록 지도해야 한다.

수업 후 실습

학습 이해를 위한 조별 토의

✿ 영아 안전을 위해 강의실 내에서 수용 불가능한 위험한 요인을 1개 찾아보고, 영아가 만약 이 요인에 접근을 한다면 어떻게 안전교육을 할 수 있는지 계획해 보세요.

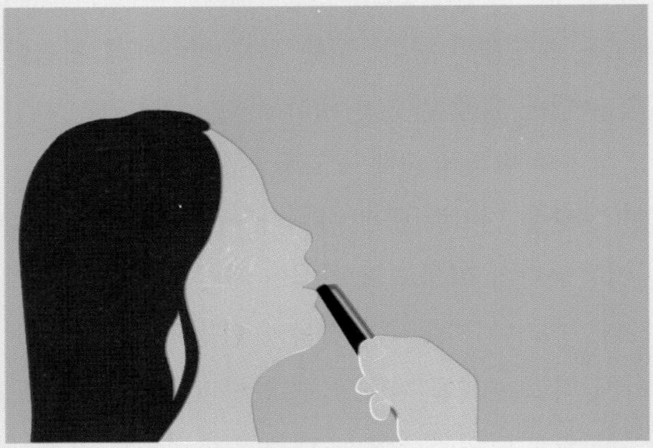

생각에 도움이 될 만한 질문

- 위험한 요인은 수용 불가능한 것인가요?
- 안전교육 방법의 4단계는 무엇인가요?

학습 기억을 위한 조별 실습

✿ 앞서 토의한 내용을 토대로 교사-영아가 되어 조별로 계획한 안전교육을 실천해 보세요.

✿ 역할극을 보며 생각해 보세요.

- 선정된 위험한 요인은 수용 불가능한 것인가요?
- 안전교육 방법대로 교육이 잘 이루어졌나요?

Chapter

10

유아 안전한 생활습관

이 장은 예비교사들로 하여금 유아의 안전한 생활습관 형성을 돕는 효과적 지도능력을 기르도록 돕고자 한다. 유아는 신체 움직임이 매우 활발해지고, 영아에 비해 어른의 통제가 약한 편이며, 아직 자신의 주변 환경이나 자신에게 일어나는 사건에 대한 충분한 이해가 부족하여 안전사고의 위험에 노출되어 있다. 따라서 유아 대상 안전교육 내용과 교육 방법을 이해하고, 이를 적용함으로써 유아가 안전한 생활습관을 형성할 수 있도록 도울 수 있어야 하겠다.

학습목표

유아 대상 안전한 생활습관 형성을 위한 교육 내용 및 교육 방법을 설명할 수 있다.

수업 전 실습

학습 동기화를 위한 조별 토의

✿ 실외놀이시설에서는 어떤 안전사고들이 일어날 수 있을까요?
이를 대비하여 어떤 내용들을 포함하여 안전교육을 해야 할까요?
(미끄럼틀, 그네, 오르기 기구, 시소 중 1가지를 선택해서 생각해 보세요.)

생각에 도움이 될 만한 질문

- 유아가 놀이하는 과정에서 행하게 되는 위험한 놀이 행동은 무엇이 있을까요? 왜 위험할까요?

I. 유아 안전의 위험 요인

영아의 안전사고 위험 요인과 더불어 유아의 발달 특성을 고려하여 위험 요인이 무엇이 있는지 먼저 살펴보아야 한다.

1) 안전에 취약한 유아 발달 특성

유아는 영아에 비해 신체 움직임이 활발해져 동적 활동을 즐기나, 그에 비해 정교한 신체조절능력인 동작의 정교성, 유연성, 민첩성 등이 완전히 발달하지는 못하였다. 또한 영아에 비해 많은 자율성과 주도성이 허락되어 교사의 통제가 비교적 약하다. 또한 많은 수의 유아가 제한된 환경을 함께 사용하지만, 유아들은 아직 공유하기, 질서 지키기, 배려하기와 같은 친사회성이 충분히 발달하지 못해 여러 가지 위험 사고가 발생할 가능성이 높다.

또한 상호작용하는 환경이 영아에 비해 매우 확대되어, 위험한 요인을 예측하여 모든 안전교육을 실시한다는 것이 불가능하다. 따라서 유아 발달 특성에 따른 유사한 사례를 찾도록 함으로써 안전교육의 범위를 넓히는 노력이 필요하겠다.

2) 실내놀이환경

(1) 공간

유아의 안전을 위해서는 넓고 개방적인 동적 공간이 확보되어야 한다. 동적 움직임이 활발한 유아에게 좁은 공간은 오히려 활동의 방해가 되는 요소가 많아 충돌 사고를 일으킬 수 있다. 그러므로 자유롭게 움직일 수 있는 넓고 개방적인 동적 공간이 확보되어야 한다. 또한 정교한 신체조절능력이 완전히 발달하지 못하였기 때문에 동적 공간 바닥의 미끄러움을 방지하여 카펫이나 매트를 깔아 공간을 안전하게 사용하도록 도울 수 있다.

유아 안전에 적합한 실내 공간

왼쪽의 좁은 공간보다는 오른쪽의 넓고 개방적 공간이 있는 것이 유아 안전에 좋다.

그러나 개방적 공간이라도 미끄러운 바닥보다는 매트나 카펫을 깔아 주는 것이 좋다.

만약 교실이 좁을 경우에는 입식 책상과 좌식 책상을 함께 구성함으로써 공간 활용도를 높일 수 있다.

(2) 가구

동적 활동을 즐기는 유아들의 경우에는 주변 환경에 부딪히기가 쉽다. 그러므로 실내환경 가구들의 모서리 등이 뾰족한지 살펴보는 것이 필요하다. 또 교구장을 진열할 때는 가장 아래 칸에 무거운 놀잇감이 보관되도록 하는 것이 좋으며, 플라스틱 재질의 놀잇감 보관 바구니의 경우, 유아들이 밟고 올라서거나 동적 놀이에 활용하다가 깨져 베이는 사고가 일어날 수 있으므로 이에 대한 안전교육도 필요하다.

유아 안전에 적합한 실내환경 가구

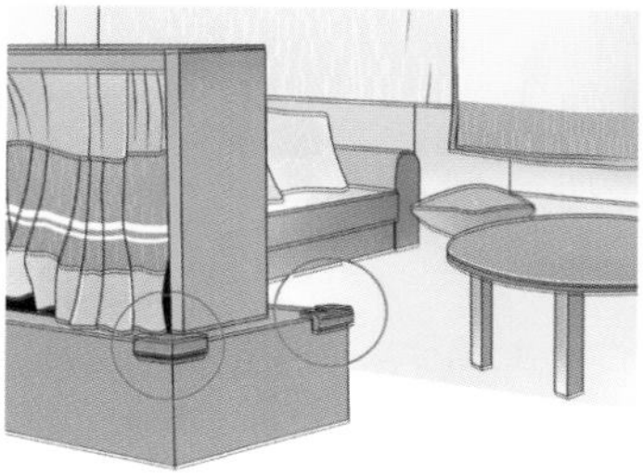

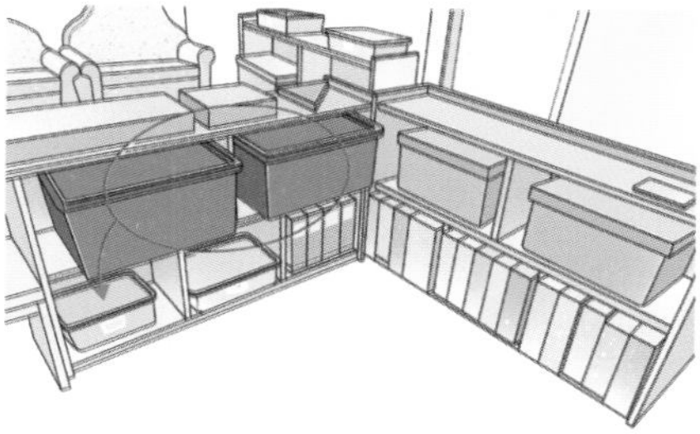

가구의 모서리가 뾰족한 경우 유아 안전사고에 위험할 수 있으므로 모서리 보호대를 설치해야 한다. 교구장 맨 아래 칸에는 무거운 물건을 보관하는 것이 좋으며, 놀잇감 보관 바구니 등 플라스틱 재질에 대한 안전교육도 필요하다.

(3) 놀잇감

유아들의 놀잇감 안전사고는 흡입과 관련한 사고가 가장 많은 것으로 나타났는데, 영아와 달리 입으로 삼키는 것보다는 귀나 코로 넣는 사고가 많이 발생한 것으로 나타났다. 그다음으로 베이거나 찔리는 상해가 많이 발생한 것으로 나타났다. 이는 유아의 호기심은 충만한데 귀나 코에 이물질을 넣었을 때의 위험성에 대해 인지하지 못하였기 때문이며, 자율성과 주도성이 생기고 교사의 통제가 조금은 약해지면서 발생하는 사고라고 할 수 있다. 그리고 영아에 비해 유아들은 사용할 수 있는 놀잇감의 양이 미술재료 등을 포함해 무척 많아졌지만, 오히려 각 놀잇감이나 미술재료의 위험성에 대해서는 알지 못한 채 자유로운 놀이가 가능해졌기 때문에 위험한 사고가 많이 일어난 것이라고 할 수 있다. 따라서 유아를 대상으로 한 놀잇감 안전교육이 필요하다고 할 수 있다.

위험한 놀잇감

유아를 위한 미술도구로는 가위, 풀 등이 다양하게 제시된다. 그러므로 이러한 도구를 사용할 때의 주의점에 대한 안전교육이 실시되어야 한다.

또한, 주방세제나 스팽글, 폼폼이 등과 같은 지름이 3.5cm 이하는 여전히 유아들에게도 위험하므로 주의를 기울여야 하며, 특히 유아는 영아와 달리 입뿐 아니라 코나 귀로도 넣을 수 있으므로 이에 대한 교육도 이루어져야 한다.

(4) 계단

실내환경에 계단이 있는 경우, 유아들이 뛰어다니거나 서로 밀칠 수 있으므로 계단 사용에 대한 안전교육이 필요하다. 특히 계단 난간 축 사이 간격으로 머리를 넣어 아래를 내려다보는 경우 추락의 위험성 등이 있어 매우 위험하므로 이에 대한 안전교육을 해야 한다.

계단의 위험성

계단 난간 축 사이가 벌어져 있는 경우, 이 안으로 유아가 고개를 내밀어 아래를 내려다보는 경우 추락사고 등의 위험이 있으므로 안전교육이 요구된다.

(5) 창문

창문이 활짝 열려 유아의 몸이 빠져나갈 수 있는 정도의 창문이 있는 경우라면, 유아들은 자신의 힘으로 가구를 옮겨 창문 근처에 놓고, 밟고 올라가 창문을 열어 밖을 내다볼 수 있다. 따라서 창문 밖으로 내다보는 행동의 위험성을 교육하는 것이 매우 중요하다.

창문의 위험성

창문에 설치된 난간이나 방충망 또한 힘이 약해 보호할 수 없음을 교육하는 것도 매우 중요하다.

(6) 늘어진 선

실내환경에서 블라인드의 길게 늘어진 선이나 음률영역의 신체활동을 위한 기다란 리본 끈, 길게 늘어진 모빌, 전기용품의 늘어진 전선 등은 활동적인 유아들에게 매우 위험할 수 있다. 늘어진 선을 활용해 동적 놀이를 하는 경우 질식사고의 위험이 발생할 수 있다. 따라서 이에 대한 주의와 교육이 필요하다.

늘어진 선

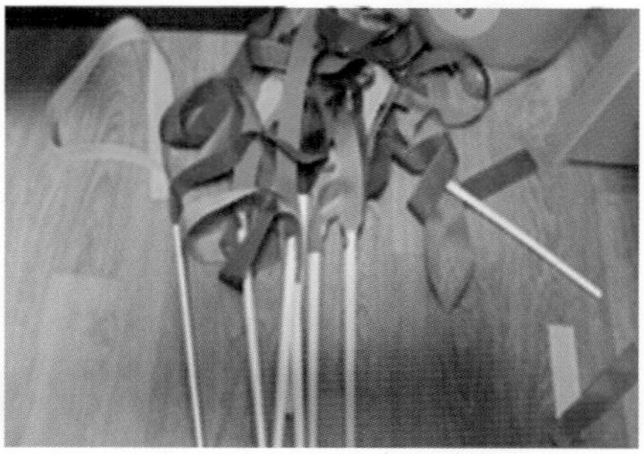

전기용품의 늘어진 전선, 모빌, 블라인드 줄, 음률영역의 길다란 리본, 끈 모두 동적 활동이 활발한 유아들에게 매우 위험할 수 있으므로 교사가 주의를 기울이거나 미리 안전교육을 하는 것이 중요하다.

(7) 기타

청소를 위한 약물이나 교사용 화장품 등 위험물품에 대해서도 유아들은 영아에 비해 교사의 통제가 약하고, 자율성과 주도성이 강하기 때문에 훨씬 위험하다고 할 수 있다. 따라서 미리 유아가 있는 주변 환경에서 위험할 수 있는 것을 발견하여 안전교육을 실시하는 것이 필요하다.

3) 실외놀이환경

실외환경은 주로 실외놀이터와 관련된 안전사고가 주로 일어난다. 안전사고의 원인은 다음의 2가지로 설명할 수 있다.

- 안전 점검 및 관리 부족으로 인한 시설 자체의 결함
- 놀이 시 안전한 놀이행동에 대한 교육 결여

따라서 첫 번째 원인인 시설 자체의 결함을 줄이기 위해서는 수시로 교사의 점검과 관리 노력이 필요하다고 할 수 있다. 이 장에서는 두 번째 원인과 관련하여 실외놀이터에서 유아들의 안전한 놀이행동에 대해 알아보고자 한다.

가장 많은 안전사고가 일어나는 놀이기구를 순서대로 나열하면 미끄럼틀, 그네, 오르기 기구 순서로 나타났고, 사고 중에서도 추락 사고가 가장 많이 발생한 것으로 나타났다. 따라서 이 3가지 놀이기구를 포함하여 놀이기구별로 안전한 놀이행동에 대해 알아보면 다음과 같다.

(1) 미끄럼틀

미끄럼틀은 미끄럼틀을 올라가기 위한 계단과 내려오기 위한 미끄럼판으로 구성되었다. 미끄럼틀의 위험 요인은 계단이 상당히 비좁고, 계단의 높이가 높다는 것이다. 또한 미끄럼판의 양 옆의 지지대가 낮아 서서 내려오는 경우 추락할 가능성이 높다는 것이다. 미끄럼틀을 안전하게 놀이하기 위한 행동은 다음과 같다.

- 올라갈 때는 계단을 이용하고, 내려올 때는 미끄럼판을 이용해야 한다.

- 계단을 오를 때는 차례 지켜 한 명씩 올라간다.
- 계단의 난간을 잡고 한 계단씩 천천히 올라간다.
- 계단에서 앞뒤 사람을 밀거나 당기지 않는다.
- 미끄럼판을 내려올 때는 한 사람씩 순서대로 앉아서 내려온다.
- 미끄럼판의 양쪽 손잡이를 잡고 내려온다.
- 앞 사람이 끝까지 다 내려간 뒤 미끄럼판을 내려간다.
- 다 내려온 후에는 재빨리 옆으로 비켜 준다.

또한 너무 더운 여름에는 미끄럼판이 뜨겁게 달아올라 있을 수 있으므로 먼저 뜨거운지 확인하고 놀이해야 한다. 그리고 미끄럼틀 아래에는 모래가 충분히 있어 유아들의 내려오는 충격을 흡수해 주어야 한다.

[그림 10-1] **미끄럼틀**

(2) 그네

그네는 앉을 수 있는 그네 좌석과 그네가 움직일 수 있는 그넷줄로 구성되어 있다. 그네의 위험 요인은 그네가 한 번 힘을 받으면 움직임이 어느 정도 지속된다는 점이고, 그네의 움직임 통제가 생각대로 잘 되지 않는다는 점이다. 그네에서 안전하게 놀이하기 위한 행동은 다음과 같다.

- 완전히 멈춘 그네에 가서, 그네 좌석에 바르게 앉는다.
- 그넷줄 양쪽을 양손으로 잡고 탄다.
- 그네가 움직이는 도중에 그넷줄을 손에서 놓지 않는다.
- 그네가 완전히 멈춘 후에 그네 좌석에서 내린다.
- 다른 사람이 타고 있을 때, 앞뒤로 지나가지 않는다.
- 배를 깔고 타거나 서서 타지 않는다.
- 그네 옆에 서서, 그넷줄 꼬는 놀이를 하지 않는다.

또 그넷줄이 단단히 매어 있는지 확인하고 타는 것이 중요하며, 그넷줄이 꼬여 있으면 그넷줄을 천천히 풀고 타야 한다. 그네 아래에는 모래가 충분히 있어 유아들의 충격을 흡수해 주어야 한다.

[그림 10-2] 그네

(3) 오르기 기구

오르기 기구는 수직, 수평의 끈이나 철봉이 서로 엮어져 이루어져 있다. 오르기 기구의 위험 요인은 끈이나 철봉 사이 중간에 빈 공간이 있어 발이나 팔, 몸이 빠질 수 있다는 점과 오르내리는 방향이 일정하지 않으면 서로 충돌이 일어날 수 있다는 점이다. 오르기 기구를 안전하게 놀이하기 위한 행동은 다음과 같다.

- 손과 발을 한 칸씩 이동시키며 오르내린다.
- 친구들과 올라가는 방향과 내려오는 방향을 정한다.
- 위에 올라가는 친구의 발을 잡거나 흔들지 않는다.
- 내려올 때는 올라오는 친구가 없는지 살피며 천천히 내려간다.

또 철봉으로 된 놀이기구의 경우, 비가 온 뒤 젖어 있으면 미끄럽기 때문에 이용하지 않아야 한다. 놀이기구 아래에는 모래가 충분히 있어 유아들의 충격을 흡수해 주어야 한다.

[그림 10-3] 오르기 기구

(4) 시소

시소는 두 사람 이상이 마주 보며 탈 수 있도록 앉는 곳이 양쪽에 있고, 가운데 균형을 이루어 주는 지지대가 있다. 시소의 위험 요인은 타고 놀이하는 유아들의 배려심 정도이다. 즉, 시소를 타고 놀이를 하는 것은 놀이하는 유아들이 서로의 힘을 균형 있게 만들어 가야 가능하며 서로에 대한 배려가 요구된다. 시소를 안전하게 놀이하기 위한 행동은 다음과 같다.

- 탈 때 시소 높이를 편안한 높이로 잡고 탄다.
- 다음 친구가 탈 때 시소 끝을 잡아 주어 편안한 높이에서 타도록 도와준다.
- 함께 타는 친구와 마주 보는 자세로 탄다.
- 반동으로 튕겨져 나갈 수 있으므로 손잡이를 잡고 탄다.
- 내릴 때는 같이 타는 친구에게 먼저 말하고, 조심히 내린다.
- 친구가 내릴 때는 시소 끝을 잡아 주어 편안한 높이에서 내리도록 도와준다.
- 시소 밑에 발을 둔 채로 내리지 않는다.

또 놀이기구 아래에는 충격 흡수를 위한 타이어나 모래 등이 충분히 있어야 한다.

[그림 10-4] **시소**

(5) 모래놀이터

모래놀이터는 모래를 일정 공간에 모아 놓은 곳으로 주로 모래놀이 도구나 물놀이 도구, 역할놀이 도구 등을 활용해 놀이한다. 모래놀이터의 위험 요인은 모래가 유아들의 머리 위로 떨어져 눈 등에 들어가는 경우이다. 모래놀이터에서 안전하게 놀이하기 위한 행동은 다음과 같다.

- 모래를 친구들에게 던지거나 뿌리지 않는다.
- 모래놀이터에서는 낮은 자세로 이동하며 놀이한다.

또 더운 여름이나 뜨거운 햇볕 아래에서는 모래가 쉽게 가열될 수 있으므로 모래놀이터에서 너무 오랫동안 놀지 않도록 해야 하며, 휴식이 필요한 유아가 있는지 교사가 관찰하여 그늘에서 휴식을 취하고 놀이하도록 안내해야 한다. 그리고 모래에 유리 조각이나 쓰레기 등 위험 물질이 섞여 있지 않은지 미리 점검하고 관리해야 한다.

[그림 10-5] **모래놀이터**

(6) 기타

실외놀이터에서의 옷차림도 안전에 매우 중요하다고 할 수 있다. 모자 달린 옷이나 끈이 달린 옷, 끈이 달린 신발, 가방, 목걸이와 같은 장신구, 목도리, 스카프 등은 길게 늘어뜨려져 놀이기구에 끼일 수 있으므로 되도록 착용하지 않고 기구를 이용하도록 하는 것이 좋다. 불가피한 경우에는 끈이 길게 늘어뜨려지지 않도록 짧게 묶어 주고, 주의를 주는 것이 좋다.

또 놀이 중간에 휴식을 취하도록 하는 노력도 중요하다. 유아들은 피로를 쉽게 느끼지 못하고 놀이에만 집중하기 때문에 자발적으로 휴식하려고 하지 않으므로 교사들이 놀이를 살피고, 얼굴이 빨갛게 상기되어 땀을 많이 흘리는 유아가 있다면 그늘에서 잠깐의 휴식을 취할 수 있도록 지도해야 한다.

그리고 다른 반과 실외놀이 시간이 겹치지 않도록 일과계획을 해야 한다. 제한된 기구를 이용하는 것이므로 안전하게 놀이하기 위해서는 다른 반과 협의를 통해 놀이 시간을 계획해야 한다.

4) 교통안전

유아들은 영아에 비해 상호작용하는 환경의 범위가 확대되고, 교사나 성인의 통제가 약해지며, 자율성과 주도성이 생기면서 스스로 도로 보행을 하거나 유아교육기관의 차량을 이용하게 된다. 따라서 교통안전교육이 잘 실행되지 못하는 경우, 유아들은 교통안전의 위험에 놓일 수 있으므로 적절한 안전교육이 반드시 수행되어야 할 것이다.

(1) 보행 안전

유아들은 발달 특성상 보행 안전에 매우 취약하다고 할 수 있다. 유아들은 자기가 관심 있는 것에만 집중하는 경향이 있기 때문에 보행 중에 주의를 살피는 데 매우 미숙하다. 또한 자기중심적 성향과 물활론적 인지 특성으로 인해 자신이 운전자나 차를 보면, 차나 운전자도 자신이 지나가는 것을 볼 수 있다고 믿는다. 그리고 움직이는 차의 방향과 속도 변화를 예측하는 데 어려움이 있어 멈출 차인지 그냥 지나칠 차인지 구분하지 못한다. 안전한 방향으로 피하는 행동도 미숙하며, 어른에 비해 시야가 좁고, 몸집이 작아 잘 발견되기가 어렵다. 따라서 반드시 유아를 대상으로 보행 안전교육을 실시하여야 한다.

① 신호등이 있는 횡단보도 보행

신호등이 있는 경우 다음과 같이 안전하게 건너야 한다.

〈표 10-1〉 신호등이 있는 횡단보도에서의 안전한 보행법

1단계	우선 신호등이 있는 횡단보도 앞에서 멈추기	
2단계	신호등이 녹색불이 될 때까지 기다리기	
3단계	녹색불이 켜지면, 차들이 멈추는 것을 확인하기	
4단계	운전자가 볼 수 있도록 손을 높이 들고 재빠른 걸음으로 건너기	

② 신호등이 없는 횡단보도 보행

신호등이 없는 경우 다음과 같이 안전하게 건너야 한다.

〈표 10-2〉 **신호등이 없는 횡단보도에서의 안전한 보행법**

1단계	우선 횡단보도 앞에서 멈추기	
2단계	차가 오는지 이쪽저쪽 살피기	
3단계	차들이 없거나, 횡단보도 앞에서 멈추어 주는지 확인하기	
4단계	운전자가 볼 수 있도록 손을 높이 들고 재빠른 걸음으로 건너기	

③ 교차로 보행

교차로란 서로 다른 방향의 길과 길이 만나는 지점을 말하는 것으로, 길을 걷다 새로운 방향의 길을 만날 때, 새로운 길에서 오던 자전거, 오토바이, 자동차 등으로부터 예기치 못하게 사고를 당할 위험이 있다. 따라서 다음의 안전한 보행법을 교육하는 것이 필요하다.

〈표 10-3〉 교차로에서의 안전한 보행법

1단계	걸어가고 있는 길이 끝나고, 새로운 길과 만나는 시작 지점에서 걸음 멈추기	
2단계	새로운 길에서 오는 자전거나 오토바이, 자동차 등이 없는지 이쪽저쪽 살피기	
3단계	자전거나 오토바이, 자동차가 없거나, 지나치거나 멈추어 주면 확인하고, 재빠르게 교차로를 지나쳐 가기	

④ 주차된 차 주변

주차된 차 주변을 보행 시 주차된 차가 갑자기 출발할 수 있으므로 주차된 차의 뒤나 주변에 있는 것은 운전자의 시야에서 보이지 않을 수 있기 때문에 매우 위험함을 교육해야 한다. 또한 주차된 차 아래로 가지고 있던 공 등이 굴러들어갔더라도 그 밑으로 기어들어가 스스로 꺼내려고 하는 행동은 매우 위험하다는 것도 교육해야 한다.

(2) 승하차 안전

차량에 승하차할 때에도 필요한 안전행동이 있다. 따라서 이를 교육하는 것이 필요하다.

- 차량에 탑승하면 자리에 앉아 안전벨트를 찾아 맨다.
- 안전벨트의 띠가 꼬이거나 비틀어지지 않도록 맨다. 안전벨트에 의해 피부가 다칠 수 있고, 여러 위험에 노출될 수 있으므로 바르게 매야 한다.
- 차가 움직이는 동안에 창문을 마음대로 만지지 않고, 창밖으로 얼굴이나 팔을 내밀지 않는다.
- 차가 움직이는 동안에는 운전자가 집중하여 안전운전을 할 수 있도록 큰 소리로 떠들지 않는다.
- 차에서 내릴 때는 차가 완전히 멈춘 후, 안전벨트를 풀고 안전벨트 끈에 발이 걸리지 않도록 의자 위에 놓고 움직인다.
- 계단이 높고, 비좁으므로 천천히 내린다.

더운 여름이나 뜨거운 햇볕에 장시간 노출된 경우 안전벨트가 뜨거워졌을 수 있으므로 먼저 교사나 어른이 벨트가 뜨겁지 않은지 확인해야 한다. 뜨거운 경우 유아의 살에 닿지 않도록 주의해서 매주어야 한다. 아이들이 모두 하차한 후에는 차 안에 남겨진 아이가 없는지 구석구석 반드시 확인해야 한다.

5) 재난 안전

재난이 발생하면, 매우 긴박한 상황이므로 유아 스스로 대처하여 대피할 수 있는 능력이 필요하다. 화재 · 지진 사고에 대한 대피요령을 살펴보면 다음과 같다.

(1) 화재 안전

화재가 발생하는 원인을 유아와 관련지어 살펴보면 다음을 언급할 수 있다.

- 촛불, 폭죽 등 불과 관련한 도구로 놀이한 경우
- 전기용품의 전선줄을 꼬거나 잡아당기며 놀이한 경우
- 전기 콘센트 구멍에 젓가락 등을 넣은 경우
- 물에 젖은 손으로 전기용품을 만진 경우

화재가 발생한 경우, 대피하는 방법은 〈표 10-4〉와 같다.

〈표 10-4〉 화재 발생 시 대피요령

1단계	불에 탄 나쁜 연기는 주로 위쪽에 있으므로 연기가 몸속으로 들어가지 않도록 자세를 낮추고, 입과 코를 손으로 막는다.	
2단계	비상구 녹색 불빛을 보며 빠르게 나간다. 엘리베이터는 화재 시 나쁜 연기의 통로가 되므로 절대 이용하지 않는다.	
3단계	밖으로 최대한 빨리 나온 후, 평소 모이기로 약속한 장소에서 기다린다.	

화재에 대비하여 미리 매월 소방훈련을 실시해야 하고, 대피한 후에 바깥에서 모이는 장소를 정해 두어야 한다.

(2) 지진 안전

지진이 발생한 경우 길어야 1분 이내로 종료되므로 바깥으로 대피하려고 하기보다는 현재 있는 공간에서 안전하게 대피해야 한다. 가장 주의를 기울여야 하는 것은 흔들리면서 낙하하는 물건에 충돌하는 사고에 대비하는 것이다. 따라서 가능한 한 떨어지는 물건이 없고, 떨어지는 물건으로부터 유아 자신을 보호할 수 있는 곳을 찾아 대피하도록 해야 한다.

〈표 10-5〉 **지진 발생 시 대피요령**

1단계	크고 튼튼한 가구 아래 공간으로 들어간다.	
2단계	머리를 보호할 수 있는 방석이나 베개 등 푹신한 것으로 머리를 보호한다.	
3단계	지진이 끝날 때까지 기다린 후에 나온다.	

지진은 여진이 있을 수도 있고, 시간적 간격을 두고 또 발생할 수 있으므로 바깥으로 나오려고 하기보다는 안전한 공간 근처에 있다가 비상 상황에 다시 안전 공간으로 대피하는 것이 좋다.

(3) 황사 및 미세먼지 안전

황사나 미세먼지는 대기 중에 그 농도가 짙어지면 호흡기관에 문제가 생길 수 있다. 과거에는 주로 봄에 중국의 건조한 모래지형에서 불어오는 바람의 영향으로 한

시적으로 나타났지만, 최근에는 산업화 등의 영향으로 황사나 미세먼지 농도가 사계절 내내 그 빈도가 높게 나타나고 있다. 유아들로 하여금 실외활동 시 미세먼지나 황사 농도를 확인하도록 하는 교육이 필요하며, 농도가 짙을 경우 호흡기 질환을 예방하는 대처 교육이 필요하다.

〈표 10-6〉 황사 및 미세먼지 대처요령

1단계	실외활동 전 황사 및 미세먼지 농도 확인	
2단계	농도가 짙을 경우, 가능하다면 실내에 머무르고, 불가피하게 외출해야 할 때는 안전 마스크를 착용하고 외출하기	
3단계	실내에 들어가서는 손을 깨끗이 씻기	

공기 중 오염된 미세 입자가 많은 경우, 되도록 외출이나 실외활동을 자제하도록 하며, 바깥으로부터 공기가 유입되지 않도록 실내 창문 등을 닫는 것이 좋다.

미세먼지 대처법

1. 미세먼지 농도 확인

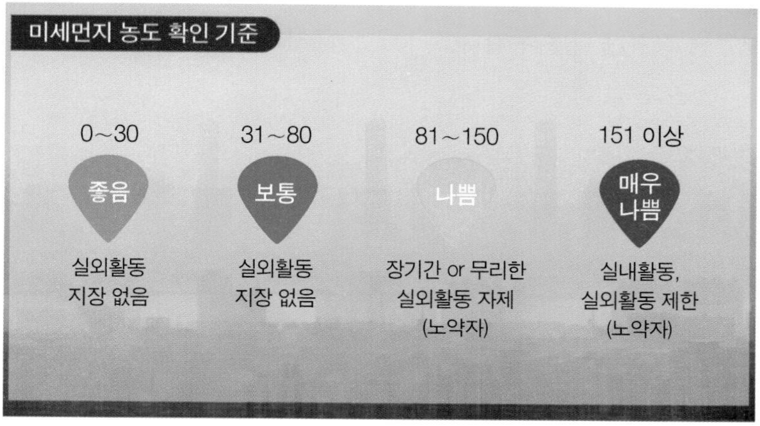

출처: https://www.google.co.kr/search?q=%EB%AF%B8%EC%84%B8%EB%A8%BC%EC%A7%80%EB%86%8D%EB%8F%84%ED%99%95%EC%9D%B8&source=lnms&tbm=isch&sa=X&ved=0ahUKEwiE96vUp__ZAhVELY8KHR1wCmoQ_AUICigB&biw=1280&bih=923#imgrc=8qEbb23Uob4kpM:&spf=1521700382966

2. 고농도 미세먼지인 경우 외출 시 마스크 착용(가급적 외출을 삼가기)

3. 외출 후 손 깨끗이 씻기

6) 대인 안전

대인 안전 중 아동학대는 대부분 가정 내 부모로부터 발생하는 것이 대부분이므로 부모를 피하도록 교육할 수 없기 때문에 영유아 교사의 관찰과 적극적 보호 및 신고의무 이행이 매우 중요하다. 학대의 종류와 영유아 교사가 관찰 가능한 각각의 신체적 · 행동적 징후는 다음과 같다.

학대의 종류 및 유형, 징후

학대 종류	유형	신체적 징후	행동적 징후
신체 학대	• 신체적 손상을 입힌 경우와 신체적 손상을 입도록 허용한 경우 • 구타나 폭력에 의한 멍, 화상 찢김, 골절, 장기 파열 및 기능의 손상	• 발생 및 회복에 있어 시간차가 있는 상처 • 사용된 도구의 모양이 그대로 나타나는 상처 • 화상 자국 • 팔, 다리, 목 등에 묶은 줄 자국의 화상	• 어른과의 접촉 회피 • 다른 유아가 울 때 공포를 나타냄 • 공격적이거나 위축적인 극단적 문제행동 • 부모에 대한 두려움 • 집에 가는 것을 두려워함 • 위험에 대한 지속적인 경계를 보임 • 부모가 손상을 알려 옴
정서 학대	• 언어적 · 정서적 위협, 억제, 감금, 기타 가학적 행위 • 유아의 인격, 감정이나 기분을 심하게 무시하거나 모욕하는 행위 • 좁은 공간에 장시간 혼자 가둬두는 행위 • 원망적 · 거부적 · 적대적 · 경멸적 언어 폭력	• 성장장애 • 신체 발달 저하 • 언어장애	• 특정 물건을 계속 빨고 있거나 물어뜯음 • 공격적 · 적대적 문제행동 • 수면장애, 놀이장애, 히스테리, 강박, 공포 • 발달지연 • 자살시도
성 학대	• 성인의 성적 충족을 목적으로 유아와 함께 하는 모든 성적 행위 • 성적 유희, 성기 및 자위 행위 장면의 노출, 관음증 • 성매매 • 포르노 매체에 배우로 출연, 포르노물 판매 행위	• 걷거나 앉는 데 어려움 • 찢어지고 피로 얼룩진 속옷 • 회음부의 통증과 가려움 • 회음부, 질, 항문 부위의 출혈이나 멍	• 위축 • 기괴하고 미묘한 성적 행동과 지식 • 성적 모독을 호소함

학대의 종류 및 유형, 징후

방임	• 고의적 반복적으로 양육 및 보호를 소홀히 함으로써 유아의 건강과 복지를 해치거나 정상적인 발달을 저해할 수 있는 모든 행위 • 유아에게 의식주를 제공하지 않거나, 장시간 위험한 상태에 방치 • 물리적 방임 및 유기 • 유아의 무단결석을 허용하는 행위 • 교육적 방임 • 예방접종을 제때에 하지 않거나 필요한 치료를 소홀히 하는 등 의료적 방임 • 유아와의 약속에 무신경하거나 유아의 마음에 상처를 입히는 정서적 방임	• 지속적인 배고픔, 나쁜 위생 상태, 부적절한 옷차림 • 의학적 치료와 치과 치료의 부족 • 지속적인 피로, 불안정감, 활동 중 조는 태도	• 음식을 구걸하거나 훔침 • 수면 부족 • 과잉행동, 주의산만의 문제행동

출처: 서울시 아동복지센터 http://child.seoul.go.kr/archives/142

신체적 · 행동적 징후를 반복적 관찰하여 아동학대를 발견한 경우, 아동보호전문기관 또는 수사기관에 신고해야 한다. 대표적으로 '112제도'를 활용해 112에 아동학대를 신고하여 즉각적으로 도움을 받을 수 있다.

(1) 성 학대

아동학대의 종류 중 양육자가 아닌, 타인으로부터도 학대의 위험에 노출될 수 있는 것은 성 학대라고 할 수 있다. 그러므로 유아가 타인으로부터의 성 학대를 예방할 수 있도록 이와 관련한 안전교육이 반드시 이루어져야 한다. 특히, 성 학대는 아는 어른으로부터 당하는 경우가 많은데, 유아들이 올바른 안전교육을 통해 사회적 관계 속에서 잘 대처하도록 도와야 할 것이다.

성 학대 안전교육을 위해서는 다음의 3가지를 강조해야 한다.

〈표 10-7〉 성 학대 안전교육의 강조점

안전교육 강조점	구체적 교육 내용	교육 방법
나의 몸 소중함 알기	• 나의 몸 중 특히 속옷을 입는 신체 부위의 중요성을 이해하도록 함. • 속옷을 입어서 더욱 소중하게 보호해야 하는 이유를 이해하도록 함.	• 관련 동화를 활용함.
접촉의 느낌 구별하기	• 적절한 접촉과 부적절한 접촉을 구별하도록 함.	• 가정연계교육 – 가정과 협력하여 유아를 목욕시킬 수 있는 사람이 누구누구인지 유아에게 알려 주고, 그 이외 사람의 접촉은 부적절한 접촉임을 인식시켜 주도록 해야 함.
피하는 행동 전략 알기	• 부적절한 접촉을 시도하는 사람에게 "싫어요! 안 돼요!"라고 큰 소리로 외치고, 재빠르게 도망 나와 지나가는 다른 어른들에게 도와달라고 부탁하도록 함. • 부모나 교사에게 바로 상황을 알리도록 함.	• 상황극 – "싫어요! 안 돼요!" 말하는 훈련을 일상에서도 반복하여 위급한 순간에 당황하지 않고, 자동적으로 나올 수 있게 해야 함.

성 학대는 일반적으로 유아들이 예절 바르게 행동해야 하는 것과 예절 바른 거절을 구분하여, 적절히 실천을 못함으로써 발생하는 것이므로 어른들의 의도를 파악하여 이를 구분해 적절히 실천할 수 있도록 돕는 구체적 교육의 노력이 필요하다. 이를 위해, 실제로 일어날 수 있는 다양한 상황 예시를 들어 교육하는 것이 좋다.

(2) 유괴

유아의 경우, 양육자의 보호 없이 놀이터에서 놀이를 하거나 심부름을 다녀오는 등 실외활동이나 외출이 영아에 비해 상당히 자유로울 수 있다. 이때 위험할 수 있는 것이 바로 유괴이다. 따라서 유아에게 유괴에 대한 안전교육을 실시하여 스스로를 보호할 수 있도록 해야 한다.

유괴 또한 성 학대와 마찬가지로 대부분이 아는 어른에게 당하는 경우가 많으므로 예절 바르게 행동해야 하는 것과 예절 바른 거절을 구분하여 어른들의 의도를 파악해 적절히 실천할 수 있도록 돕는 구체적 교육의 노력이 필요하다. 그리고 유아들은 대체로 나쁜 사람과 좋은 사람에 대한 이미지 편견을 가지고 있으므로 사람을 구분하는 이미지 반편견교육도 함께 하는 것이 필요하다.

일반적으로 유괴 상황은 유아를 어딘가로 데리고 가려는 것이므로 누군가가 자신을 어딘가로 데리고 가려고 할 때는 위험한 상황이라고 생각할 수 있도록 교육해야 하며, 이때 절대 따라가지 않고 예절 바르게 거절하는 방법을 교육해야 한다. 다음의 3가지를 고려하여 안전교육을 실시해야 한다.

〈표 10-8〉 유괴 안전교육의 강조점

안전교육 강조점	구체적 교육 내용	교육 방법
다양한 인상착의	• 보이는 이미지로 사람을 판단할 수 없음을 알도록 해야 함. • 성별, 나이 등 다양한 인상착의로 교육할 수 있음.	• 상황극 - 다양한 유괴 상황과 인상착의를 활용한 상황극 준비 - "싫어요! 안 돼요!" 말하는 훈련을 일상에서도 반복하여 위급한 순간에 당황하지 않고, 자동적으로 나올 수 있게 해야 함.
다양한 유괴 상황	• 다양한 유괴 상황을 알려 주고, 나를 어딘가로 데려가려고 한다면 위험할 수 있음을 알도록 함.	
피하는 행동전략 알기	• 나를 어딘가로 데려가려고 할 때, 예절 바르게 거절하는 방법을 알아보고, 말해 보도록 함. • 강제로 데려가려고 시도할 때, "싫어요! 안 돼요!" 큰 소리로 외치며, 재빨리 도망쳐 지나가는 다른 사람들에게 도움을 요청하도록 함.	

7) 기타

우리나라에서는 해마다 1만여 명의 미아가 발생하고, 그중 10%는 돌아오지 못한다고 한다. 주로 규모가 큰 백화점, 마트, 놀이공원 등에서 미아 사고가 발생한다. 따라서 미아가 되었을 때 미아 사고 방지를 위해서 다음의 3단계를 교육할 수 있다.

- 1단계: 멈추기(길을 잃은 그 장소에 바로 멈추기)
- 2단계: 생각하기(부모님 이름과 연락처 등을 생각하고 기다리기)
- 3단계: 도움 요청하기(지나가는 어른에게 부모님께 전화 등 도움 요청하기)

이외에도 전자기기의 무분별한 사용으로 인한 위험 등이 있다. 사회 변화에 따른 위험 요인은 변화하므로 이에 대한 교사들의 연구 자세와 유아 발달에 적합한 적극적 교육의 노력이 요구된다.

2. 유아 안전교육 내용

앞서 살펴본 유아 안전의 위험 요인들에 대해 유아에게 교육하는 것이 필요하다. 이를 통해 유아가 자신의 주변에서 위험할 수 있는 상황과 사건들이 무엇인지 알고, 올바르게 대처할 수 있기 때문이다.

그러나 교육을 실시할 때 유아 발달에 적합한 효과적인 안전교육이 될 수 있도록 각 위험 요인별로 다음의 내용에 따라 구체적으로 조직화하여 교육할 수 있다. 즉, 유아기는 전전두엽(PFC)이 발달하는 시기로, 자신의 경험에 기초한 추론능력이 발달하고, 또 학습한 내용을 토대로 비슷한 상황에 대입시켜 생각해 볼 수 있는 시기이다. 그러므로 이를 활용한 안전교육을 실시할 수 있어야 한다. 다음은 유아 뇌 발달에 적합하게 안전교육 내용을 조직하여 교육하는 과정이다.

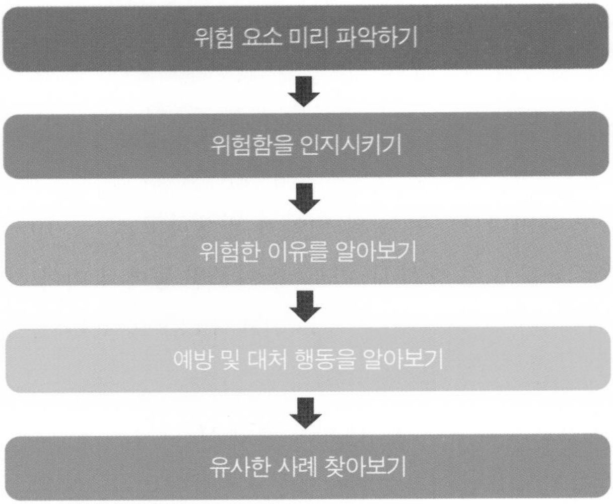

[그림 10-6] 효과적 안전교육을 위한 뇌 기반 교육 내용 조직

위에 제시된 5가지 과정에 대해 구체적으로 살펴보면 다음과 같다.

1) 위험 요소 미리 파악하기

효과적 안전교육을 위해서는 미리 교사가 각 위험 요인에 대해 구체적으로 미리 파악하는 것이 중요하다. 유아가 처한 환경이나 상황에 맞는지를 고려하여 유아에게 적합한 요인들로 수정하거나 추가할 수 있다.

2) 위험함을 인지시키기

앞서 파악한 위험 요인에 대해 유아에게 그것이 유아들의 안전에 위험할 수 있음을 알린다. 이를 통해 유아들은 안전교육에 대해 정서적으로 동기화될 수 있다.

3) 위험한 이유를 알아보기

유아 자신의 안전에 위험할 수 있다고 교사가 언급한 위험 요인이 왜 위험할 수 있는지 그 이유를 이야기 나누며 알아본다. 이를 통해 유아들은 자신의 이전 경험과 관련지어 다양한 위험 상황을 예측해 볼 수 있다.

4) 예방 및 대처 행동을 알아보기

유아 스스로 예측한 다양한 위험 상황에 대해 그러한 위험들을 방지할 수 있는 예방 및 대처 행동이 무엇일지 이야기를 나눈다. 유아들의 다양한 생각을 듣고, 어떤 행동이 위험을 가장 잘 예방하거나 대처할 수 있는지 함께 평가해 본다.

5) 유사한 사례 찾아보기

지금까지 파악한 위험한 요인과 예방 및 대처 행동에 대해 이와 비슷한 위험 요인으로는 무엇이 있을 수 있는지 자신의 경험에 비추어 생각해 이야기를 나누어 본다. 또한 비슷한 위험 요인에 대해서도 동일한 예방 및 대처 행동이 적절한지도 이야기 나눈다. 이 과정을 통해 안전교육의 범위와 효과를 확대할 수 있다.

3. 유아 안전교육 방법

안전교육을 실시할 때 다음의 교수 · 학습 방법을 활용하여 교육을 하여야 유아들이 위험한 상황에 직면했을 때 적절하게 행동하도록 도울 수 있다. 양수영(2012, 2016)의 뇌 기반 교육 원리에 따르면, 학습한 행동을 습관화하기 위해서는 정서적 측면과 실천적 측면을 고려하여야 하며, 반복적으로 실시되어야 한다. 구체적으로 유아 안전교육 방법을 살펴보면 다음과 같다.

첫째, 유아의 흥미를 유발할 수 있는 교구 및 자료를 활용하여야 한다. 안전교육을 실시할 때, 관련 지식을 전달하는 방식의 교육은 유아들의 흥미를 끌지 못하면 효과적 교육의 성과를 기대하기 어렵다. 그러므로 흥미를 유발할 수 있는 교구 및 자료를 활용하여 유아가 활동 내용을 잘 이해하고, 향후 안전한 행동을 실천할 수 있도록 활동을 계획하여야 한다.

둘째, 활동 중 유아 참여형 실천적 과정을 포함하여야 한다. 안전교육의 가장 큰 목표는 유아로 하여금 위험 상황에 직면했을 때 안전한 행동을 자동적으로 실천하도록 하는 데 있다. 따라서 적절한 행동 수행이 교육의 목표이므로 교육을 실시할 때에도 유아가 관련 행동을 직접 실천해 보도록 하는 과정이 활동에 포함되어야 한다. 직접 안전한 행동을 실천해 보고 몸으로 익혀야 향후 위험 상황에서도 자동적으로 행동하는 것이 가능하다.

셋째, 안전교육은 지속적이고 반복적으로 실시하여야 한다. 안전교육으로 학습한 행동은 몸에 체득되어야 하는 것이므로 일회성의 교육으로는 완전한 교육이 되었다고 하기가 어렵다. 따라서 학습한 안전행동을 지속적으로 반복해 볼 수 있도록 해야 한다. 매일 점심시간 후나 일과 마무리 시간을 활용하여 안전 관련 동화를 읽고, 학습한 위험 요인을 떠올려 보며, 안전한 행동이 무엇인지 이야기 나누고, 몸으로 직접 실천해 보도록 할 수 있다.

넷째, 가정연계 교육을 실시하여야 한다. 안전교육은 가정과 연계되어 교육이 이루어져야 가장 효과적이라고 할 수 있다. 기관에서 학습한 것을 일상생활에서도 실천할 수 있어야 하기 때문이며, 이를 위해 교사와 양육자가 동일한 교육을 일관되게 실시할 수 있어야 한다. 이를 통해 유아들에게 안전과 관련한 혼란을 줄일 수 있다. 효과적인 가정연계 교육을 위해 기관에서 실시한 안전교육 내용을 요약하여 가정통신문 등을 활용해 가정에 전달할 수 있다.

4. 2019 개정 누리과정에 제시된 유아기 안전한 생활습관 교육

누리과정의 5개 영역 중 안전한 생활습관 교육과 관련된 영역은 '신체운동 · 건강' 영역이며, 하위 내용 범주 가운데 안전한 생활습관과 관련된 내용 범주는 '안전하게 생활하기'다.

내용 범주	내용
안전하게 생활하기	• 일상에서 안전하게 놀이하고, 생활한다. • TV, 컴퓨터, 스마트폰 등을 바르게 사용한다. • 교통안전 규칙을 지킨다. • 안전사고, 화재, 재난, 학대, 유괴 등에 대처하는 방법을 알고 행동한다.

교육부(2019)에 내용별로 제시된 유아기 안전한 생활습관 교육방안에 대해 살펴보고자 한다.

1) 일상에서 안전하게 놀이하고, 생활한다.

'일상에서 안전하게 놀이하고, 생활한다.'는 실내외 여러 가지 놀이기구나 놀잇감, 도구를 안전하게 사용하고, 안전한 장소에서 놀이하는 데 필요한 지식, 기술, 태도를 형성하도록 교육해야 한다.

유아에게 실내외 놀이기구나 놀잇감, 도구의 안전한 사용법 및 규칙 등을 알려주어 안전하게 놀이할 수 있도록 지도해야 하며, 실외놀이터에서 놀 경우 모자나 끈 달린 옷을 입지 않거나 신발을 바로 신는 등 안전을 위해 갖추어야 할 복장도 포함해야 한다. 유아는 발달 특성상 주변의 사물이나 환경에 대한 호기심이나 탐구하려는 충동은 강한 반면 아직 신체 기능의 미성숙으로 운동 기능은 충분히 발달되어 있지 않아 항상 사고의 위험에 노출되어 있다. 따라서 교사는 유아에게 놀이기구나 놀잇감, 도구의 바른 사용법을 알려 줄 뿐만 아니라 유아가 스스로 안전한 사용 규칙에 대해 의논하여 약속으로 정하고 이를 지켜서 놀이하도록 지도해야 한다.

또한, 유아가 실내외 놀이 장소에서 안전하게 놀이할 수 있도록 안전한 놀이 장소와 안전하지 못한 장소를 구분할 수 있게 지도해야 한다. 유아에게 찻길이나 도로변과 같은 위험한 장소를 알려 주어 일상생활에서 위험에 노출되지 않도록 지도해야 하며, 이와 함께 안전한 놀이 장소를 알려 주어 유아가 안전한 장소에서 놀이할 수 있도록 해야 한다. 만 4, 5세 유아에게는 위험한 장소 및 그 이유에 대해 알아보고, 안전하게 놀이할 수 있는 규칙을 정하고 스스로 지키면서 놀이하도록 할 수 있다.

2) TV, 컴퓨터, 스마트폰 등을 바르게 사용한다.

'TV, 컴퓨터, 스마트폰 등을 바르게 사용한다.'는 유아에게 올바른 전자기기의 사용법을 알려 주고 사용하도록 지도해야 한다. 전자기기의 순기능뿐 아니라 역기능에 대해 인식하고 이를 바탕으로 자기조절능력을 가지고 올바르게 전자기기를 사용하도록 지도해야 한다. 전자기기 안전교육은 반드시 가정과 연계되어 이루어지도록 해야 한다.

3) 교통안전 규칙을 지킨다.

'교통안전 규칙을 지킨다.'는 유아가 교통안전 규칙의 중요성과 자동차 사고의 위험을 알고 사고의 위험으로부터 자신을 보호하기 위해 필요한 지식, 기술, 태도를 형성하도록 교육해야 한다.

유아에게 안전보행이나 도로횡단 등의 각종 교통안전 규칙을 알려 주어 안전하게 생활할 수 있도록 지도해야 한다. 등·하원 길의 안전과 골목길에서의 안전 보행에 대해 알려 주고, 신호등이 있는 횡단보도, 신호등이 없는 횡단보도, 교차로에서의 안전횡단에 대하여 지속적으로 알려 주고 실천해 보도록 해야 한다. 그리고 교통안전 규칙을 왜 지켜야 하는지, 지키지 않을 경우 어떤 일이 생기는지 등에 대해 알고 지키도록 지도해야 한다. 또한 기본적인 교통 표지판에 대해 알아보고 그 의미를 알고 지키도록 해야 한다.

승용차, 버스, 지하철 등 실생활에서 경험할 수 있는 교통수단을 승차해 보는 경험을 제공하고, 그에 따른 안전 수칙에 대해 알고 안전하게 이용하도록 지도해야 한다. 이는 유아가 일상생활에서 많이 이용하는 유치원이나 어린이집 통학 버스를 안전하게 이용하는 방법을 경험하는 것에서부터 시작할 수 있다. 이후 점차 대중교통수단을 안전하게 이용할 수 있는 방법을 의논하고 문제점을 찾아봄으로써, 유아가 자율적으로 교통수단을 안전하게 이용하도록 발전시켜 나가야 한다.

4) 안전사고, 화재, 재난, 학대, 유괴 등에 대처하는 방법을 알고 행동한다.

'안전사고, 화재, 재난, 학대, 유괴 등에 대처하는 방법을 알고 행동한다.'는 비상상황을 알고 적절하게 대처함으로써 자신을 보호하는 데 필요한 지식, 기술, 태도를 형성하도록 교육해야 한다.

유아에게 안전사고, 학대, 유괴 등의 가능성을 알려 주고, 만약의 경우에 도움을 요청하도록 지도해야 한다. 대체로 유아는 위험에 처해 있을 때 적절히 대처하는 방법을 알지 못하므로 교사나 주변의 믿을 만한 성인에게 도움을 요청하는 방법을 알려 주어야 한다. 이때 단순한 지식 전달이 되지 않도록 상황극을 통해 연습함으로써 유아가 실제 상황에서 도움을 요청할 수 있도록 지도해야 한다.

또한, 유아가 안전사고, 학대, 유괴 등의 상황을 인식하고, 적절한 대처 방법을 알아서 실천하도록 지도해야 한다. 영상물 홍보 자료, 방송이나 신문기사, 그림 자료, 동화 등을 통해 유아와 함께 왜 이런 상황이 생기는지, 이런 상황에서 어떻게 대처해야 하는지에 대해 의논하고, 의논한 대로 실천해 보도록 해야 한다. 또한 유아에게 생활 주변에서 발생할 수 있는 위험한 상황(추락, 전기, 약물 등)을 알려 주고, 위험한 상황에서 자신을 보호하도록 지도해야 한다.

그리고 유아에게 화재, 재난 등에 대비한 재난 대피 방법 및 사고가 발생할 수 있는 위험한 상황을 알려 주어 자신을 보호하도록 지도해야 한다. 이를 위해서는 비상시를 대비하여 정기적으로 훈련을 실시해야 한다.

지속적이고 반복적인 대피훈련을 통해 위급한 상황에 처했을 때 당황하지 않고 적절히 대처하도록 지도해야 한다. 그리고 실제 생활 속에서 발생하는 다양한 재난 및 사고 발생의 원인과 예방 방법을 알아보고, 적절히 행동하는 방법을 익힐 수 있게 지도해야 한다.

수업 후 실습

학습 이해를 위한 조별 토의

✿ 유아 안전에 위험한 요인 1개를 정해 안전교육을 계획해 보세요.

도입	1. 흥미 유발(주의집중)
전개	2. 3. 4. 5. ?
마무리	6. 활동 평가

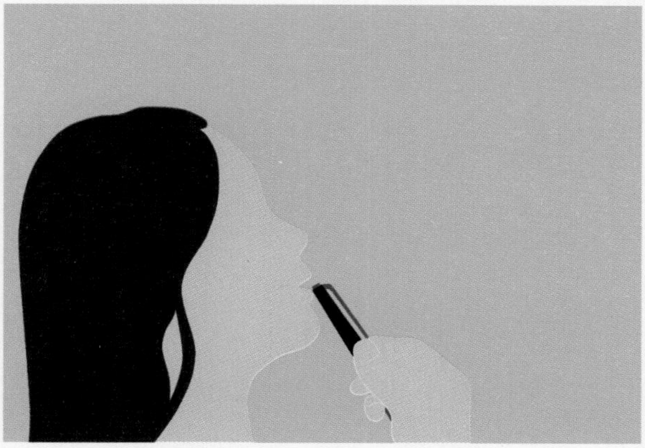

생각에 도움이 될 만한 질문

- 전개 부분에 안전교육 내용 5가지가 잘 조직되었나요?
- 전개 부분에 안전교육 방법이 잘 포함되었나요?

학습 기억을 위한 조별 실습

✿ 앞서 토의한 내용을 토대로 교사-유아가 되어 조별로 계획한 안전교육을 실천해 보세요.

✿ 역할극을 보며 생각해 보세요.

- 유아가 잘 이해할 수 있도록 안전교육이 이루어졌나요?
- 향후 유아가 위험한 상황에서 잘 대처할 수 있도록 안전교육이 이루어졌나요?

Part 2

실제 편

실제 편은 앞서 이론 편에서 학습한 영유아 건강교육 항목 5가지를 동화, 음악, 신체표현 활동을 활용해 영아, 유아를 대상으로 어떻게 활동할 수 있는지 구체적인 예시를 제공하고자 한다. 제시된 활동 예시는 향후 교육현장에서 적용이 용이하도록 2019 개정 누리과정과 제4차 표준보육과정에 제시된 내용을 바탕으로 놀이 중심 교수 · 학습 원리에 맞게 제시하였다.

실제 편의 구성 원리는 다음과 같다.

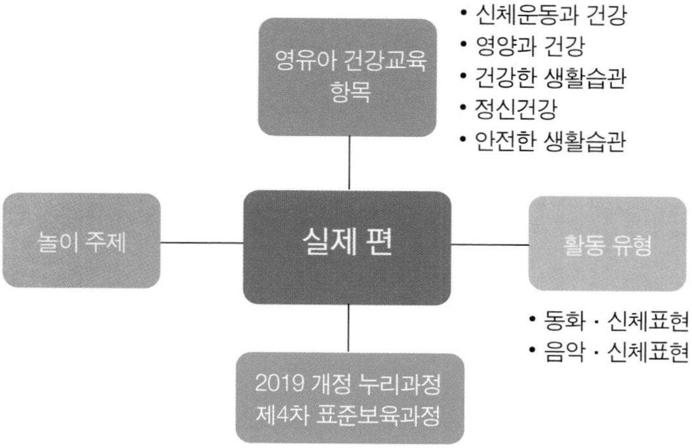

실제 편 구성 원리

특히, 활동 유형 중 '동화'와 '음악'을 활용한 이유는 건강교육 내용이 영유아에게 어렵지만 영유아의 흥미를 유발하면서 이해력을 높일 수 있기 때문이다. 영유아 뇌 발달 특성상 음악의 정서적 요소와 동화의 상황적 요소가 영유아 대뇌피질 활성화에 도움이 되기 때문이다. 또한, '신체표현' 활동을 주요 교육활동으로 구성한 이유는 뇌 기반 교육원리에서 반복적인 신체적 움직임은 기저핵(basal ganglia)을 자극하여 영유아의 실천력을 증진시키고, 생활 속에서도 자연스러운 행동습관으로 발현되도록 하는 데 효과적이기 때문이다(양수영, 2016). 단, 영아의 경우에는 인지 발달 특성을 고려하여 유아를 대상으로 한 창의적 신체표현보다는 기본 동작을 활용한 다양한 신체 움직임에 중점을 두었다.

따라서 이러한 실제 편 구성 원리를 이해하고 적용해 봄으로써 영유아에게 보다 효과적인 건강교육을 수행할 수 있는 교육역량을 증진할 수 있을 것이다.

	신체운동과 건강		영양과 건강	
	영아	유아	영아	유아
동화 · 신체표현	• 구두구두 걸어라 • 손이 나왔네	• 나도 나도 • 바바빠빠	• 사과가 쿵! • 냠냠냠, 쪽쪽쪽	• 난 토마토 절대 안 먹어 • 도와줘요 보글냠냠 요리사
음악 · 신체표현	• 머리, 어깨, 무릎, 발 • 그대로 멈춰라	• 나처럼 해 봐요 이렇게 • 호키포키	• 냠냠 • 멋쟁이 토마토	• 우유송 • 5대 영양소송

건강한 생활습관		정신건강		안전한 생활습관	
영아	유아	영아	유아	영아	유아
• 싹싹싹 • 응가하자, 끙끙	• 도깨비를 빨아 버린 우리 엄마 • 우리 아빠 재우기는 정말 힘들어!	• 사랑해 사랑해 사랑해 • 기분을 말해 봐!	• 소피가 화나면, 정말 정말 화나면 • 괜찮아	• 백설공주 • 사자와 생쥐	• 안 돼, 데이빗! • 빨간 모자
영아	유아	영아	유아	영아	유아
• 손 씻기송 • 응가 뿡뿡	• 싹싹 닦아라 • 그러면 안 돼	• 사과 같은 내 얼굴 • 뽀뽀뽀	• 미소 • 나는 나는 자라서	• 잉잉잉 • 꼭꼭 약속해	• 자전거 • 동대문 놀이

Chapter

11

'동화 · 신체표현' 활동을 활용한 영유아 건강교육

- 신체운동과 건강 _ 영아/유아
- 영양과 건강 _ 영아/유아
- 건강한 생활습관 _ 영아/유아
- 정신건강 _영아/유아
- 안전한 생활습관 _ 영아/유아

건강교육 항목	신체운동과 건강	활동 대상	영아
활동 명	구두구두 걸어라	활동 유형	동화 · 신체표현
놀이 주제	생활도구		
소주제	다양한 발걸음 소리		
제4차 표준보육과정 관련 요소	• 신체운동 > 감각과 신체 인식하기 > 감각적 자극에 반응한다. • 신체운동 > 감각과 신체 인식하기 > 감각능력을 활용한다. (만 2세) • 신체운동 > 신체활동 즐기기 > 대소근육을 조절한다.		
활동목표	• 감각기관을 활용해 동화의 다양한 발걸음 소리와 장면을 탐색한다. • 몸을 움직여 다양한 발걸음 소리를 즐겁게 표현한다.		
활동 자료	<구두구두 걸어라> 동화책, 신나는 음악 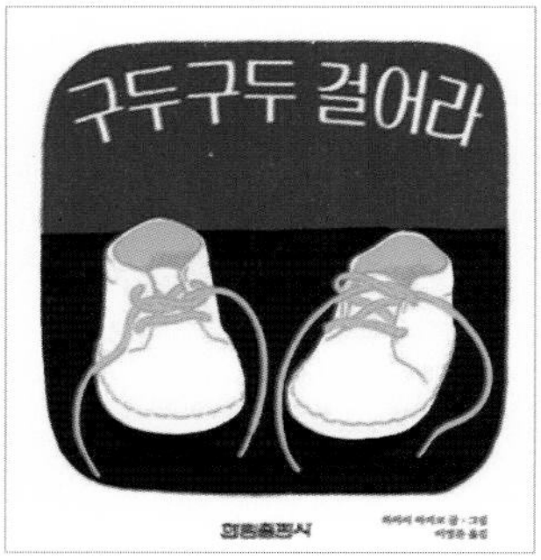		
관련 놀이 상황	• 영아들이 다양한 발걸음 소리에 관심을 가지며 놀이한다.		
	활동 방법		
도입	1. **발걸음 소리에 관심을 갖는다.** T: (발걸음 소리를 들려주며) 어! 무슨 소리지요? 무슨 소리를 들었나요? (다시 들려주며) 어! 또 소리가 들렸는데, 무슨 소리일까요?		
전개	2. **동화 앞표지를 보며, 동화 내용을 추측해 본다.** T: (동화 앞표지를 보여 주며) 바로 이 동화 속에서 나는 소리래요. 무엇이 보이나요? 여기, 구두(신발)이 보이네요. 구두(신발)이 어떤 소리들을 만들어 내는지 다 함께 들어 볼까요? 3. **동화를 듣는다.** T: (장면별 발걸음 소리를 내면서 동화를 들려준다.) 쿵쿵쿵, 쿵쿵 쿵쿵, 톡톡 등		

전개	**4. 동화 내용을 기억해 말해 본다.** T: 동화 속에서 무엇이 나왔나요? 어떤 소리들을 들었나요? **5. 그림 장면을 보고, 발걸음 소리를 만들어 본다.** T: (그림 장면을 하나씩 보여 주고, 영아들이 발로 바닥을 치며 따라 해보도록 한다.) 음악에 맞춰 다양한 발걸음을 만들어 봐요.
마무리	**6. 활동을 평가한다.** T: 오늘 들려준 동화가 재미있었나요?
유의사항	• (0~1세 영아) 안전하게 잡고 설 수 있는 환경을 마련해 주고, 활동한다. • (2세 영아) 가장 재미있었던 발걸음 소리를 선택해 보도록 할 수 있다. • 동화책의 크기가 작으므로 주요 그림 장면을 크게 출력하거나 동화 자료를 제작하여 활동에서 활용하도록 한다.

<table>
<tr><td>건강교육 항목</td><td>신체운동과 건강</td><td>활동 대상</td><td>영아</td></tr>
<tr><td>활동 명</td><td>손이 나왔네</td><td>활동 유형</td><td>동화 · 신체표현</td></tr>
<tr><td>놀이 주제</td><td colspan="3">나와 가족</td></tr>
<tr><td>소주제</td><td colspan="3">나의 신체 인식과 조절</td></tr>
<tr><td>제4차
표준보육과정
관련 요소</td><td colspan="3">• 신체운동 > 감각과 신체 인식하기 > 신체를 탐색한다.
• 신체운동 > 감각과 신체 인식하기 > 신체를 인식하고 움직인다. (만 2세)
• 신체운동 > 신체활동 즐기기 > 대소근육을 조절한다.</td></tr>
<tr><td>활동목표</td><td colspan="3">• 동화 속 등장하는 신체 부위를 인식한다.
• 동화 속 주인공이 되어, 신체 부위 움직임을 조절해 본다.</td></tr>
<tr><td>활동 자료</td><td colspan="3"><손이 나왔네> 동화책, 영아 몸을 가릴 수 있는 보자기

</td></tr>
<tr><td>관련 놀이 상황</td><td colspan="3">• 영아들이 자신의 신체 부위에 관심을 가지며 놀이한다.</td></tr>
<tr><td></td><td colspan="3">활동 방법</td></tr>
<tr><td>도입</td><td colspan="3">1. <눈은 어디 있나> 손유희를 하며, 신체 부위에 관심을 갖는다.

</td></tr>
</table>

전개	**2. 동화 앞표지를 보며, 동화 내용을 추측해 본다.** T: (동화 앞표지를 보여 주며) 무엇이 보이나요? 아기에게 무슨 일이 일어날까요? **3. 동화를 듣는다.** T: (장면별 신체 부위 명칭을 가리키는 등 강조하며 동화를 들려준다.) **4. 동화 내용을 기억해 말해 본다.** T: 동화 속에서 무슨 일이 있었나요? **5. 보자기를 활용해 동화 속 주인공이 되어 본다.** T: (보자기를 영아에게 씌워 주고 신체 부위 하나씩을 보자기 밖으로 꺼내 보이도록 한다.) ○○의 ________이(가) 나왔네요! 또 ○○의 ________이(가) 나왔네요!
마무리	**6. 활동을 평가한다.** T: 오늘 들려준 동화가 재미있었나요?
유의사항	• (2세 영아) 교사가 들려주는 신체 부위를 보자기 속으로 숨기고, 밖으로 꺼내 보는 신체놀이를 한다. • 동화책의 크기가 작으므로 주요 그림 장면을 크게 출력하거나 동화 자료를 제작하여 활동에서 활용하도록 한다.

<table>
<tr><td>건강교육 항목</td><td>신체운동과 건강</td><td>활동 대상</td><td>유아</td></tr>
<tr><td>활동 명</td><td>나도 나도</td><td>활동 유형</td><td>동화 ·
신체표현</td></tr>
<tr><td>놀이 주제</td><td colspan="3">동식물과 자연</td></tr>
<tr><td>소주제</td><td colspan="3">동물 움직임 따라 하기</td></tr>
<tr><td>2019 개정
누리과정
관련 요소</td><td colspan="3">• 신체운동 · 건강 > 신체활동 즐기기 > 신체 움직임을 조절한다.
• 신체운동 · 건강 > 신체활동 즐기기 > 기초적인 이동 운동, 제자리 운동 도구를 이용한 운동을 한다.</td></tr>
<tr><td>활동목표</td><td colspan="3">• 동화 속 등장하는 동물의 움직임에 관심을 갖는다.
• 동화 속 동물들의 움직임을 몸으로 즐겁게 표현한다.</td></tr>
<tr><td>활동 자료</td><td colspan="3"><나도 나도> 동화책, <즐겁게 춤을 추다가> 음원
</td></tr>
<tr><td>관련 놀이 상황</td><td colspan="3">• 유아들이 동물이 내는 소리와 몸짓에 관심을 가지며 놀이한다.</td></tr>
<tr><td></td><td colspan="3">활동 방법</td></tr>
<tr><td>도입</td><td colspan="3">1. 동물 의태어에 관심을 갖는다.
T: (껑충껑충 소리를 들려주며)
어! 동물 중에 누가 온 것 같아요. 누가 왔을까요?</td></tr>
<tr><td>전개</td><td colspan="3">2. 동화 앞표지를 보며, 동화 내용을 추측해 본다.
T: (동화 앞표지를 보여 주며) 동화 속 주인공이 동물 흉내를 낸 것이었대요. 또, 어떤 동물을 흉내 낼 수 있는지 다 함께 볼까요?

3. 동화를 듣는다.
T: (장면별 동물의 모습과 주인공의 모습에 중점을 두어 동화를 들려준다.)</td></tr>
</table>

전개	4. 동화 내용을 기억해 말해 본다. T: 동화 속에서 주인공이 어떤 동물들을 흉내 내었나요? 5. 동화 속 동물을 몸으로 표현해 본다. T: 우리도 주인공처럼 동화 속 동물을 몸으로 표현해 볼 수 있을까요? (동화 속 장면을 하나씩 보여 주며) 이것은 어떤 동물을 흉내 낸 장면인가요? 주인공처럼 몸으로 동물을 표현해 볼까요? (동작 요소인 공간, 노력, 신체, 관계 요소를 활용하여 다양하게 움직여 보도록 한다.) 6. <즐겁게 춤을 추다가> 음악에 맞춰 동물 움직임을 균형 있게 조절해 본다. T: 하나, 둘, 셋! 하면 모두 원하는 동물로 변신해 볼까요? 동물이 되어 <즐겁게 춤을 추다가> 노래에 맞춰 움직여 보고, 노래가 멈추면 동물의 모습 그대로 멈춰 있기로 해요.
마무리	7. 활동을 평가한다. T: 오늘 들려준 동화가 재미있었나요? 오늘 또 무슨 활동들을 했었나요?
유의사항	• (4~5세 유아) 동화 속에 등장하지 않은 동물 사진 자료를 활용해, 동물의 명칭과 움직임의 특성을 알아보고, 몸으로 표현해 보도록 할 수 있다. • 동화책의 크기가 작으므로 주요 그림 장면을 크게 출력하거나 동화 자료를 제작하여 활동에서 활용하도록 한다.

건강교육 항목	신체운동과 건강	활동 대상	유아
활동 명	바바빠빠	활동 유형	동화 · 신체표현
놀이 주제	생활도구		
소주제	다양한 생활도구를 몸으로 표현해요.		
2019 개정 누리과정 관련 요소	• 신체운동 · 건강 > 신체활동 즐기기 > 신체를 인식하고 움직인다. • 신체운동 · 건강 > 신체활동 즐기기 > 신체 움직임을 조절한다.		
활동목표	• 동화 속 사물이 된 바바빠빠의 움직임 특성을 탐색한다. • 몸의 여러 부위를 활용해 다양한 생활도구를 표현한다.		
활동 자료	<바바빠빠> 동화책, 생활도구 사진 자료 		
관련 놀이 상황	• 유아들이 점토놀이를 하며, 점토 틀에 따라 변하는 점토 모양에 관심을 가지며 놀이한다.		
	활동 방법		
도입	1. 울음소리에 관심을 갖는다. T: (울음소리를 들려주며) 어! 무슨 소리지요?		
전개	2. 동화 앞표지를 보며, 동화 내용을 추측해 본다. T: (동화 앞표지를 보여 주며) 동화 속 주인공인 '바바빠빠'가 슬퍼서 우는 소리래요. 바바빠빠는 왜 슬플까요? 바바빠빠의 생김새는 어떤가요? 3. 동화를 듣는다. T: (장면별 바바빠빠 모습의 변화에 중점을 두어 동화를 들려준다.) 4. 동화 내용을 기억해 말해 본다. T: 동화 속에서 무슨 일이 있었나요?		

전개	바바빠빠는 사람들에게 어떻게 사랑받게 되었나요? 바바빠빠는 무엇으로 변신하여 사람들을 도와주었나요? 5. 바바빠빠처럼 몸을 다양하게 표현해 본다. T: 우리도 바바빠빠처럼 몸을 다양하게 표현해 볼 수 있을까요? (동화 속 변신 장면을 하나씩 보여 주며) 바바빠빠가 무엇으로 변신한 장면인가요? 바바빠빠처럼 몸으로 표현해 볼까요? 신체의 어느 부위로 표현하면 좋을까요? 왜 그렇게 생각했나요? 만약, 다른 부위로 표현한다면 어떻게 표현할 수 있을까요? 6. 몸으로 하는 사물 퀴즈게임을 해 본다. T: 이번에는 한 명이 나와서 동화 속 바바빠빠가 표현한 사물을 똑같이 흉내 내면, 앉아 있는 사람은 어떤 사물인지 맞혀 보는 게임을 해 보려고 해요.
마무리	7. 활동을 평가한다. T: 오늘 들려준 동화가 재미있었나요? 오늘 또 무슨 활동들을 했었나요?
유의사항	• (4~5세 유아) 동화 속에 등장하지 않은 생활도구 사진 자료를 활용해, 도구의 명칭과 생김새의 특성을 알아보고, 몸으로 표현해 보도록 할 수 있다. • 동화책의 크기가 작으므로 주요 그림 장면을 크게 출력하거나 동화 자료를 제작하여 활동에서 활용하도록 한다.

건강교육 항목	영양과 건강	활동 대상	영아
활동 명	사과가 쿵!	활동 유형	동화 · 신체표현
놀이 주제	동식물과 자연		
소주제	사과를 맛있게 먹는 동물들		
제4차 표준보육과정 관련 요소	• 기본생활 > 건강하게 생활하기 > 음식을 즐겁게 먹는다. • 기본생활 > 건강하게 생활하기 > 음식에 관심을 가지고 즐겁게 먹는다. (만 2세) • 신체운동 > 신체활동 즐기기 > 대소근육을 조절한다.		
활동목표	• 동화 속 동물들이 사과를 먹는 모습과 소리에 관심을 가진다. • 몸을 움직여 동물들의 다양한 사과 먹는 모습을 즐겁게 표현한다.		
활동 자료	<사과가 쿵!> 동화책  		
관련 놀이 상황	• 영아들이 간식을 먹을 때 나는 소리에 관심을 가지며 간식을 먹는다.		
	활동 방법		
도입	1. '쿵' 소리에 관심을 갖는다. T: ('쿵' 소리를 들려주며) '쿵' 하고 소리가 났는데, 무슨 소리일까요?		
전개	2. 동화 앞표지를 보며, 동화 내용을 추측해 본다. T: (동화 앞표지를 보여 주며) 동물 친구들이 사는 숲속에 '쿵' 하고 무엇인가가 떨어진 소리래요. 동물 친구들에게 무슨 일이 일어날까요? 3. 동화를 듣는다. T: (장면별 동물 이름, 먹는 모습과 소리를 강조하며 동화를 들려준다.)		

	4. 동화 내용을 기억해 말해 본다. T: 동화 속에서 무슨 일이 있었나요? 5. 그림 장면을 보고, 동물이 되어 사과를 맛있게 먹는 모습과 소리를 표현해 본다. T: (그림 장면을 하나씩 보여 주고, 영아들이 동물이 되어 사과 먹는 모습을 따라 해보도록 한다.)
마무리	6. 활동을 평가한다. T: 오늘 들려준 동화가 재미있었나요?
유의사항	• (2세 영아) 가장 재미있었던 동물의 먹는 모습과 소리를 선택해 보도록 할 수 있다. • 동화책의 크기가 작으므로 주요 그림 장면을 크게 출력하거나 동화 자료를 제작하여 활동에서 활용하도록 한다.

건강교육 항목	영양과 건강	활동 대상	영아
활동 명	냠냠냠, 쪽쪽쪽	활동 유형	동화· 신체표현
놀이 주제	건강과 안전, 동식물과 자연		
소주제	과일을 골고루 먹어요.		
제4차 표준보육과정 관련 요소	• 기본생활 > 건강하게 생활하기 > 음식을 즐겁게 먹는다. • 기본생활 > 건강하게 생활하기 > 음식에 관심을 가지고 즐겁게 먹는다. (만 2세) • 신체운동 > 신체활동 즐기기 > 대소근육을 조절한다. • 신체운동 > 감각과 신체 인식하기 > 감각능력을 활용한다. (만 2세)		
활동목표	• 동화 속 과일을 먹는 다양한 모습과 소리에 관심을 가진다. • 신체를 활용해 과일 먹는 모습을 다양하게 표현해 본다.		
활동 자료	<냠냠냠 쪽쪽쪽> 동화책 		
관련 놀이 상황	• 영아들이 과일마다 다르게 먹는 모습에 관심을 가지며 놀이한다.		
	활동 방법		
도입	1. 먹는 소리에 주의를 기울인다. T: ('냠냠냠 쪽쪽쪽' 소리를 들려주며) 어! 무슨 소리일까요?		
전개	2. 동화 앞표지를 보며, 동화 내용을 추측해 본다. T: (동화 앞표지를 보여 주며) 과일들을 먹는 소리였대요. 어떤 과일들이 보이나요? 이 중에서 어떤 과일을 먹어 보았나요? 3. 동화를 듣는다.		

전개	T: (장면별 과일 이름, 과일을 먹는 모습과 소리를 강조하며 동화를 들려준다.) 4. 동화 내용을 기억해 말해 본다. T: 동화 속에 어떤 과일들이 나왔나요? 5. 동화 속 그림 장면을 보고, 과일을 맛있게 먹는 모습과 소리를 표현해 본다. T: (그림 장면을 하나씩 보여 주고, 영아들이 과일 먹는 모습을 표현해 보도록 한다.)
마무리	6. 활동을 평가한다. T: 오늘 들려준 동화가 재미있었나요?
유의사항	• (2세 영아) 동화 속에 등장하지 않은 다른 과일 사진을 보여 주고, 먹는 모습과 소리를 표현해 보도록 한다. • 동화책의 크기가 작으므로 주요 그림 장면을 크게 출력하거나 동화 자료를 제작하여 활동에서 활용하도록 한다.

<table>
<tr><td>건강교육 항목</td><td>영양과 건강</td><td>활동 대상</td><td>유아</td></tr>
<tr><td>활동 명</td><td>난 토마토 절대 안 먹어</td><td>활동 유형</td><td>동화 ·
신체표현</td></tr>
<tr><td>놀이 주제</td><td colspan="3">건강과 안전</td></tr>
<tr><td>소주제</td><td colspan="3">5대 영양소를 골고루 먹어요.</td></tr>
<tr><td>2019 개정
누리과정
관련 요소</td><td colspan="3">• 신체운동 · 건강 > 건강하게 생활하기 > 몸에 좋은 음식에 관심을 가지고 바른 태도로 즐겁게 먹는다.
• 신체운동 · 건강 > 신체활동 즐기기 > 신체를 인식하고 움직인다.</td></tr>
<tr><td>활동목표</td><td colspan="3">• 골고루 먹는 것의 중요성을 안다.
• 골고루 먹지 않아 허약한 친구와 골고루 먹어 건강한 친구를 몸으로 표현해 본다.</td></tr>
<tr><td>활동 자료</td><td colspan="3"><난 토마토 절대 안 먹어> 동화책, 허약한 친구와 건강한 친구 그림 자료

</td></tr>
<tr><td>관련 놀이 상황</td><td colspan="3">• 유아들이 점심시간에 영양과 건강의 관계에 관심을 가지며 이야기를 나눈다.</td></tr>
<tr><td></td><td colspan="3">활동 방법</td></tr>
<tr><td>도입</td><td colspan="3">1. 허약한 친구와 건강한 친구 그림 자료를 보며, 건강한 모습에 관심을 갖는다.
T: (허약한 친구와 건강한 친구 그림 자료를 보여 주며) 여기 2명의 친구가 있는데, 무엇이 서로 다른가요?
왜 한 친구는 힘이 없어 보이고, 또 다른 한 친구는 건강해 보일까요?</td></tr>
<tr><td>전개</td><td colspan="3">2. 동화 앞표지를 보며, 동화 내용을 추측해 본다.
T: (동화 앞표지를 보여 주며) 여기 오빠와 여동생이 있는데, 오빠는 건강한데, 여동생은 그렇지 않을 수 있다고 해요.
그 이유가 무엇일까요?</td></tr>
</table>

전개	3. 동화를 듣는다. T: (장면별 음식 재료를 강조하며 동화를 들려준다.) 이 음식 재료는 무엇인가요? 오빠는 음식 재료를 어떻게 새롭게 표현했나요? 4. 동화 내용을 기억해 말해 본다. T: 동화 속에서 무슨 일이 있었나요? 오빠는 건강하고, 여동생은 그렇지 못한 이유가 무엇인지 알 수 있나요? 5. 골고루 먹는 것의 중요성에 대해 알아본다. T: 만약 골고루 먹지 못한 아이가 있다면, 우리는 어떻게 알 수 있을까요? 왜 그렇게 생각하나요? 6. 골고루 먹지 않아 허약한 친구와 골고루 먹어 건강한 친구의 행동과 특징을 몸으로 표현해 본다. T: 누가 나와서 골고루 먹지 않아 허약한 친구의 행동과 특징을 몸으로 표현해 줄까요? 이번에는 건강한 친구의 행동과 특징으로 몸으로 표현해 줄까요?
마무리	7. 활동을 평가한다. T: 오늘 들려준 동화가 재미있었나요? 오늘 또 무슨 활동들을 했었나요?
유의사항	• (4~5세 유아) 동화 속에 등장한 음식 재료 중 우리 반이 좋아하는 것과 좋아하지 않은 것에 대한 그래프 활동을 확장활동으로 해 볼 수 있다. • 동화책의 크기가 작으므로 주요 그림 장면을 크게 출력하거나 동화 자료를 제작하여 활동에서 활용하도록 한다.

건강교육 항목	영양과 건강	활동 대상	유아
활동 명	도와줘요 보글냠냠 요리사	활동 유형	동화 · 신체표현
놀이 주제	우리 동네		
소주제	편식은 위험해요.		
2019 개정 누리과정 관련 요소	• 신체운동 · 건강 > 건강하게 생활하기 > 몸에 좋은 음식에 관심을 가지고 바른 태도로 즐겁게 먹는다. • 신체운동 · 건강 > 신체활동 즐기기 > 실내외 신체활동에 자발적으로 참여한다.		
활동목표	• 편식이 무엇인지, 편식의 위험에 대해 안다. • 5대 영양소의 종류와 음식에 대해 안다. • 다양한 음식과 요리하는 과정을 신체로 표현해 본다.		
활동 자료	<도워줘요 보글냠냠 요리사> 동화책, 편식하는 유아의 식탁 그림 자료, 보글냠냠 요리사가 만든 식탁 그림 자료, 5대 영양소 그림 이미지와 명칭 카드  		
관련 놀이 상황	• 유아들이 점심시간에 잘 먹지 않는 반찬에 대해 이야기를 나누며 점심을 먹는다.		
	활동 방법		
도입	1. 식탁 그림 자료를 보며, 음식의 구성에 대해 관심을 갖는다. T: (편식하는 유아의 식탁 그림 자료를 보여 주며) 음식이 차려진 식탁이 있어요. 어떤 음식들이 있는지 하나씩 볼까요? 만약, 이 음식들만 먹으면서 편식을 하면 어떻게 될까요?		
전개	2. 동화 앞표지를 보며, 동화 내용을 추측해 본다. T: (동화 앞표지를 보여 주며) 여기에도 편식하는 친구가 있대요. 무슨 음식들을 좋아하는 것 같나요? 3. 동화를 듣는다. T: (장면별 음식 재료를 강조하며 동화를 들려준다.)		

전개	4. 동화 내용을 기억해 말해 본다. T: 동화 속에서 무슨 일이 있었나요? 주인공이 편식하는 것을 어떻게 알 수 있을까요? 계속 편식한다면 주인공은 어떻게 될까요? 주인공을 누가 도와주나요? 어떻게 도와주었나요? 5. 5대 영양소에 대해 알아보고, 동화 속 음식 재료를 분류해 본다. T: 우리 몸에 꼭 필요한 5가지 영양소가 있대요. 이것들을 골고루 먹어야 건강하대요. 5대 영양소에 대해 알고 있는 것이 있나요? (영양소 그림 이미지와 명칭 카드를 보여 주며) 우리가 기운이 나게 도와주는 탄수화물, 우리 몸의 뼈와 근육을 만들어 주는 단백질, 우리 몸의 내장기관을 보호해 주는 지방, 우리 몸속 세포를 건강하게 해 주는 비타민, 우리 몸속 피를 건강하게 해 주는 무기질이 있대요. (동화 속 그림 장면을 보여 주며) 이 음식 재료는 우리가 기운이 나게 도와준대요. 그럼 어떤 영양소일까요? 6. 5대 영양소가 포함된 균형 잡힌 식단을 위해 필요한 음식이 무엇인지 알아보고, 음식과 요리 과정을 신체로 표현해 본다. T: 이것은 보글냠냠 요리사가 주인공을 위해 만들어 준 요리들이 놓인 식탁이래요. (식탁 그림 자료를 보여 주며) 무슨 음식이 놓여져 있는지 볼까요? 우리가 골고루 먹어야 하는 5대 영양소가 잘 포함되어 있나요? (영양소 그림 이미지와 명칭카드를 보여 주며) 기운이 나게 도와주는 탄수화물은 무엇인가요? 여기 없는 영양소가 있나요? 어떤 음식이 있다면, 건강한 식탁이 완성될까요? 누가 나와서 필요한 음식을 요리하는 모습을 표현해 볼 수 있을까요? 앉아 있는 사람은 무슨 요리인지 맞혀 볼까요?
마무리	7. 활동을 평가한다. T: 오늘 들려준 동화가 재미있었나요? 오늘 또 무슨 활동들을 했었나요?
유의사항	• (4~5세 유아) 다양한 음식의 사진 자료를 준비하여 5대 영양소가 포함된 식단 구성하기 게임을 편게임으로 진행해 볼 수 있다. • 동화책의 크기가 작으므로 주요 그림 장면을 크게 출력하거나 동화 자료를 제작하여 활동에서 활용하도록 한다.

건강교육 항목	건강한 생활습관	활동 대상	영아
활동 명	싹싹싹	활동 유형	동화 · 신체표현
놀이 주제	건강과 안전		
소주제	몸을 깨끗하게 해요.		
제4차 표준보육과정 관련 요소	• 기본생활 > 건강하게 생활하기 > 도움을 받아 몸을 깨끗이 한다. • 기본생활 > 건강하게 생활하기 > 자신의 몸을 깨끗이 해 본다. (만 2세) • 신체운동 > 신체활동 즐기기 > 실내외 신체활동을 즐긴다.		
활동목표	• 몸을 깨끗이 하는 모습에 관심을 가진다. • 몸을 닦는 모습을 신체로 표현한다.		
활동 자료	<싹싹싹> 동화책, 깨끗한 모습과 더러운 모습의 영아 그림 자료 		
관련 놀이 상황	• 영아들이 간식을 먹다 흘린 것을 닦는 모습에 관심을 보인다.		
	활동 방법		
도입	**1. 깨끗한 모습, 더러운 모습 그림에 관심을 갖는다.** T: (두 그림을 보여 주며) 두 친구의 모습은 어떤가요? 두 친구의 기분은 어떨까요?		
전개	**2. 동화 앞표지를 보며, 동화 내용을 추측해 본다.** T: (동화 앞표지를 보여 주며) 친구는 어떤 모습인가요? 무슨 일이 일어날 것 같나요? **3. 동화를 듣는다.** T: (더러워진 부위를 가리켜 알려 주고, '싹싹싹' 몸을 닦는 의성어와 의태어를 강조하며 들려준다.) **4. 동화 내용을 기억해 말해 본다.**		

	T: 동화 속에서 무슨 일이 있었나요? 수프를 먹다 흘렸을 때 어떻게 했나요? **5. 그림 장면의 닦는 모습을 따라 해보고, 기분도 표현해 본다.** T: (그림 장면을 하나씩 보여 주고, 영아들이 더러워진 부위를 손으로 닦아 보도록 한다.) 이 그림에서는 어디가 더러워졌나요? 다 같이 깨끗이 닦아 봐요. 깨끗해진 후 기분을 표정으로 표현해 봐요.
마무리	**6. 활동을 평가한다.** T: 오늘 들려준 동화가 재미있었나요?
유의사항	• (2세 영아) 교사가 들려주는 신체 부위 명칭을 듣고, 닦아 보는 신체표현을 해 본다. • 동화책의 크기가 작으므로 주요 그림 장면을 크게 출력하거나 동화 자료를 제작하여 활동에서 활용하도록 한다.

건강교육 항목	건강한 생활습관	활동 대상	영아
활동 명	응가하자, 끙끙	활동 유형	동화 · 신체표현
놀이 주제	건강과 안전		
소주제	정해진 곳에서 배변을 해요.		
제4차 표준보육과정 관련 요소	• 기본생활 > 건강하게 생활하기 > 배변 의사를 표현한다. • 기본생활 > 건강하게 생활하기 > 건강한 배변 습관을 갖는다. (만 2세) • 신체운동 > 신체활동 즐기기 > 대소근육을 조절한다.		
활동목표	• 정해진 곳에서 배변하는 것이 무엇인지에 대해 안다. • 배변과정을 신체표현해 보며, 신체조절 경험을 한다.		
활동 자료	<응가하자, 끙끙> 동화책  		
관련 놀이 상황	• 영아들이 교실에 놓인 변기에 관심을 보이며 놀이한다.		
	활동 방법		
도입	**1. '끙끙' 소리에 관심을 갖는다.** T: ('끙끙' 소리를 들려주며) 어! 무슨 소리일까요?		
전개	**2. 동화 앞표지를 보며, 동화 내용을 추측해 본다.** T: (동화 앞표지를 보여 주며) 아이가 배변을 하고 있어요. 어디에서 하나요? **3. 동화를 듣는다.** T: (장면별 동물 이름과 변기, 의태어를 강조하며 동화를 들려준다.) 이 동물은 누구인가요? 어디에서 배변을 하고 있나요? 다 같이 소리를 따라 해볼까요?		

	4. 동화 내용을 기억해 말해 본다. T: 동화 속에서 무슨 일이 있었나요? 동화 속 친구들은 모두 어디에서 배변을 하였나요? 5. 동화 속 그림 장면을 보고, 배변과정을 몸으로 표현해 본다. T: (그림 장면을 하나씩 보여 주며) 이 장면처럼 몸으로 표현해 볼까요?
마무리	6. 활동을 평가한다. T: 오늘 들려준 동화가 재미있었나요?
유의사항	• (0~1세 영아) 동화 속에 등장하는 '응가' 용어에 익숙해지도록 한다. • 동화책의 크기가 작으므로 주요 그림 장면을 크게 출력하거나 동화 자료를 제작하여 활동에서 활용하도록 한다.

<table>
<tr><td>건강교육 항목</td><td>건강한 생활습관</td><td>활동 대상</td><td>유아</td></tr>
<tr><td>활동 명</td><td>도깨비를 빨아 버린 우리 엄마</td><td>활동 유형</td><td>동화 ·
신체표현</td></tr>
<tr><td>놀이 주제</td><td colspan="3">건강과 안전</td></tr>
<tr><td>소주제</td><td colspan="3">깨끗하면 기분이 좋아요.</td></tr>
<tr><td>2019 개정
누리과정
관련 요소</td><td colspan="3">• 신체운동 · 건강 > 건강하게 생활하기 > 자신의 몸과 주변을 깨끗이 한다.
• 신체운동 · 건강 > 신체활동 즐기기 > 신체 움직임을 조절한다.</td></tr>
<tr><td>활동목표</td><td colspan="3">• 깨끗함과 더러움의 차이를 구분한다.
• 깨끗함의 중요성을 안다.
• 몸과 주변을 깨끗하게 하는 방법을 몸으로 표현해 본다.</td></tr>
<tr><td>활동 자료</td><td colspan="3"><도깨비를 빨아 버린 우리 엄마> 동화책, 더러운 아이 그림 자료, 더러운 손 그림 자료, 더러운 치아 그림 자료

</td></tr>
<tr><td>관련 놀이 상황</td><td colspan="3">• 유아들이 모래놀이 후 손을 씻으며, 더러운 손과 깨끗한 손의 차이에 관심을 가지며 손을 씻는다.</td></tr>
<tr><td></td><td colspan="3">활동 방법</td></tr>
<tr><td>도입</td><td colspan="3">1. 더러운 모습의 아이 그림 자료를 보며 더러움과 깨끗함에 대해 관심을 갖는다.
T: (더러운 아이 그림 자료를 보여 주며) 모습은 깨끗해 보이나요?
왜 아니라고 생각했나요?
왜 이렇게 더러워졌을까요?
계속 이렇게 있으면 어떻게 될까요?
그럼, 어떻게 해야 할까요?</td></tr>
<tr><td>전개</td><td colspan="3">2. 동화 앞표지를 보며, 동화 내용을 추측해 본다.
T: (동화 앞표지를 보여 주며) 이 동화 속에서는 깨끗한 것을 좋아하는 엄마가 나온대요.
동화를 보며 깨끗한 엄마가 하는 일들에 대해 알아볼까요?</td></tr>
</table>

전개	3. 동화를 듣는다. T: (엄마가 하는 행동, 깨끗해진 후의 기분에 중점을 두어 동화를 들려준다.) 4. 동화 내용을 기억해 말해 본다. T: 동화 속에서 무슨 일이 있었나요? 5. 우리 몸을 깨끗하게 하는 방법을 몸으로 표현해 본다. T: 우리는 스스로 우리 몸을 깨끗하게 할 수 있는 행동들이 있대요. 어떻게 깨끗하게 할 수 있을까요? (더러운 아이 그림 자료를 보여 주며) 처음에 봤던 이 친구가 깨끗해지려면 어떻게 해야 하는지 몸으로 표현해 볼까요? (더러운 손 그림 자료를 보여 주며) 손은 어떻게 씻는 걸까요? 몸으로 표현해 볼까요? (더러운 치아 그림 자료를 보여 주며) 양치질은 어떻게 해야 할까요? 몸으로 표현해 볼까요? 깨끗해진 후 친구의 기분을 몸으로 표현해 볼까요? 6. 우리 주변을 깨끗하게 하는 방법을 몸으로 표현해 본다. T: 우리 주변을 깨끗하게 하는 방법은 무엇이 있을까요? 그 방법을 몸으로 표현해 볼 수 있을까요?
마무리	7. 활동을 평가한다. T: 오늘 들려준 동화가 재미있었나요? 오늘 또 무슨 활동들을 했었나요?
유의사항	• (4~5세 유아) 깨끗하게 해 주는 엄마에게 고마운 편지를 쓴다면 어떤 내용을 쓰고 싶은지 이야기 나눌 수 있다. • 동화책의 크기가 작으므로 주요 그림 장면을 크게 출력하거나 동화 자료를 제작하여 활동에서 활용하도록 한다.

<table>
<tr><td>건강교육 항목</td><td>건강한 생활습관</td><td>활동 대상</td><td>유아</td></tr>
<tr><td>활동 명</td><td>우리 아빠 재우기는 정말 힘들어!</td><td>활동 유형</td><td>동화 · 신체표현</td></tr>
<tr><td>놀이 주제</td><td colspan="3">나와 가족, 건강과 안전</td></tr>
<tr><td>소주제</td><td colspan="3">잠을 자는 것은 중요해요.</td></tr>
<tr><td>2019 개정 누리과정 관련 요소</td><td colspan="3">• 신체운동 · 건강 > 건강하게 생활하기 > 하루 일과에서 적당한 휴식을 취한다.
• 신체운동 · 건강 > 신체활동 즐기기 > 신체 움직임을 조절한다.</td></tr>
<tr><td>활동목표</td><td colspan="3">• 잠의 중요성에 대해 안다.
• 수면이 부족한 경우와 충분히 수면을 취한 경우를 비교해 신체로 표현해 본다.
• 잠을 잘 수 있는 방법에 대해 알아본다.</td></tr>
<tr><td>활동 자료</td><td colspan="3"><우리 아빠 재우기는 정말 힘들어!> 동화책, 수면습관이 좋은 친구와 그렇지 못한 친구 그림 자료(짜증 내는 친구 vs 웃는 친구 등)

</td></tr>
<tr><td>관련 놀이 상황</td><td colspan="3">• 유아들이 낮잠 시간에 자야 하는 이유에 대해 관심을 가지며 이야기 나눈다.</td></tr>
<tr><td></td><td colspan="3">활동 방법</td></tr>
<tr><td>도입</td><td colspan="3">1. <아빠와 크레파스> 노래를 부르며 지난 밤 꿈과 잠에 대해 관심을 갖는다.
T: 어젯밤에 무슨 꿈을 꾸었나요?
잠을 자는 것에 대해 어떤 기분이 드나요?</td></tr>
<tr><td>전개</td><td colspan="3">2. 동화 앞표지를 보며, 동화 내용을 추측해 본다.
T: (동화 앞표지를 보여 주며) 동화 속에서 아빠가 잠을 자려고 하지 않는대요.
아빠는 왜 잠을 자려고 하지 않을까요?
잠을 자려고 하지 않는 아빠를 어떻게 도와줄 수 있을까요?

3. 동화를 듣는다.</td></tr>
</table>

전개	T: (아빠의 기분과 잠을 재우려는 노력, 그리고 주인공의 마음에 중점을 두어 동화를 들려준다.) 4. **동화 내용을 기억해 말해 본다.** T: 동화 속에서 무슨 일이 있었나요? 만약, 주인공이라면 아빠를 어떻게 재우고 싶나요? 만약, 아빠가 잠을 계속 자지 않는다면 어떻게 될까요? 5. **수면이 부족한 사람과 충분한 수면을 취한 사람을 비교해 몸으로 표현해 본다.** T: (수면습관이 좋은 친구와 그렇지 못한 친구 그림 자료를 보여 주며) 두 친구 중에 누가 잠을 푹 잔 친구 같나요? 왜 그렇다고 생각하나요? 그럼, 이 그림처럼 잠을 푹 잔 친구가 되어 몸으로 표현해 볼까요? 이번에는 잠을 잘 자지 못한 친구가 되어 몸으로 표현해 볼까요? 몸으로 표현해 보니, 기분이 어떤가요? 6. **잠을 잘 잘 수 있는 방법에 대해 생각해 본다.** T: 잠을 잘 잘 수 있도록 도와주는 방법에는 무엇이 있을까요? 왜 그렇게 생각했나요?
마무리	7. **활동을 평가한다.** T: 오늘 들려준 동화가 재미있었나요? 오늘 또 무슨 활동들을 했었나요?
유의사항	• (4~5세 유아) 동화의 뒷이야기를 생각해 이야기를 확장해 보도록 할 수 있다. • 동화책의 크기가 작으므로 주요 그림 장면을 크게 출력하거나 동화 자료를 제작하여 활동에서 활용하도록 한다.

건강교육 항목	정신건강	활동 대상	영아
활동 명	사랑해 사랑해 사랑해	활동 유형	동화 · 신체표현
놀이 주제	어린이집과 친구		
소주제	내가 느끼는 다양한 감정		
제4차 표준보육과정 관련 요소	• 사회관계 > 더불어 생활하기 > 안정적인 애착을 형성한다. • 사회관계 > 나를 알고 존중하기> 나의 감정을 표현한다. (만 2세) • 신체운동 > 신체활동 즐기기 > 실내외 신체활동을 즐긴다.		
활동목표	• 다양한 감정에 대해 안다. • 감정을 몸으로 표현해 본다.		
활동 자료	<사랑해 사랑해 사랑해> 동화책, 가족들이 아이를 사랑해 주고 있는 사진 자료 		
관련 놀이 상황	• 영아들이 좋아하는 감정에 관심을 가지고 놀이한다.		
	활동 방법		
도입	1. 사랑받는 모습에 관심을 갖는다. T: (가족들이 아이를 사랑해 주고 있는 사진 자료를 보여 주며) 사진 속 아이의 기분은 어떨까요?		
전개	2. 동화 앞표지를 보며, 동화 내용을 추측해 본다. T: (동화 앞표지를 보여 주며) 무엇을 사랑하는 것 같나요? 왜 그렇게 생각했나요? 3. 동화를 들으며, 여러 감정에 대해 안다. T: (장면별 감정에 대해 아이 표정이나 행동을 강조하며 동화를 들려준다.) 아이가 어떤 표정인가요? 어떤 행동을 하고 있나요?		

	4. 동화 내용을 기억해 말해 본다. T: 동화 속 아이는 사랑스러웠나요? (동화 속 장면들을 보여 주며) 어떤 장면이 가장 사랑스러웠나요? 5. 동화 속 그림 장면을 보고, 감정을 몸으로 표현해 본다. T: (그림 장면을 하나씩 보여 주며) 이 장면처럼 얼굴 표정을 똑같이 표현해 볼까요? 사랑하는 마음을 행동으로는 어떻게 표현할 수 있을까요?
마무리	6. 활동을 평가한다. T: 오늘 들려준 동화가 재미있었나요?
유의사항	• (2세 영아) 사랑의 감정을 다양하게 신체로 표현해 본다. • 동화책의 크기가 작으므로 주요 그림 장면을 크게 출력하거나 동화 자료를 제작하여 활동에서 활용하도록 한다.

건강교육 항목	정신건강	활동 대상	영아
활동 명	기분을 말해 봐!	활동 유형	동화 · 신체표현
놀이 주제	어린이집과 친구		
소주제	친구의 다양한 감정		
제4차 표준보육과정 관련 요소	• 사회관계 > 더불어 생활하기 > 다른 사람의 감정과 행동에 관심을 가진다. • 사회관계 > 더불어 생활하기 > 다른 사람의 감정과 행동에 반응한다. (만 2세) • 신체운동 > 신체활동 즐기기 > 실내외 신체활동을 즐긴다.		
활동목표	• 다양한 감정표현에 대해 안다. • 얼굴과 몸의 표현을 보고, 어떤 감정인지 안다.		
활동 자료	<기분을 말해 봐!> 동화책, 다양한 감정의 얼굴표정 사진  		
관련 놀이 상황	• 영아들이 다양한 감정표현에 관심을 가지며 놀이한다.		
	활동 방법		
도입	1. **다양한 감정의 얼굴표정에 관심을 갖는다.** T: (얼굴표정 사진 자료를 보여 주며) 이 표정을 따라 해볼까요? 기분이 어떤 것 같나요?		
전개	2. **동화 앞표지를 보며, 동화 내용을 추측해 본다.** T: (동화 앞표지를 보여 주며) 원숭이처럼 행동이랑 얼굴표정을 따라 해볼까요? 원숭이의 기분은 어떤 거 같나요? 3. **동화를 들으며, 여러 감정에 대해 안다.** T: (장면별 원숭이의 표정이나 행동을 통해 기분을 이해하며 동화를 들려준다.)		

	원숭이가 어떤 표정인가요? 어떤 행동을 하고 있나요? 원숭이의 기분은 어떤 거 같나요? 4. **동화 내용을 기억해 말해 본다.** T: (동화 속 장면들을 보여 주며) 동화 속 원숭이는 어떤 기분들이었나요? 어떤 장면이 가장 기억에 남나요? 5. **동화 속 그림 장면을 보고, 감정을 몸으로 표현해 본다.** T: (그림 장면을 하나씩 보여 주며) 이 장면처럼 얼굴표정과 행동을 몸으로 따라 해볼까요? 6. **친구의 신체표현을 보고, 감정이 무엇인지 알아본다.** T: 누가 나와서 그림 장면 하나를 골라, 몸으로 기분을 표현해 볼까요?
마무리	7. **활동을 평가한다.** T: 오늘 들려준 동화가 재미있었나요?
유의사항	• (0~1세 영아) 거울을 앞에 두고, 여러 감정을 얼굴표정으로 따라 지어 본다. • 동화책의 크기가 작으므로 주요 그림 장면을 크게 출력하거나 동화 자료를 제작하여 활동에서 활용하도록 한다.

<table>
<tr><th>건강교육 항목</th><th>정신건강</th><th>활동 대상</th><th>유아</th></tr>
<tr><td>활동 명</td><td>소피가 화나면, 정말 정말 화나면</td><td>활동 유형</td><td>동화 ·
신체표현</td></tr>
<tr><td>놀이 주제</td><td colspan="3">나와 가족</td></tr>
<tr><td>소주제</td><td colspan="3">감정을 조절해요.</td></tr>
<tr><td>2019 개정
누리과정
관련 요소</td><td colspan="3">• 사회관계 > 나를 알고 존중하기 > 나의 감정을 알고 상황에 맞게 표현한다.
• 신체운동 · 건강 > 신체활동 즐기기 > 실내외 신체활동에 자발적으로 참여한다.</td></tr>
<tr><td>활동목표</td><td colspan="3">• 감정을 조절하는 방법에 대해 안다.
• 신체표현을 통해 감정을 조절해 본다.</td></tr>
<tr><td>활동 자료</td><td colspan="3"><소피가 화나면, 정말 정말 화나면> 동화책, 우는 아이 그림 자료, 신체표현 도구(리본, 보자기, 공 등)

</td></tr>
<tr><td>관련 놀이 상황</td><td colspan="3">• 유아들이 화나고 슬픈 감정을 조절하는 것에 대해 관심을 가지며 놀이한다.</td></tr>
<tr><td></td><td colspan="3">활동 방법</td></tr>
<tr><td>도입</td><td colspan="3">1. 우는 아이의 감정에 관심을 갖는다.
T: (우는 아이 그림 자료를 보여 주며) 아이 마음은 어떤 것 같나요?
왜 울게 되었을까요?
기분이 좋아지려면 어떻게 하면 좋을까요?</td></tr>
<tr><td>전개</td><td colspan="3">2. 동화 앞표지를 보며, 동화 내용을 추측해 본다.
T: (동화 앞표지를 보여 주며) 이 아이의 얼굴표정을 따라 해볼까요?
마음이 어떤 것 같나요?
이런 마음이 계속 된다면 어떻게 될까요?</td></tr>
</table>

	3. 동화를 듣는다. T: (장면별 감정표현과 감정 변화를 이해하며 동화를 들려준다.) 4. 동화 내용을 기억해 말해 본다. T: 동화 속 소피는 왜 화가 났나요? 화가 난 소피의 행동과 표정은 어땠나요? 소피의 기분은 어떤 기분으로 변화했나요? 무엇 때문에 변할 수 있었나요? 5. 동화 속 그림 장면을 보고, 감정을 몸으로 표현해 본다. T: (그림 장면을 보여 주며) 화가 난 표정과 행동을 따라 해볼까요? 또 어떻게 화난 감정을 표현할 수 있을까요? 6. 감정을 조절하는 방법에 대해 알아보고 신체로도 표현해 본다. T: 화난 감정을 어떻게 하면 기분 좋은 감정으로 변화하도록 할 수 있을까요? 몸을 움직여 감정을 조절할 수 있을까요? 어떻게 몸을 움직이면, 기분이 좋아질까요? (신체표현 도구를 보여 주며) 도구를 사용해 기분이 좋아지는 움직임을 표현해 볼까요?
마무리	7. 활동을 평가한다. T: 오늘 들려준 동화가 재미있었나요? 오늘 또 무슨 활동들을 했었나요?
유의사항	• (4~5세 유아) 일상생활에서 자신을 화나게 했던 경험을 떠올려 보고, 그때 어떻게 행동했었는지, 어떻게 감정을 조절했는지 기억해 스스로를 반성해 보게 한다. 그리고 다음에 같은 상황일 때 어떻게 감정을 조절할 수 있는지도 계획해 보게 한다. • 동화책의 크기가 작으므로 주요 그림 장면을 크게 출력하거나 동화 자료를 제작하여 활동에서 활용하도록 한다.

건강교육 항목	정신건강	활동 대상	유아
활동 명	괜찮아	활동 유형	동화 · 신체표현
놀이 주제	동식물과 자연		
소주제	나의 장단점		
2019 개정 누리과정 관련 요소	• 사회관계 > 나를 알고 존중하기 > 나를 알고 소중히 여긴다. • 신체운동 · 건강 > 신체활동 즐기기 > 실내외 신체활동에 자발적으로 참여한다.		
활동목표	• 여러 동물의 장단점을 안다. • 나의 장단점을 안다. • 나의 장단점을 몸으로 표현해 본다.		
활동 자료	<괜찮아> 동화책, 우는 아이 그림 자료, 신체표현 도구(리본, 보자기, 공 등) 		
관련 놀이 상황	• 유아들이 친구들마다 잘하는 점이 다른 것에 관심을 갖는다.		
	활동 방법		
도입	**1. 개미가 잘할 수 있는 것에 관심을 갖는다.** T: 동물이 된다면, 어떤 동물이 되고 싶나요? 왜 그렇게 생각했나요? (개미 그림 자료를 보여 주며) 작은 개미가 된다면 어떨 것 같나요? 하지만 작은 개미에게도 다른 동물들이 부러워하는 멋진 능력이 있다면 무엇일까요?		
전개	**2. 동화 앞표지를 보며, 동화 내용을 추측해 본다.** T: (동화 앞표지를 보여 주며) 주인공의 표정은 어떤가요? 주인공은 작지만, 모두가 부러워하는 멋진 능력이 있대요.		

	3. 동화를 듣는다. T: (장면별 동물의 이름과 특성을 이해하며 동화를 들려준다.) 이 동물은 누구인가요? 동물의 불편한 점은 무엇인가요? 하지만 이 동물이 가진 멋진 능력은 무엇인가요? **4. 동화 내용을 기억해 말해 본다.** T: 동화 속에는 어떤 동물들이 나왔나요? ○○ 동물은 어떤 불편한 점이 있다고 했나요? 하지만 어떤 멋진 능력을 가졌다고 했나요? **5. 나의 장단점을 생각해 말해 본다.** T: 주인공처럼 다른 친구들에 비해 부족하다고 생각하는 것이 있나요? 또 다른 친구들에게 비해 잘하는 점은 무엇인가요? **6. 내가 잘하는 것을 신체로 표현해 본다.** T: 어떤 것을 잘하는지 몸으로 표현해 볼까요? 친구의 표현을 보고, 무엇을 잘하는지 알아맞혀 볼까요?
마무리	**7. 활동을 평가한다.** T: 오늘 들려준 동화가 재미있었나요? 오늘 또 무슨 활동들을 했었나요?
유의사항	• (4~5세 유아) 친구들과 서로서로 잘하는 점을 칭찬해 줄 수 있다. • 동화책의 크기가 작으므로 주요 그림 장면을 크게 출력하거나 동화 자료를 제작하여 활동에서 활용하도록 한다.

<table>
<tr><td>건강교육 항목</td><td>안전한 생활습관</td><td>활동 대상</td><td>영아</td></tr>
<tr><td>활동 명</td><td>백설공주</td><td>활동 유형</td><td>동화 ·
신체표현</td></tr>
<tr><td>놀이 주제</td><td colspan="3">세계 여러 나라</td></tr>
<tr><td>소주제</td><td colspan="3">먹으면 위험해요.</td></tr>
<tr><td>제4차
표준보육과정
관련 요소</td><td colspan="3">• 기본생활 > 안전하게 생활하기 > 위험하다는 말에 주의한다.
• 기본생활 > 안전하게 생활하기 > 위험한 상황에 대처하는 방법을 경험한다. (만 2세)
• 신체운동 > 신체활동 즐기기 > 실내외 신체활동을 즐긴다.</td></tr>
<tr><td>활동목표</td><td colspan="3">• 주변에 먹으면 위험한 것이 무엇이 있는지 안다.
• 먹어서는 안 되는 음식에 대처하는 행동을 몸으로 표현해 본다.</td></tr>
<tr><td>활동 자료</td><td colspan="3"><백설공주> 동화책, 사과 그림 자료, 먹으면 안 되는 위험한 물건(화장품, 세제, 동전 등)이 있는 방 안 그림 자료
</td></tr>
<tr><td>관련 놀이 상황</td><td colspan="3">• 영아들이 간식 시간에 먹으면 안 되는 과일 씨앗에 관심을 가지며 간식을 먹는다.</td></tr>
<tr><td></td><td colspan="3">활동 방법</td></tr>
<tr><td>도입</td><td colspan="3">1. 사과에 관심을 갖는다.
T: (그림 자료를 보여 주며) 이것은 무엇인가요?
사과를 먹어 보았나요?</td></tr>
<tr><td>전개</td><td colspan="3">2. 동화 앞표지를 보며, 동화 내용을 추측해 본다.
T: (동화 앞표지를 보여 주며) 동화 속 공주는 무엇을 들고 있나요?
그런데 저 사과는 먹어서는 안 되는 사과래요.
왜 사과를 먹어서는 안 되는지 다 함께 동화를 볼까요?</td></tr>
</table>

	3. 동화를 들으며, 위험한 상황과 행동에 대해 안다. T: (독이 든 사과를 백설공주가 받는 장면을 보여 주며) 이 사과에는 몸에 해로운 것이 들어 있어요. 공주에게 뭐라고 말해 주면 좋을까요? **4. 동화 내용을 기억해 말해 본다.** T: 동화 속 공주가 받은 사과는 먹을 수 있는 사과였나요? 왜 먹을 수 없는 사과인가요? 하지만 공주는 어떻게 하였나요? **5. 동화 속 그림 장면을 보고, 안전하게 대처하는 행동을 몸으로 표현해 본다.** T: (그림 장면을 보여 주며) 공주를 돕기 위해 우리가 어떻게 도움을 주면 좋을까요? 다 같이 '위험해!' 하고 소리쳐 줄까요? '위험해!' 소리를 들은 공주는 사과를 어떻게 해야 할까요? 공주가 되어 표현해 볼까요? 선생님이 '위험해!' 하고 소리치면 공주가 되어 안전하게 행동해 봐요. **6. 방 안 그림 자료를 보며, 위험한 물건을 찾아보고, 안전한 대처행동을 몸으로 표현해 본다.** T: (방 안 그림 자료를 보여 주며) 여기에도 먹으면 안 되는 위험한 것이 있대요. 무엇이 있을까요? 어떤 친구가 위험한 것을 먹으려고 하면 어떻게 도와주면 좋을까요? 그 소리를 들은 친구는 어떻게 행동해야 할까요?
마무리	**7. 활동을 평가한다.** T: 오늘 들려준 동화가 재미있었나요?
유의사항	• (0~1세 영아) 교실 내 먹어서는 안 되는 위험한 것들을 알려 주고, 안전하게 대처하는 행동을 표현해 보도록 할 수 있다. • 동화책의 크기가 작으므로 주요 그림 장면을 크게 출력하거나 동화 자료를 제작하여 활동에서 활용하도록 한다.

건강교육 항목	안전한 생활습관	활동 대상	영아
활동 명	사자와 생쥐	활동 유형	동화 · 신체표현
놀이 주제	생활도구		
소주제	위험한 것에 다가가지 않아요.		
제4차 표준보육과정 관련 요소	• 기본생활 > 안전하게 생활하기 > 안전한 상황에서 놀이하고 생활한다. • 기본생활 > 안전하게 생활하기 > 일상에서 안전하게 놀이하고 생활한다. (만 2세) • 신체운동 > 신체활동 즐기기 > 실내외 신체활동을 즐긴다.		
활동목표	• 주변에 위험한 것이 무엇이 있는지 안다. • 위험한 것에 대처하는 행동을 몸으로 표현해 본다.		
활동 자료	<사자와 생쥐> 동화책, 다쳐서 울고 있는 아이 그림 자료, 위험한 물건이 있는 교실 그림 자료 		
관련 놀이 상황	• 영아들이 산책을 하면서 위험한 장소에 관심을 가지며 산책한다.		
	활동 방법		
도입	**1. 다쳐서 울고 있는 아이에게 관심을 갖는다.** T: (그림 자료를 보여 주며) 이 아이는 왜 울고 있을까요? (다친 곳을 가리키며) 어떻게 하다가 여기를 다쳤을까요?		
전개	**2. 동화 앞표지를 보며, 동화 내용을 추측해 본다.** T: (동화 앞표지를 보여 주며) 생쥐도 하마터면 아주 위험할 뻔했대요. 생쥐 주변에 위험한 것은 무엇이 보이나요? **3. 동화를 들으며, 위험한 상황과 행동에 대해 안다.**		

	T: (사자가 자고 있는 곳에 생쥐가 들어가 사자 머리 위에서 노는 장면을 보여 주며) 생쥐에게 아주 위험한 동물이 보이네요. 누가 보이나요? 사자가 있다면, 생쥐가 어떻게 해야 안전한 걸까요? **4. 동화 내용을 기억해 말해 본다.** T: 동화 속 생쥐는 위험한 사자를 보고 어떻게 행동하였나요? 안전한 행동이었나요? 어떻게 했다면 안전했을까요? **5. 동화 속 그림 장면을 보고, 안전하게 대처하는 행동을 몸으로 표현해 본다.** T: (그림 장면을 보여 주며) 생쥐를 돕기 위해 우리가 어떻게 도움을 주면 좋을까요? 다 같이 '위험해!' 하고 소리쳐 줄까요? '위험해!' 소리를 들은 생쥐는 어떻게 행동해야 할까요? 생쥐가 되어 표현해 볼까요? 선생님이 '위험해!' 하고 소리치면 생쥐가 되어 안전하게 행동해 봐요. **6. 교실 그림 자료를 보며, 위험한 물건을 찾아보고, 안전한 대처행동을 몸으로 표현해 본다.** T: (교실 그림 자료를 보여 주며) 다른 친구들의 교실이래요. 여기에 위험한 것이 있대요. 무엇이 있을까요? 어떤 친구가 위험한 물건을 만지려고 하면 어떻게 도와주면 좋을까요? 그 소리를 들은 친구는 어떻게 행동해야 할까요?
마무리	**7. 활동을 평가한다.** T: 오늘 들려준 동화가 재미있었나요?
유의사항	• (0~1세 영아) 실내외 위험한 것을 알려 주고, 안전하게 대처하는 행동을 표현해 보도록 할 수 있다. • 동화책의 크기가 작으므로 주요 그림 장면을 크게 출력하거나 동화 자료를 제작하여 활동에서 활용하도록 한다.

건강교육 항목	안전한 생활습관	활동 대상	유아
활동 명	안 돼, 데이빗!	활동 유형	동화 · 신체표현
놀이 주제	건강과 안전		
소주제	위험한 행동들		
2019 개정 누리과정 관련 요소	• 신체운동 · 건강 > 안전하게 생활하기 > 일상에서 안전하게 놀이하고 생활한다. • 신체운동 · 건강 > 신체활동 즐기기 > 기초적인 이동 운동, 제자리 운동, 도구를 이용한 운동을 한다.		
활동목표	• 생활 속 위험한 행동이 무엇인지 안다. • 위험한 행동을 예방하기 위한 안전한 행동이 무엇인지 안다. • 안전한 대처행동을 직접 표현해 본다.		
활동 자료	<안 돼, 데이빗!> 동화책, 유아들에게 익숙한 장소 사진(교실, 화장실, 계단, 교차로, 횡단보도, 차 안) 		
관련 놀이 상황	• 유아들이 견학 다녀오면서 교통안전 규칙에 대해 관심을 가지며 이야기 나눈다.		
	활동 방법		
도입	1. 교실의 위험한 요소에 관심을 갖는다. T: (교실 사진을 보여 주며) 우리에게 위험할 수 있는 것은 무엇일까요? 어떻게 행동하면 위험하게 될까요? 그럼 우리가 어떻게 행동하면 안전할 수 있을까요?		
전개	2. 동화 앞표지를 보며, 동화 내용을 추측해 본다. T: (동화 앞표지를 보여 주며) 동화 속 주인공이 안전해 보이나요? 왜 위험해 보이나요?		

<table>
<tr><td></td><td>그럼, 어떻게 행동해야 안전할까요?

3. 동화를 듣는다.
T: (위험한 장면을 보여 주며) 데이빗은 무슨 위험한 행동을 하고 있나요?

4. 동화 내용을 기억해 말해 본다.
T: 동화 속에서 데이빗은 어떤 위험한 행동을 하였나요?
만약 계속 그 행동을 했다면, 어떤 일이 벌어졌을까요?

5. 화장실, 계단, 횡단보도, 교차로, 차 안의 사진을 보며, 위험한 행동과 안전한 행동을 알아본다.
T: 이 사진은 어디인가요?
여기에서 위험할 수 있는 행동은 무엇일까요?
왜 그렇게 생각하나요?
그럼, 어떻게 행동해야 안전한 행동일까요?

6. 화장실, 계단, 횡단보도, 교차로, 차 안에서의 안전한 행동을 몸으로 표현해 본다.
T: (각 사진을 보여 주며) 여기에서 어떻게 안전하게 행동할 수 있을까요?
몸으로 안전한 행동을 표현해 봐요.</td></tr>
<tr><td>마무리</td><td>7. 활동을 평가한다.
T: 오늘 들려준 동화가 재미있었나요?
오늘 또 무슨 활동들을 했었나요?</td></tr>
<tr><td>유의사항</td><td>• (4~5세 유아) 역할영역에 도로(바닥면), 차량(벽면) 그림 자료를 붙여 주고, 실제로 연습해 보도록 할 수 있다.
• 동화책의 크기가 작으므로 주요 그림 장면을 크게 출력하거나 동화 자료를 제작하여 활동에서 활용하도록 한다.</td></tr>
</table>

건강교육 항목	안전한 생활습관	활동 대상	유아
활동 명	빨간 모자	활동 유형	동화 · 신체표현

놀이 주제	우리 동네
소주제	좋은 사람과 나쁜 사람
2019 개정 누리과정 관련 요소	• 신체운동 · 건강 > 안전하게 생활하기 > 안전사고, 화재, 재난, 학대, 유괴 등에 대처하는 방법을 경험한다. • 신체운동 · 건강 > 신체활동 즐기기 > 실내외 신체활동에 자발적으로 참여한다.
활동목표	• 좋은 사람과 나쁜 사람을 구별한다. • 나쁜 사람을 만난 경우, 안전한 대처행동이 무엇인지 안다. • 안전한 대처행동을 직접 표현해 본다.
활동 자료	<빨간 모자> 동화를 각색한 그림책, 여러 생김새(험악한 이미지, 착한 이미지)의 남녀 사진 자료 
관련 놀이 상황	• 유아들이 동화 속 인물의 좋고, 나쁨을 구분하면서 나쁜 사람을 외모로만 판단하며 이야기 나눈다.
	활동 방법
도입	1. 여러 생김새와 성격에 관심을 갖는다. T: (여러 생김새의 사진을 보여 주며) 이 중에 나쁜 사람과 착한 사람을 구별해야 한다면, 어떻게 구분할 수 있을까요? 왜 그렇게 생각했나요? 하지만 생김새로는 착한 사람인지, 나쁜 사람인지 구분할 수 없대요.
전개	2. 동화 앞표지를 보며, 동화 내용을 추측해 본다. T: (동화 앞표지를 보여 주며) 이 동화가 무슨 내용일까요? 여기 늑대는 좋은 늑대일까요? 나쁜 늑대일까요? 왜 그렇게 생각했나요?

	3. 동화를 듣는다. 동화 속 늑대가 등장하는 장면에서 여러 동물을 만나는 내용이 추가되었다. 할머니 댁으로 가는 도중에 늑대 아저씨를 만났어요. 늑대 아저씨는 빨간 모자를 보고 반갑게 인사하며 지나쳤어요. 늑대 아저씨는 나쁜 사람일까요? 아니에요. 빨간 모자를 어딘가로 데려가려고 하지 않았어요. 빨간 모자는 그제야 늑대 아저씨에게 "안녕하세요." 공손히 인사했어요. 그리고 한참을 가다 나무가 우거진 숲에서 다람쥐 할머니를 만났어요. 다람쥐 할머니는 빨간 모자에게 반갑게 인사했어요. 그리고 다람쥐 할머니는 빨간 모자에게 호숫가 나무 근처로 자신을 데려다 달라고 했어요. 다람쥐 할머니는 좋은 사람일까요? 아니에요. 좋은 사람일 수도 있지만, 빨간 모자를 어딘가로 데려가려고 하니까 나쁜 사람일 수도 있어요. 빨간 모자는 그제야 다람쥐 할머니에게 공손히 "죄송하지만, 저는 빨리 가야해요." 라고 대답했어요. 또 한참을 가다가 이번에는 호랑이 오빠를 만났어요. 호랑이 오빠는 빨간 모자에게 반갑게 인사했어요. 그리고 예쁜 꽃을 선물로 주었어요. 호랑이 오빠는 나쁜 사람일까요? 아니에요. 빨간 모자를 어딘가로 데려가려고 하지 않았어요. 빨간 모자는 그제야 호랑이 오빠에게 "고맙습니다." 공손히 인사했어요. 그리고 할머니 집에 거의 도착할 때쯤 예쁜 토끼 언니를 만났어요. 토끼 언니는 빨간 모자에게 반갑게 인사했어요. 그리고 빨간 모자에게 예쁜 꽃을 같이 구경하고, 할머니께 드릴 꽃이 없는지 찾아보러 가자고 했어요. 토끼 언니는 좋은 사람일까요? 빨간 모자는 그냥 토끼 언니가 예뻐서 좋았어요. 그래서 토끼 언니를 따라 갔어요. 토끼 언니를 따라가 한참 꽃을 구경하고 있는데…… 그만……. 그다음 내용은 원작 동화대로 연결된다. 4. 동화 내용을 기억해 말해 본다. T: 동화 속에는 어떤 동물이 나쁜 동물이었나요? 왜 나쁜 동물이라고 생각하나요? 토끼를 만났을 때, 빨간 모자가 어떻게 행동했어야 할까요? 5. 동네에서 다양한 사람을 만나는 상황을 가정해 보고, 안전하게 행동해 본다. T: (여러 생김새의 남녀 사진을 보여 주며) 만약, 이 사람이 나에게 반갑게 인사한다면 어떻게 해야 할까요? 만약 나와 어딘가를 같이 가자고 한다면 어떻게 해야 할까요? 왜 그렇게 생각하나요?
마무리	6. 활동을 평가한다. T: 오늘 들려준 동화가 재미있었나요? 오늘 또 무슨 활동들을 했었나요?
유의사항	• (4~5세 유아) 동극을 해 볼 수 있다. • 동화책의 크기가 작으므로 주요 그림 장면을 크게 출력하거나 동화 자료를 제작하여 활동에서 활용하도록 한다.

Chapter

12

'음악 · 신체표현' 활동을 활용한 영유아 건강교육

- 신체운동과 건강 _ 영아/유아
- 영양과 건강 _ 영아/유아
- 건강한 생활습관 _ 영아/유아
- 정신건강 _영아/유아
- 안전한 생활습관 _ 영아/유아

건강교육 항목	신체운동과 건강	활동 대상	영아
활동 명	머리, 어깨, 무릎, 발	활동 유형	음악 · 신체표현
놀이 주제	나와 가족		
소주제	나의 신체 인식과 조절		
제4차 표준보육과정 관련 요소	• 신체운동 > 감각과 신체 인식하기 > 신체를 탐색한다. • 신체운동 > 감각과 신체 인식하기 > 신체를 인식하고 움직인다. (만 2세) • 신체운동 > 신체활동 즐기기 > 대소근육을 조절한다.		
활동목표	• 노래 속 등장하는 신체 부위를 인식한다. • 노래에 맞게 신체를 조절해 본다.		
활동 자료	<머리, 어깨, 무릎, 발> 음원		
관련 놀이 상황	• 영아들이 자신의 신체 부위에 관심을 가지며 놀이한다.		
	활동 방법		
도입	1. <머리, 어깨, 무릎, 발> 노래를 듣고 관심을 갖는다. 작사 미상 외국 곡 		
전개	**2. 노래 속 신체 부위를 알아본다.** T: 머리는 어디 있나요? 두 손으로 만져 보아요. 어깨는 어디 있나요? 두 손으로 양쪽 어깨를 만져 보아요. 무릎은 어디 있나요? 두 손으로 양쪽 무릎을 만져 보아요. 발은 어디 있나요? 두 손으로 양쪽 발을 만져 보아요. 그럼, 다 같이 순서대로 만져 볼까요? 머리-어깨-무릎-발-무릎-발 귀는 어디 있나요? 두 손으로 양쪽 귀를 만져 보아요. 코는 어디 있나요? 두 손으로 코를 만져 보아요. 그럼 다 같이 순서대로 만져 볼까요? 귀-코-귀 **3. 노래를 부르며, 신체 부위를 조절해 본다.** T: (노래에 맞게 율동을 해 본다.)		

전개	이번에는 말한 곳만 움직여 볼까요?
마무리	4. **활동을 평가한다.** T: 오늘 활동 재미있었나요?
유의사항	• (2세 영아) 신체 부위를 바꿔 개사를 해 보며, 율동도 새롭게 만들어 볼 수 있다. • 노랫말을 이해할 수 있도록 그림이 있는 가사판을 준비하는 것이 좋다.

건강교육 항목	신체운동과 건강	활동 대상	영아
활동 명	그대로 멈춰라	활동 유형	음악 · 신체표현
놀이 주제	나와 친구		
소주제	몸을 조절할 수 있어요.		
제4차 표준보육과정 관련 요소	• 신체운동 > 신체활동 즐기기 > 대소근육을 조절한다. • 신체운동 > 신체활동 즐기기 > 실내외 신체활동을 즐긴다.		
활동목표	• 신체 움직임 변화를 조절해 본다. • 친구들과 함께하는 신체활동에 즐겁게 참여한다.		
활동 자료	<그대로 멈춰라> 음원		
관련 놀이 상황	• 영아들이 움직이다 멈추고, 멈춰 있다 움직이는 것에 관심을 가지며 놀이한다.		
	활동 방법		
도입	1. <그대로 멈춰라> 노래를 듣고 관심을 갖는다. 김방옥 작사 · 작곡		

전개	2. 박수치기를 통해 '그대로 멈춰라'의 의미를 알아본다. T: 이번에는 박수를 치면서 노래를 따라 불러 봐요. '그대로 멈춰라' 했더니 손으로 박수치는 것도 멈추었나요? 이번에는 양손을 번갈아 위아래로 움직이면서 노래를 따라 불러 볼까요? '그대로 멈춰라' 했더니 움직이는 것을 멈추었나요? 이번에는 일어서서 엉덩이를 양옆으로 흔들면서 노래를 따라 불러 볼까요? '그대로 멈춰라' 했더니 움직이는 것을 멈추었나요? 3. 친구들과 다 함께 신체 움직임 변화를 조절해 본다. T: 친구들과 다 같이 손을 잡고 위아래로 흔들며 노래를 불러 볼까요? '그대로 멈춰라' 했더니 움직이는 것을 멈추었나요? 이번에는 다 같이 즐겁게 춤을 추다가 '그대로 멈춰라' 하면 자리에 앉아 볼까요? 모두 자리에 앉았나요?
마무리	4. 활동을 평가한다. T: 오늘 활동 재미있었나요?
유의사항	• (2세 영아) 친구들과 손을 잡고 걸어가는 이동 동작을 해 보다가 멈춤 동작을 해 보도록 할 수 있다. • 노랫말을 이해할 수 있도록 그림이 있는 가사판을 준비하는 것이 좋다.

건강교육 항목	신체운동과 건강	활동 대상	유아
활동 명	나처럼 해 봐요 이렇게	활동 유형	음악 · 신체표현
놀이 주제	동식물과 자연		
소주제	동물의 다양한 걸음 따라 이동하기		
2019 개정 누리과정 관련 요소	• 신체운동 · 건강 > 신체활동 즐기기 > 신체 움직임을 조절한다. • 신체운동 · 건강 > 신체활동 즐기기 > 기초적인 이동 운동, 제자리 운동, 도구를 이용한 운동을 한다.		
활동목표	• 동물의 다양한 걸음에 관심을 갖는다. • 여러 이동 동작(스키핑, 말뛰기, 슬라이드, 호핑)을 표현해 본다.		
활동 자료	<나처럼 해 봐요 이렇게> 음원, 동물 그림 자료(개, 말, 펭귄, 오리), 발자국 종이(스키핑, 말뛰기, 슬라이드, 호핑)		
관련 놀이 상황	• 유아들이 동물들의 다양한 결음걸이에 관심을 보이며 놀이한다.		
	활동 방법		
도입	1. 동물 걸음걸이에 관심을 갖는다. T: (동물 그림 자료를 보여 주며) 어떤 동물인가요? (달그락달그락 소리를 들려주며) 이건 어떤 동물의 걸음 소리일까요?		
전개	2. 발자국이 찍힌 종이를 보며, 어떤 동물의 걸음걸이인지 추측해 본다. T: 이번에는 동물들이 특이한 발자국을 남겼대요. 발자국만 보고, 어떤 동물인지 맞혀 볼 수 있을까요? (말 뛰기 발자국 종이) 이건 어떤 동물의 발자국일까요? (슬라이드 발자국 종이) 이건 꽁꽁 언 얼음 위에서 찍힌 발자국 종이래요. 어떤 동물의 발자국일까요? (스키핑 발자국 종이) 이건 연못가에서 찍힌 발자국이래요. 어떤 동물 같나요? (호핑 발자국 종이) 이건 어떤 동물의 발자국일까요? 3. 동물의 발자국을 따라 해본다. T: (바닥에 말 뛰기 발자국 종이를 깔아 주며) 누가 나와서 발자국을 따라 해볼까요? 어떤 동물의 발자국인 거 같나요? (다른 동물 발자국도 따라 해보도록 한다.)		

<table>
<tr><td>전개</td><td>4. 음악에 맞춰서 동물 발자국을 차례로 따라 해본다.
T: 이번에는 <나처럼 해 봐요 이렇게> 음악에 맞춰서 동물 발자국 (달~그닥, 깨갱 깨갱)을 따라 해봐요.

</td></tr>
<tr><td>마무리</td><td>5. 활동을 평가한다.
T: 오늘 활동 재미있었나요?
무슨 활동들을 했었나요?</td></tr>
<tr><td>유의사항</td><td>• (4~5세 유아) 움직임 요소를 활용하여 이동 동작의 공간, 빠르기, 노력 등을 고려해 보도록 할 수 있다.
• 노랫말을 이해할 수 있도록 그림이 있는 가사판을 준비하는 것이 좋다.
• 발자국 종이는 바닥에 깔고, 그 위에서 유아들이 표현해 볼 수 있도록 코팅하여 제작할 수도 있으며, 부직포로 제작할 수도 있다. 다만, 유아들이 미끄러지지 않도록 바닥에 잘 고정하는 것이 필요하다.</td></tr>
</table>

<table>
<tr><td>건강교육 항목</td><td>신체운동과 건강</td><td>활동 대상</td><td>유아</td></tr>
<tr><td>활동 명</td><td>호키포키</td><td>활동 유형</td><td>음악 ·
신체표현</td></tr>
<tr><td>놀이 주제</td><td colspan="3">유치원과 친구</td></tr>
<tr><td>소주제</td><td colspan="3">친구와 함께 움직여요.</td></tr>
<tr><td>2019 개정
누리과정
관련 요소</td><td colspan="3">• 신체운동 · 건강 > 신체활동 즐기기 > 신체 움직임을 조절한다.
• 신체운동 · 건강 > 신체활동 즐기기 > 기초적인 이동 운동, 제자리 운동, 도구를 이용한 운동을 한다.</td></tr>
<tr><td>활동목표</td><td colspan="3">• 친구와 함께 신체를 조절해 본다.
• 여러 비이동 동작(구부리기, 뻗기, 회전하기, 흔들기, 털기)을 표현해 본다.</td></tr>
<tr><td>활동 자료</td><td colspan="3"><호키포키> 음원</td></tr>
<tr><td>관련 놀이 상황</td><td colspan="3">• 유아들이 신체를 리듬에 맞춰 움직이는 것에 관심을 가지며 놀이한다.</td></tr>
<tr><td></td><td colspan="3">활동 방법</td></tr>
<tr><td>도입</td><td colspan="3">1. <호키포키> 노래를 들으며, 노래에 관심을 갖는다.
독일 민요

</td></tr>
<tr><td>전개</td><td colspan="3">2. 다양한 신체 부위를 조절하여, 여러 가지 비이동 동작을 표현해 본다.
T: 노래 속에서 어떤 신체 부위가 나왔나요?</td></tr>
</table>

전개	어떻게 움직였나요? 회전하는 것 말고, 또 어떻게 움직일 수 있을까요? (구부리기, 뻗기, 흔들기, 털기 동작도 해 볼 수 있도록 하며, 동작의 명칭을 알 수 있도록 언급해 준다.) 만약 다른 신체 부위를 사용한다면 어디를 움직여 보고 싶나요? 어떻게 움직여 볼까요? 3. 음악에 맞춰서 비이동 동작을 표현해 본다. T: 누가 나와서 선생님이 말한 대로 몸을 움직여 볼 수 있을까요? (신체 부위와 움직임을 개사하여 노래 부르고, 바뀐 노래에 맞춰 신체 표현을 해 보도록 한다.) 이번에는 어떤 신체 부위를 움직여 보도록 할까요? 어떻게 움직이도록 해 볼까요? 4. 음악에 맞춰서 친구들과 다 같이 비이동 동작을 표현해 본다. T: 이번에는 다 같이 일어나서 몸을 움직여 봐요. (신체 부위와 움직임을 개사하여 노래 부르고, 바뀐 노래에 맞춰 신체 표현을 해 보도록 한다.)
마무리	5. 활동을 평가한다. T: 오늘 활동 재미있었나요? 무슨 활동들을 했었나요?
유의사항	• (4~5세 유아) 움직임 요소를 활용하여 비이동 동작의 공간, 빠르기, 노력 등을 고려해 보도록 할 수 있다. • 노랫말을 이해할 수 있도록 그림이 있는 가사판을 준비하는 것이 좋다.

<table>
<tr><td>건강교육 항목</td><td>영양과 건강</td><td>활동 대상</td><td>영아</td></tr>
<tr><td>활동 명</td><td>냠냠</td><td>활동 유형</td><td>음악 ·
신체표현</td></tr>
<tr><td>놀이 주제</td><td colspan="3">건강과 안전</td></tr>
<tr><td>소주제</td><td colspan="3">골고루 먹어요.</td></tr>
<tr><td>제4차
표준보육과정
관련 요소</td><td colspan="3">• 기본생활 > 건강하게 생활하기 > 음식을 즐겁게 먹는다.
• 기본생활 > 건강하게 생활하기 > 음식에 관심을 가지고 즐겁게 먹는다. (만 2세)
• 신체운동 > 신체활동 즐기기 > 실내외 신체활동을 즐긴다.</td></tr>
<tr><td>활동목표</td><td colspan="3">• 골고루 먹는 것에 관심을 가진다.
• 맛있게 먹는 모습과 소리를 즐겁게 신체로 표현한다.</td></tr>
<tr><td>활동 자료</td><td colspan="3"><냠냠> 음원, 음식 그림 자료(밥, 김치, 시금치, 콩나물, 생선, 야채)</td></tr>
<tr><td>관련 놀이 상황</td><td colspan="3">• 영아들이 간식 시간에 다양하게 먹는 모습과 소리에 관심을 가지며 간식을 먹는다.</td></tr>
<tr><td></td><td colspan="3">활동 방법</td></tr>
<tr><td>도입</td><td colspan="3">1. <냠냠> 노래를 듣고 노래에 관심을 갖는다.
김성균 작사 · 작곡

</td></tr>
<tr><td>전개</td><td colspan="3">2. 음식을 골고루 먹는 것의 의미를 알아본다.
T: (음식 그림 자료를 보여 주며) 노래 속에 어떤 음식들이 나왔나요?
음식을 맛있게 먹는 소리가 무엇이었나요?
'냠냠' 잘 먹는 아이를 보고, 엄마의 기분은 어땠을까요?</td></tr>
</table>

전개	골고루 먹어서 튼튼해진 아이를 몸으로 표현해 볼까요? 3. **노래에 맞춰 골고루 먹는 모습과 소리를 표현해 본다.** T: 노래를 들으며, 하나씩 먹는 모습과 소리를 따라 해볼까요? (선생님이 준비한 신체표현을 보여 주며, 따라 해보도록 한다.) 처음에 안 먹는다고 투정 부리는 모습은 어떻게 표현했나요? 맛있게 먹는 '냠냠'은 어떻게 표현했나요? 튼튼해진 아이 모습을 어떻게 표현했나요? 이번에는 맛있게 먹는 '냠냠'을 다르게 표현해 보려고 해요. 어떻게 표현하면 좋을까요? 튼튼해진 아이 모습도 다르게 어떻게 표현하면 좋을까요? 다 같이 노래에 맞춰서 표현해 봐요.
마무리	4. **활동을 평가한다.** T: 오늘 활동 재미있었나요?
유의사항	• (0~1세 영아) 선생님이 준비한 신체표현만 따라 해보도록 할 수 있다. • 노랫말을 이해할 수 있도록 그림이 있는 가사판을 준비하는 것이 좋다.

<table>
<tr><td>건강교육 항목</td><td>영양과 건강</td><td>활동 대상</td><td>영아</td></tr>
<tr><td>활동 명</td><td>멋쟁이 토마토</td><td>활동 유형</td><td>음악 ·
신체표현</td></tr>
<tr><td>놀이 주제</td><td colspan="3">동식물과 자연</td></tr>
<tr><td>소주제</td><td colspan="3">골고루 먹어요.</td></tr>
<tr><td>제4차
표준보육과정
관련 요소</td><td colspan="3">• 기본생활 > 건강하게 생활하기 > 음식을 즐겁게 먹는다.
• 기본생활 > 건강하게 생활하기 > 음식에 관심을 가지고 즐겁게 먹는다. (만 2세)
• 신체운동 > 신체활동 즐기기 > 실내외 신체활동을 즐긴다.</td></tr>
<tr><td>활동목표</td><td colspan="3">• 골고루 먹는 것에 관심을 가진다.
• 맛있게 먹는 모습과 소리를 즐겁게 신체로 표현한다.</td></tr>
<tr><td>활동 자료</td><td colspan="3"><멋쟁이 토마토> 음원, 그림 자료(토마토, 주스, 케첩)</td></tr>
<tr><td>관련 놀이 상황</td><td colspan="3">• 유아들이 간식 시간에 토마토를 먹지 않는 유아에게 관심을 보이며 이야기 나눈다.</td></tr>
<tr><td></td><td colspan="3">활동 방법</td></tr>
<tr><td>도입</td><td colspan="3">1. <멋쟁이 토마토> 노래를 듣고 노래에 관심을 갖는다.
김영광 작사 · 작곡

</td></tr>
</table>

전개	2. 음식을 골고루 먹는 것의 의미를 알아본다. T: (토마토 그림 자료를 보여 주며), 이것은 무엇일까요? 토마토를 좋아하나요? 토마토를 먹으면 우리 몸이 어떻게 될까요? 모든 음식을 골고루 먹으면 몸이 어떻게 될까요? 몸으로 표현해 볼까요? 3. 노래에 맞춰 맛있게 먹는 모습과 소리를 표현해 본다. T: 노래를 들으며, 맛있게 먹는 모습과 소리를 따라 해볼까요? (선생님이 준비한 신체표현을 보여 주며, 따라 해보도록 한다.) 주스를 마시는 '꿀꺽'은 어떻게 표현했나요? 케첩 뿌리는 것은 어떻게 표현했나요? 튼튼해진 아이가 춤추는 모습은 어떻게 표현했나요? 이번에는 주스를 마시는 '꿀꺽'을 다르게 표현해 보려고 해요. 어떻게 표현하면 좋을까요? 튼튼해진 아이가 춤추는 모습도 어떻게 다르게 표현하면 좋을까요? 다 같이 노래에 맞춰서 표현해 봐요.
마무리	4. 활동을 평가한다. T: 오늘 활동 재미있었나요?
유의사항	• (0~1세 영아) 선생님이 준비한 신체표현만 따라 해보도록 할 수 있다. • 노랫말을 이해할 수 있도록 그림이 있는 가사판을 준비하는 것이 좋다.

<table>
<tr><td>건강교육 항목</td><td>영양과 건강</td><td>활동 대상</td><td>유아</td></tr>
<tr><td>활동 명</td><td>우유송</td><td>활동 유형</td><td>음악 ·
신체표현</td></tr>
<tr><td>놀이 주제</td><td colspan="3">건강과 안전</td></tr>
<tr><td>소주제</td><td colspan="3">몸에 좋은 음식</td></tr>
<tr><td>2019 개정
누리과정
관련 요소</td><td colspan="3">• 신체운동 · 건강 > 건강하게 생활하기 > 몸에 좋은 음식에 관심을 가지고 바른 태도로 즐겁게 먹는다.
• 신체운동 · 건강 > 신체활동 즐기기 > 실내외 신체활동에 자발적으로 참여한다.</td></tr>
<tr><td>활동목표</td><td colspan="3">• 완전식품인 우유의 중요성에 대해 안다.
• 우유의 중요성을 신체로 표현해 본다.
• 우유 섭취에 대한 긍정적 태도를 몸으로 즐겁게 표현해 본다.</td></tr>
<tr><td>활동 자료</td><td colspan="3"><우유송> 음원, 그림 자료(콜라, 홍차, 커피, 핫초코, 우유)</td></tr>
<tr><td>관련 놀이 상황</td><td colspan="3">• 유아들이 간식 시간에 나온 우유에 관심을 가진다.</td></tr>
<tr><td></td><td colspan="3">활동 방법</td></tr>
<tr><td>도입</td><td colspan="3">1. <우유송> 노래를 들으며 노래 가사에 관심을 갖는다.

김주희 작사
조영섭 작곡

</td></tr>
</table>

전개	2. 노래 가사를 통해 우유의 중요성에 대해 알아본다. T: 노래 속에서 어떤 식품들이 나왔나요? (그림 자료를 보여 주며) 콜라, 홍차, 커피, 핫초코, 우유가 나왔네요. 이 중에 먹어 본 것은 무엇인가요? 이 중에 몸에 좋은 식품은 무엇일까요? 우유가 어떻게 몸에 좋은지 노래를 다시 잘 들어 볼까요? (노래 가사 속 '단백질, 칼슘도 왕 비타민 가득' 부분에 교사가 적절한 율동을 보여 준다.) (노래를 다 듣고 난 후) 우유가 어떻게 몸에 좋다고 하던가요? 선생님이 율동으로 표현한 모습을 기억하나요? 어떻게 표현했나요? 3. 우유의 중요성을 신체로 즐겁게 표현해 본다. T: 이번에는 선생님의 율동을 따라 해볼까요? (율동을 하나하나 보여 주며) 우유에는 단백질이 들어 있어 몸의 근육과 뼈가 튼튼하게 자란대요. 따라 해볼까요? 그리고 칼슘이 들어 있어, 이가 건강한 이로 자란대요. 따라 해볼까요? 그리고 비타민도 많이 들어 있어서 피부가 좋아진대요. 따라 해볼까요? 그럼 선생님 율동을 따라 하며 노래를 다시 불러 볼까요? 4. 우유 섭취에 대한 긍정적 태도를 몸으로 즐겁게 표현해 본다. T: 몸에 좋은 우유를 먹으면, 우리 몸은 어떻게 될까요? 그럼 노래 중에 '우유 좋아' 하는 부분을 어떻게 표현해 보면 좋을까요? 5. 음악에 맞춰서 친구들과 다 같이 몸으로 표현해 본다. T: 이번에는 다 같이 일어나서 자신의 생각대로 몸으로 표현해 봐요.
마무리	6. 활동을 평가한다. T: 오늘 활동 재미있었나요? 무슨 활동들을 했었나요?
유의사항	• (4~5세 유아) 우유가 몸에 좋은 이유에 대한 부분의 율동을 유아들과 새롭게 바꿔 볼 수 있다. • 노랫말을 이해할 수 있도록 그림이 있는 가사판을 준비하는 것이 좋다.

<table>
<tr><td>건강교육 항목</td><td>영양과 건강</td><td>활동 대상</td><td>유아</td></tr>
<tr><td>활동 명</td><td>5대 영양소송</td><td>활동 유형</td><td>음악 ·
신체표현</td></tr>
<tr><td>놀이 주제</td><td colspan="3">건강과 안전</td></tr>
<tr><td>소주제</td><td colspan="3">5대 영양소</td></tr>
<tr><td>2019 개정
누리과정
관련 요소</td><td colspan="3">• 신체운동 · 건강 > 건강하게 생활하기 > 몸에 좋은 음식에 관심을 가지고 바른 태도로 즐겁게 먹는다.
• 신체운동 · 건강 > 신체활동 즐기기 > 실내외 신체활동에 자발적으로 참여한다.</td></tr>
<tr><td>활동목표</td><td colspan="3">• 5대 영양소의 종류와 기능, 함유 식품에 대해 안다.
• 5대 영양소의 기능을 신체로 즐겁게 표현해 본다.</td></tr>
<tr><td>활동 자료</td><td colspan="3"><5대 영양소송> 음원(개사한 악보), 그림 자료(밥, 감자, 채소, 과일, 두부, 고기, 멸치, 치즈, 식용유, 견과류), 영양소 그림 이미지와 명칭 카드(탄수화물, 단백질, 지방, 비타민, 무기질)</td></tr>
<tr><td>관련 놀이 상황</td><td colspan="3">• 유아들이 점심시간에 나온 다양한 반찬에 관심을 가진다.</td></tr>
<tr><td></td><td colspan="3">활동 방법</td></tr>
<tr><td>도입</td><td colspan="3">1. <5대 영양소송> 노래를 들으며 노래 가사에 관심을 갖는다.
작사 · 작곡 미상

개사) 첫째는 탄수화물 탄수화물~ 밥, 감자, 힘이 불끈
둘째는 비타민 비타민~ 채소, 과일, 예쁜 얼굴
셋째는 단백질 단백질~ 두부, 고기, 키가 쑥쑥
넷째는 무기질 무기질~ 멸치, 치즈 치아 튼튼
다섯째는 지방 지방~ 식용유, 견과류, 몸을 보호해
우리 몸에 꼭 필요한 5대 영양소</td></tr>
</table>

전개	2. 노래 가사를 통해 5대 영양소의 명칭과 기능에 대해 알아본다. T: 노래 가사에 5대 영양소는 무엇무엇이 나왔나요? (영양소 그림 이미지와 명칭카드를 보여 주며) 탄수화물은 어떤 그림으로 표현되어 있나요? 몸으로 따라 해볼까요? 우리가 기운이 나서 힘이 나도록 도와주는 탄수화물이래요. 단백질은 어떤 그림으로 표현되어 있나요? 몸으로 따라 해볼까요? 우리 뼈, 근육을 성장하게 해 주어 키를 크게 해 주는 단백질이래요. 지방은 어떤 그림으로 표현되어 있나요? 몸으로 따라 해볼까요? 우리 몸의 내장기관을 보호해 주는 지방이래요. 비타민은 어떤 그림으로 표현되어 있나요? 몸으로 따라 해볼까요? 우리 피부를 건강하게 해 주어 얼굴을 예쁘게 해 주는 비타민이래요. 무기질은 어떤 그림으로 표현되어 있나요? 몸으로 따라 해볼까요? 우리 몸속 피와 치아를 건강하게 해 주는 무기질이래요. 그럼 노래를 다시 들으면서 5대 영양소가 나오는 부분에서는 그림처럼 몸을 따라 움직여 볼까요? 3. 노래 가사를 통해 5대 영양소가 함유된 식품에 대해 알아본다. T: (그림 자료를 보여 주며) 노래 가사에 어떤 음식들이 나왔나요? 이 음식들은 5대 영양소를 함유하고 있는 대표적인 식품들이래요. 노래를 들으면서 어떤 영양소가 많이 함유된 식품인지 찾아봐요. (융판에 5대 영양소별로 그림 자료를 그룹화하여 배치해 놓는다.) 탄수화물(단백질/지방/비타민/무기질)이 많이 함유된 음식들은 어떤 공통된 특징이 있는지 말해 볼 수 있을까요? 4. 5대 영양소를 신체로 즐겁게 표현해 본다. T: 그럼 노래에 맞춰서 5대 영양소 율동을 해 볼까요? 음식들은 어떻게 표현하면 좋은지 생각해 보고, 자유롭게 표현해 봐요.
마무리	5. 활동을 평가한다. T: 오늘 활동 재미있었나요? 무슨 활동들을 했었나요?
유의사항	• (4~5세 유아) 노래 가사를 개사해 보거나, 율동을 새롭게 바꾸어 볼 수 있다. • 노랫말을 이해할 수 있도록 그림이 있는 가사판을 준비하는 것이 좋다.

<table>
<tr><td>건강교육 항목</td><td>건강한 생활습관</td><td>활동 대상</td><td>영아</td></tr>
<tr><td>활동 명</td><td>손 씻기송</td><td>활동 유형</td><td>음악 ·
신체표현</td></tr>
<tr><td>놀이 주제</td><td colspan="3">건강과 안전</td></tr>
<tr><td>소주제</td><td colspan="3">손을 깨끗이 씻어요.</td></tr>
<tr><td>제4차
표준보육과정
관련 요소</td><td colspan="3">• 기본생활 > 건강하게 생활하기 > 도움을 받아 몸을 깨끗이 한다.
• 기본생활 > 건강하게 생활하기 > 자신의 몸을 깨끗이 해 본다. (만 2세)
• 신체운동 > 신체활동 즐기기 > 대소근육을 조절한다.</td></tr>
<tr><td>활동목표</td><td colspan="3">• 손을 깨끗이 씻는 방법을 안다.
• 더러운 손이 건강에 위험함을 안다.
• 손을 깨끗이 씻는 모습을 즐겁게 신체로 표현한다.</td></tr>
<tr><td>활동 자료</td><td colspan="3"><손 씻기송> 음원(개사한 악보), 양손 그림 자료(코팅된 손 그림 자료에 검은색 얼룩이 부직포 등을 활용해 붙여져 있음)</td></tr>
<tr><td>관련 놀이 상황</td><td colspan="3">• 영아들이 손을 깨끗이 씻는 방법에 대해 관심을 가진다.</td></tr>
<tr><td></td><td colspan="3">활동 방법</td></tr>
<tr><td>도입</td><td colspan="3">1. <손 씻기송> 노래를 듣고, 노래에 관심을 갖는다.

김은경 작사 · 작곡

개사) 손바닥을 비벼비벼/손등도 쑤욱쑤욱
손가락 사이사이 깨끗이/손톱 끝도 꼼꼼히
엄지손가락도 잊지 말아요/손가락 잡고 손가락 등도 쑤욱
건강한 몸을 위해서 깨끗한 손 씻기 Yes!</td></tr>
</table>

<table>
<tr><td>전개</td><td>2. 노래 가사 속 깨끗이 손 씻는 방법을 알아본다.
T: (노래를 불러 보며, 손 씻는 율동을 보여 준다.)
선생님을 따라 노래도 불러 보고, 율동도 해 볼까요?

3. 더러운 손의 위험성을 알고, 깨끗이 하게 해 준다.
T: (앙손 그림 자료를 보여 주며) 여기 더러워진 손이 있어요.
왜 더러워졌을까요?
손을 씻지 않고, 밥이나 간식을 먹으면 어떻게 될까요?
손을 씻지 않고, 눈이나 입을 만지면 어떻게 될까요?
노래 속 손 씻기 방법으로 씻어 볼까요?
(관련 부분의 노래와 율동을 보여 주며) 노래처럼 먼저 손바닥의 먼지를 닦아 줄 사람이 있나요?
그다음으로 손등/손가락 사이/손톱 끝/엄지손가락/손가락 등의 먼지를 닦아 줄 사람이 있나요?
깨끗해진 손을 보니, 기분이 어떤가요?

4. 손을 깨끗이 씻는 모습을 즐겁게 신체로 표현한다.
T: 노래를 부르며, 손을 깨끗이 씻는 모습을 표현해 볼까요?
마지막에 손이 깨끗해져서 기분이 좋아진 모습은 어떻게 신체로 표현하면 좋을까요?</td></tr>
<tr><td>마무리</td><td>5. 활동을 평가한다.
T: 오늘 활동 재미있었나요?</td></tr>
<tr><td>유의사항</td><td>• (0~1세 영아) 활동에 참여한 영아 모두에게 손 그림 자료를 하나씩 나누어 주고, 순서대로 닦아 보도록 할 수 있다.
• 노랫말을 이해할 수 있도록 그림이 있는 가사판을 준비하는 것이 좋다.</td></tr>
</table>

건강교육 항목	건강한 생활습관	활동 대상	영아
활동 명	응가 뿡뿡	활동 유형	음악 · 신체표현
놀이 주제	건강과 안전		
소주제	정해진 곳에서 배변하기		
제4차 표준보육과정 관련 요소	• 기본생활 > 건강하게 생활하기 > 배변 의사를 표현한다. • 기본생활 > 건강하게 생활하기 > 건강한 배변 습관을 갖는다. (만 2세) • 신체운동 > 신체활동 즐기기 > 대소근육을 조절한다.		
활동목표	• 정해진 곳에서 배변하는 것이 무엇인지에 대해 안다. • 배변과정을 신체표현해 보며, 신체조절 경험을 한다.		
활동 자료	<달> 음원(개사한 악보), 아기 인형(옷을 입고 벗고, 앉고 서기가 가능한 인형), 변기 그림 자료		
관련 놀이 상황	• 영아들이 배변 활동에 관심을 가진다.		
	활동 방법		
도입	1. <응가 뿡뿡> 노래를 듣고, 노래에 관심을 갖는다. 윤석중 작사 권길상 작곡  개사 1절만) 뿌룽 뿌룽 응가 마려워/변-기-로 가-요 옷을 내리고 앉아/응가 뿡뿡 뿡뿡!		
전개	2. 노래 속 올바른 배변 태도에 대해 알아본다. T: (노래를 부르며, 율동을 보여 준다.) (아기 인형을 보여 주며) 뿌룽뿌룽 아이는 무엇이 마려울까요? 응가가 마려운 아이가 어디로 가야 할까요? T: 변기로 가서 어떻게 해야 할까요? (인형의 옷을 내리고) 그다음은 어떻게 해야 할까요?		

전개	3. 노래를 부르며, 올바른 배변 태도를 행동으로 표현해 본다. T: 이번에는 다 같이 일어나서 몸으로 응가 하는 것을 표현해 볼까요? (노래 가사에 맞게 율동을 보여 주고, 따라 하도록 한다.)
마무리	4. 활동을 평가한다. T: 오늘 활동 재미있었나요?
유의사항	• (2세 영아) 고무줄 바지를 입도록 하고, 옷을 입고 벗는 것을 직접 표현해 보도록 할 수 있다. • 노랫말을 이해할 수 있도록 그림이 있는 가사판을 준비하는 것이 좋다.

건강교육 항목	건강한 생활습관	활동 대상	유아
활동 명	싹싹 닦아라	활동 유형	음악 · 신체표현
놀이 주제	건강과 안전		
소주제	깨끗하게 양치질하기		
2019 개정 누리과정 관련 요소	• 신체운동 · 건강 > 건강하게 생활하기 > 자신의 몸과 주변을 깨끗이 한다. • 신체운동 · 건강 > 신체활동 즐기기 > 신체 움직임을 조절한다.		
활동목표	• 양치질의 중요성을 안다. • 깨끗하게 양치질하는 방법을 안다. • 깨끗하게 양치질하는 방법을 행동으로 표현해 본다.		
활동 자료	<싹싹 닦아라> 음원(개사한 악보), 치아 그림 자료(코팅된 치아 그림 자료에 검은색 세균이 부직포 등을 활용해 붙여져 있음), 부직포로 만든 칫솔 자료		
관련 놀이 상황	• 유아들이 점심식사 후 양치하는 것의 필요성에 대해 관심을 가진다.		
	활동 방법		

도입

1. <싹싹 닦아라> 노래를 들으며 노래 가사에 관심을 갖는다.

정근 작사 · 작곡

개사) 싹싹 닦아라 윗니 안과 밖을
싹싹 닦아라 아랫니 안과 밖도
위–아래 어금니와 혓— 바닥도
건강한 치아 반짝반짝 참 좋아요

전개	2. 노래 가사 속 깨끗이 양치하는 방법을 알아본다. T: (노래를 불러 보며, 양치하는 율동을 보여 준다.) 선생님을 따라 노래도 불러 보고, 율동도 해 볼까요? 노래 속에서 양치를 어디어디 하였나요? 평소 노래 가사처럼 구석구석 양치를 하나요? 3. 양치질의 중요성을 알고, 깨끗하게 해 준다. T: (치아 그림 자료를 보여 주며) 여기 나쁜 세균이 잔뜩 낀 치아가 있어요. 왜 나쁜 세균이 잔뜩 끼어 있을까요? 만약 이대로 그냥 두고 양치질을 하지 않으면 어떻게 될까요? 양치질을 구석구석 하지 않고, 한두 군데만 하면 어떻게 될까요? 노래 속 양치하는 방법으로 양치질을 해 줄까요? (관련 부분의 노래와 율동을 보여 주며) 노래처럼 먼저 윗니의 안과 밖을 닦아 줄 사람이 있나요? (칫솔 자료를 주어 닦아 보게 한다.) 그다음으로 아랫니의 안과 밖/어금니/혓바닥의 나쁜 세균을 닦아 줄 사람이 있나요? 깨끗해진 치아를 보니, 기분이 어떤가요? 4. 깨끗이 양치질하는 모습을 즐겁게 신체로 표현한다. T: 노래를 부르며, 깨끗이 양치질하는 모습을 표현해 볼까요? 치아가 깨끗해져서 기분이 좋아진 모습을 어떻게 신체로 표현하면 좋을까요?
마무리	5. 활동을 평가한다. T: 오늘 활동 재미있었나요? 무슨 활동들을 했었나요?
유의사항	• (4~5세 유아) 율동을 새롭게 바꾸어 볼 수 있다. • 노랫말을 이해할 수 있도록 그림이 있는 가사판을 준비하는 것이 좋다.

건강교육 항목	건강한 생활습관	활동 대상	유아
활동 명	그러면 안 돼	활동 유형	음악 · 신체표현
놀이 주제	봄 여름 가을 겨울		
소주제	질병 예방하기		
2019 개정 누리과정 관련 요소	• 신체운동 · 건강 > 건강하게 생활하기 > 질병을 예방하는 방법을 알고 실천한다. • 신체운동 · 건강 > 신체활동 즐기기 > 신체를 인식하고 움직인다.		
활동목표	• 여름철 걸리기 쉬운 질병에 대해 안다. • 질병의 증상과 원인에 대해 안다. • 질병의 증상과 원인을 행동으로 표현해 본다.		
활동 자료	<그러면 안 돼> 음원, 배가 아픈 아이 그림 자료		
관련 놀이 상황	• 유아들이 같은 질병에 걸리는 친구들에 관심을 가진다.		
	활동 방법		
도입	1. 배가 아픈 아이에게 관심을 갖는다. T: (배가 아픈 아이 그림 자료를 보여 주며) 아야 아야! 이 아이는 어디가 아픈 거 같나요? 왜 배가 아플까요?		
전개	2. 노래 가사 속 질병의 증상과 원인에 대해 안다. T: 아이가 아프게 된 이유가 담긴 노래가 있대요. 다 같이 <그러면 안 돼> 노래를 들어 볼까요? 김성균 작사 · 작곡 		

전개	(율동을 하며, 노래를 들려준다.) 노래 속에서 무슨 이유 때문에 배가 아프다고 했나요? 배가 어떻게 아팠다고 했나요? 그럼 아이스크림을 어떻게 먹어야 할까요? 3. 노래 가사 속 질병의 증상과 원인을 행동으로 표현해 본다. T: 이번에는 노래를 같이 불러 볼까요? (율동을 하며, 노래를 들려준다.) 배가 아프도록 아이스크림 먹는 모습은 어떻게 율동을 했나요? 만약 다르게 표현한다면 어떻게 표현할 수 있을까요? 배가 아픈 것은 어떻게 율동을 했나요? 만약 다르게 표현한다면 어떻게 표현할 수 있을까요? 동생들한테 안 된다고 알려 주는 율동은 어떻게 했나요? 만약 다르게 표현한다면 어떻게 표현할 수 있을까요? 4. 여름철 질병의 증상과 원인을 즐겁게 신체로 표현한다. T: 노래를 부르며, 각자 원하는 율동을 하며 신체로 표현해 볼까요?
마무리	5. 활동을 평가한다. T: 오늘 활동 재미있었나요? 무슨 활동들을 했었나요?
유의사항	• (4~5세 유아) 여름철 다른 질병에 대해 알아보고, 증상과 원인에 맞게 가사를 바꾸어 볼 수 있다. • 노랫말을 이해할 수 있도록 그림이 있는 가사판을 준비하는 것이 좋다.

<table>
<tr><td>건강교육 항목</td><td>정신건강</td><td>활동 대상</td><td>영아</td></tr>
<tr><td>활동 명</td><td>사과 같은 내 얼굴</td><td>활동 유형</td><td>음악 ·
신체표현</td></tr>
<tr><td>놀이 주제</td><td colspan="3">나와 가족</td></tr>
<tr><td>소주제</td><td colspan="3">나는 소중해요.</td></tr>
<tr><td>제4차
표준보육과정
관련 요소</td><td colspan="3">• 사회관계 > 나를 알고 존중하기 > 나를 인식한다.
• 사회관계 > 나를 알고 존중하기 > 나와 다른 사람을 구별한다. (만 2세)
• 신체운동 > 감각과 신체 인식하기 > 신체를 탐색한다.
• 신체운동 > 감각과 신체 인식하기 > 신체를 인식하고 움직인다. (만 2세)</td></tr>
<tr><td>활동목표</td><td colspan="3">• 나의 소중함을 안다.
• 나의 신체 부위를 인식하고, 소중함을 안다.
• 나를 소중히 여기는 마음을 신체로 표현해 본다.</td></tr>
<tr><td>활동 자료</td><td colspan="3"><사과 같은 내 얼굴> 음원</td></tr>
<tr><td>관련 놀이 상황</td><td colspan="3">• 영아들이 거울에 비친 자신의 모습에 관심을 가진다.</td></tr>
<tr><td></td><td colspan="3">활동 방법</td></tr>
<tr><td>도입</td><td colspan="3">1. <사과 같은 내 얼굴> 노래를 듣고, 노래에 관심을 갖는다.
김방옥 작사
외국 곡

</td></tr>
<tr><td>전개</td><td colspan="3">2. 노래 속 사과의 의미에 대해 알아본다.
T: 노래 속 아이는 사과를 좋아해서 자기가 사과처럼 닮아 소중하대요.
노래 속 아이처럼 나를 사랑하는 마음으로 다시 불러 봐요.
(노래를 부르며 율동을 보여 준다.)

3. 나의 신체 부위를 인식하고, 소중함을 알아본다.
T: 노래 속에서 얼굴이 예쁘고 사랑스럽다고 했어요.</td></tr>
</table>

전개	여러분 얼굴도 예쁘고 사랑스럽나요? 그럼 '내 얼굴 예쁘기도 하구나'를 몸으로 표현해 봐요. 또 노래 속에서 눈/코/입이 반짝반짝 사랑스럽다고 했어요. 여러분 눈/코/입은 어디 있나요? 반짝 반짝 사랑스럽나요? 그럼 몸으로 '눈/코/입도 반짝' 표현해 봐요. 4. **몸으로 나의 소중함을 즐겁게 표현해 본다.** T: 다 같이 나를 예쁘고, 소중하게 생각하며, 노래 불러 봐요. 나를 두 팔로 안아 줄까요? 기분이 행복한가요?
마무리	5. **활동을 평가한다.** T: 오늘 활동 재미있었나요?
유의사항	• (2세 영아) 다른 신체 부위를 찾아 가사를 바꾸어 볼 수 있다. • 노랫말을 이해할 수 있도록 그림이 있는 가사판을 준비하는 것이 좋다.

건강교육 항목	정신건강	활동 대상	영아
활동 명	뽀뽀뽀	활동 유형	음악 · 신체표현
놀이 주제	나와 가족		
소주제	가족은 나를 사랑해요.		
제4차 표준보육과정 관련 요소	• 사회관계 > 더불어 생활하기 > 안정적인 애착을 형성한다. • 사회관계 > 더불어 생활하기 > 가족에게 관심을 가진다. (만 2세) • 신체운동 > 신체활동 즐기기 > 실내외 신체활동을 즐긴다.		
활동목표	• 가족이 나를 사랑함을 안다. • 사랑을 표현하는 방법에 대해 안다. • 사랑하는 감정을 몸으로 표현해 본다.		
활동 자료	<뽀뽀뽀> 음원, 가족 그림 자료(가족들이 아이를 안아 주고, 뽀뽀해 주고, 웃어 주는 그림)		
관련 놀이 상황	• 영아들이 가족사진을 보며 서로 이야기 나눈다.		
	활동 방법		
도입	**1. 가족이 아이를 사랑하는 모습에 관심을 가진다.** T: (가족 그림 자료를 보여 주며) 아이는 가족들한테 사랑을 받고 있네요. 어떻게 알 수 있을까요? 가족들이 안아 주고, 뽀뽀해 주고, 웃어 주면 기분이 어떤가요?		
전개	**2. <뽀뽀뽀> 노래를 들으며 사랑을 표현하는 방법에 관심을 가진다.** 이재휘 작사 · 작곡 		

	T: (노래를 하며 율동을 보여 준다.) 3. **노래 속 사랑표현 방법에 대해 안다.** T: 노래 속에서 가족들이 아이를 사랑하는 표현으로 무엇을 하였나요? 다 같이 율동을 하며, 노래를 불러 볼까요? 4. **사랑하는 감정을 즐겁게 신체표현해 본다.** T: 가족을 사랑하는 마음으로 율동하며 노래 불러 봐요. 노래를 부르니 기분이 행복한가요?
마무리	5. **활동을 평가한다.** T: 오늘 활동 재미있었나요?
유의사항	• (2세 영아) 사랑 표현하는 방법을 다양하게 신체로 표현해 본다. • 노랫말을 이해할 수 있도록 그림이 있는 가사판을 준비하는 것이 좋다.

<table>
<tr><td>건강교육 항목</td><td>정신건강</td><td>활동 대상</td><td>유아</td></tr>
<tr><td>활동 명</td><td>미소</td><td>활동 유형</td><td>음악 ·
신체표현</td></tr>
<tr><td>놀이 주제</td><td colspan="3">유치원과 친구</td></tr>
<tr><td>소주제</td><td colspan="3">감정을 조절해요.</td></tr>
<tr><td>2019 개정
누리과정
관련 요소</td><td colspan="3">• 사회관계 > 나를 알고 존중하기 > 나의 감정을 알고 상황에 맞게 표현한다.
• 사회관계 > 더불어 생활하기 > 친구와 서로 도우며 사이좋게 지낸다.
• 신체운동 · 건강 > 신체활동 즐기기 > 실내외 신체활동에 자발적으로 참여한다.</td></tr>
<tr><td>활동목표</td><td colspan="3">• 감정을 조절해야 하는 이유에 대해 안다.
• 감정을 조절하는 방법에 대해 안다.
• 신체표현을 통해 감정을 조절해 본다.</td></tr>
<tr><td>활동 자료</td><td colspan="3"><미소> 음원, 그림 자료(화난 아이, 웃는 아이)</td></tr>
<tr><td>관련 놀이 상황</td><td colspan="3">• 유아들이 다양한 감정과 표현 방법에 대해 관심을 가진다.</td></tr>
<tr><td></td><td colspan="3">활동 방법</td></tr>
<tr><td>도입</td><td colspan="3">1. 화난 아이, 웃는 아이에게 관심을 갖는다.
T: (그림 자료를 보여 주며) 어떤 친구와 함께 놀이하고 싶나요?
왜 그렇게 생각했나요?</td></tr>
<tr><td>전개</td><td colspan="3">2. 감정조절의 이유와 방법에 대해 생각해 본다.
T: 여러분도 화난 모습을 한 적이 있나요?
언제 화난 모습을 했었나요?
그때 선생님과 친구들은 기분이 어땠을까요?
계속 화난 모습을 하고 있었다면 어떤 일들이 생겼을까요?
그럼 이렇게 화난 모습이었다가 웃는 모습으로 마음을 바꾼 적도 있나요?
어떻게 화난 마음을 바꾸게 할 수 있었나요?
웃는 모습으로 바꾸었더니, 친구들과 선생님은 기분이 어땠을까요?
자기 스스로 기분은 어땠을까요?

3. 노래를 들으며, 감정조절을 표현해 본다.
T: 노래 속에서도 웃는 얼굴을 좋아한다고 해요.
노래 가사에 맞게 얼굴표정을 지어 보며, 어떤 표정일 때 기분이 좋은지 이야기해 봐요.
(노래를 들려주며 율동도 보여 준다.)</td></tr>
</table>

	강신욱 작사 이수인 작곡  노래를 부르며 화난 마음, 기쁜 마음을 표현해 봤는데, 어떤 마음을 표현하니까 기분이 좋았나요? 노래 속 '좋아요 좋아요 정말 좋아요'는 어떻게 몸으로 표현하면 좋을까요? 4. 감정조절과 관련하여 노래를 부르며 즐겁게 신체로 표현한다. T: 노래를 부르며, 각자 원하는 율동을 하며 신체로 표현해 볼까요?
마무리	5. 활동을 평가한다. T: 오늘 활동 재미있었나요? 무슨 활동들을 했었나요?
유의사항	• (4~5세 유아) 화난 감정, 기쁜 감정을 얼굴표정 말고도 다양하게 신체 표현해 보도록 할 수 있다. • 노랫말을 이해할 수 있도록 그림이 있는 가사판을 준비하는 것이 좋다.

건강교육 항목	정신건강	활동 대상	유아
활동 명	나는 나는 자라서	활동 유형	음악 · 신체표현
놀이 주제	나와 가족, 우리 동네		
소주제	나는 무엇이든 될 수 있어요.		
2019 개정 누리과정 관련 요소	• 사회관계 > 나를 알고 존중하기 > 나를 알고 소중히 여긴다. • 사회관계 > 사회에 관심 가지기 > 내가 살고 있는 곳에 대해 궁금한 것을 알아본다. • 신체운동 · 건강 > 신체활동 즐기기 > 실내외 신체활동에 자발적으로 참여한다.		
활동목표	• 내가 하고 싶은 일들에 대해 안다. • 무엇이든 할 수 있다는 자신감을 느끼고, 몸으로 표현해 본다.		
활동 자료	<나는 나는 자라서> 음원, 직업 그림 자료(선생님, 음악가, 군인)		
관련 놀이 상황	• 유아들이 직업에 대해 관심을 가지며, 이야기를 나눈다.		
	활동 방법		
도입	1. <나는 나는 자라서> 노래를 들으며 노래에 관심을 가진다. 황병훈 작사 최종진 작곡  		
전개	2. 노래 속 다양한 직업에 관심을 갖는다. T: (그림 자료를 보여 주며) 노래 속에서 어떤 직업들이 나왔나요? 이 일을 하려면 무엇을 잘해야 할까요? 3. 내가 하고 싶은 일에 대해 이야기 나눈다. T: 여러분은 어떤 일을 하고 싶나요? 그 일을 하려면 무엇을 잘해야 하나요?		

전개	4. 노래를 부르며, 자신감을 표현해 본다. T: 나는 할 수 있다는 자신감을 가지고 노래를 불러 볼까요? (노래를 들려주며, 율동도 보여 준다.) 마지막에 '될 테야' 부분은 어떻게 몸으로 표현했나요? 자신감이 표현되도록 하려면 어떻게 몸으로 표현하면 좋을까요? 5. 하고 싶은 일을 생각하며, 자신감을 가지고 즐겁게 신체로 표현한다. T: 노래를 부르며, 각자 원하는 율동을 하며 신체로 표현해 볼까요?
마무리	6. 활동을 평가한다. T: 오늘 활동 재미있었나요? 무슨 활동들을 했었나요?
유의사항	• (4~5세 유아) 부모님의 직업에 대해 이야기를 나누어 다양한 직업에 대해 알아볼 수 있다. • 노랫말을 이해할 수 있도록 그림이 있는 가사판을 준비하는 것이 좋다.

<table>
<tr><td>건강교육 항목</td><td>안전한 생활습관</td><td>활동 대상</td><td>영아</td></tr>
<tr><td>활동 명</td><td>잉잉잉</td><td>활동 유형</td><td>음악 · 신체표현</td></tr>
<tr><td>놀이 주제</td><td colspan="3">생활도구</td></tr>
<tr><td>소주제</td><td colspan="3">뾰족한 것은 위험해요.</td></tr>
<tr><td>제4차 표준보육과정 관련 요소</td><td colspan="3">• 기본생활 > 안전하게 생활하기 > 안전한 상황에서 놀이하고 생활한다.
• 기본생활 > 안전하게 생활하기 > 일상에서 안전하게 놀이하고 생활한다. (만 2세)
• 신체운동 > 신체활동 즐기기 > 대소근육을 조절한다.</td></tr>
<tr><td>활동목표</td><td colspan="3">• 주변에 뾰족하여 위험한 것이 무엇이 있는지 안다.
• 위험한 것에 대처하는 행동을 신체로 표현해 본다.</td></tr>
<tr><td>활동 자료</td><td colspan="3"><잉잉잉> 음원, 그림 자료(책상 모서리, 가구 모서리, 나뭇가지 등)</td></tr>
<tr><td>관련 놀이 상황</td><td colspan="3">• 영아들이 위험한 물건에 대해 관심을 가진다.</td></tr>
<tr><td></td><td colspan="3">활동 방법</td></tr>
<tr><td>도입</td><td colspan="3">1. <잉잉잉> 노래를 듣고 노래에 관심을 갖는다.
김성균 작사 · 작곡

</td></tr>
</table>

전개	2. 노래 속 사과가 다친 이유에 대해 알아본다. T: 노래 속 사과는 무엇 때문에 다쳤나요? 고추가 어떤 모양이길래 사과가 다쳤나요? 다시 노래를 들으며 이유를 알아볼까요? (노래를 부르며 율동을 보여 준다.) 고추의 어떤 모습 때문에 사과가 다쳤다고 했나요? 뾰족한 것은 사과뿐만 아니라 우리도 다치게 할 수 있대요. 3. 주변에 뾰족한 물건들의 위험성을 알아본다. T: (그림 자료를 보여 주며) 무엇인가요? 여기서 뾰족한 부분은 어디일까요? 이 부분에 쿵 부딪히면 어떻게 될까요? 노래 속 '아야아야 따가워서 잉잉잉'처럼 몸을 표현해 볼까요? 그럼 뾰족한 물건들이 있으면 조심해서 지나치는 것이 좋겠네요. 4. 뾰족한 것의 위험성을 신체로 표현해 본다. T: 다 같이 뾰족한 물건들을 떠올리며 신체로 표현하고, 노래 불러 봐요.
마무리	5. 활동을 평가한다. T: 오늘 활동 재미있었나요?
유의사항	• (2세 영아) 다른 뾰족한 물건을 찾아 가사를 바꾸어 볼 수 있다. • 노랫말을 이해할 수 있도록 그림이 있는 가사판을 준비하는 것이 좋다.

<table>
<tr><td>건강교육 항목</td><td>안전한 생활습관</td><td>활동 대상</td><td>영아</td></tr>
<tr><td>활동 명</td><td>꼭꼭 약속해</td><td>활동 유형</td><td>음악 ·
신체표현</td></tr>
<tr><td>놀이 주제</td><td colspan="3">환경과 생활</td></tr>
<tr><td>소주제</td><td colspan="3">위험한 곳에는 가지 않아요.</td></tr>
<tr><td>제4차
표준보육과정
관련 요소</td><td colspan="3">• 기본생활 > 안전하게 생활하기 > 안전한 상황에서 놀이하고 생활한다.
• 기본생활 > 안전하게 생활하기 > 일상에서 안전하게 놀이하고 생활한다. (만 2세)
• 신체운동 > 신체활동 즐기기 > 실내외 신체활동을 즐긴다.</td></tr>
<tr><td>활동목표</td><td colspan="3">• 주변에 위험한 곳이 어디인지 안다.
• 위험한 곳에 가지 않도록 약속하는 행동을 신체로 표현해 본다.</td></tr>
<tr><td>활동 자료</td><td colspan="3"><꼭꼭 약속해> 음원(개사한 악보), 그림 자료(창문 근처, 높은 곳, 선풍기 근처, 문틈)</td></tr>
<tr><td>관련 놀이 상황</td><td colspan="3">• 영아들이 위험한 장소에 대해 관심을 가진다.</td></tr>
<tr><td></td><td colspan="3">활동 방법</td></tr>
<tr><td>도입</td><td colspan="3">1. <꼭꼭 약속해> 노래를 듣고 노래에 관심을 갖는다.

작사·작곡 미상

개사) 1. 창문 근처나 높은 곳에서 놀이하면 위험해
새끼손가락 고리걸~어 꼭 꼭 약속해
2. 선풍기 근처나 문틈에서 놀이하면 위험해
새끼손가락 고리걸~어 꼭 꼭 약속해</td></tr>
<tr><td>전개</td><td colspan="3">2. 노래 속 위험한 곳에 대해 알아본다.
T: 노래 속에 위험한 곳이 나왔어요.
어디어디인지 다시 노래를 들으며 알아볼까요?
(노래를 부르며 율동을 보여 준다.)</td></tr>
</table>

전개	어디어디가 위험하다고 했나요? (그림 자료를 보여 주며) 여기는 왜 위험할까요? 여기에서 놀이하면 아래로 쿵 떨어져 다칠 수 있대요/빠르게 돌아가는 날개에 부딪혀 다칠 수 있대요/문틈에 손이나 발이 껴서 다칠 수 있대요. 위험한 곳 근처에서 놀지 않기로 꼭꼭 약속해요. **3. 위험한 장소의 특징과 위험한 장소에서 놀지 않기로 약속하는 행동을 신체로 표현해 본다.** T: 다 같이 노래 내용을 몸으로 표현하며, 노래 불러 봐요.
마무리	**4. 활동을 평가한다.** T: 오늘 활동 재미있었나요?
유의사항	• (2세 영아) 다른 위험한 장소를 찾아 가사를 바꾸어 볼 수 있다. • 노랫말을 이해할 수 있도록 그림이 있는 가사판을 준비하는 것이 좋다.

<table>
<tr><td>건강교육 항목</td><td>안전한 생활습관</td><td>활동 대상</td><td>유아</td></tr>
<tr><td>활동 명</td><td>자전거</td><td>활동 유형</td><td>음악 ·
신체표현</td></tr>
<tr><td>놀이 주제</td><td colspan="3">교통기관</td></tr>
<tr><td>소주제</td><td colspan="3">자전거를 안전하게 피해 가요.</td></tr>
<tr><td>2019 개정
누리과정
관련 요소</td><td colspan="3">• 신체운동 · 건강 > 안전하게 생활하기 > 교통안전 규칙을 지킨다.
• 신체운동 · 건강 > 신체활동 즐기기 > 기초적인 이동 운동, 제자리 운동, 도구를 이용한 운동을 한다.</td></tr>
<tr><td>활동목표</td><td colspan="3">• 자전거의 위험성을 안다.
• 자전거를 안전하게 피해 가는 방법을 안다.
• 자전거를 안전하게 피해 가는 방법을 신체로 표현해 본다.</td></tr>
<tr><td>활동 자료</td><td colspan="3"><자전거> 음원, 그림 자료(자전거와 아이가 부딪히기 직전의 그림)</td></tr>
<tr><td>관련 놀이 상황</td><td colspan="3">• 유아들이 자전거와 관련된 위험한 경험을 이야기 나눈다.</td></tr>
<tr><td></td><td colspan="3">활동 방법</td></tr>
<tr><td>도입</td><td colspan="3">1. 자전거와 부딪히기 직전의 그림을 보며, 자전거의 위험에 관심을 가진다.
T: (그림 자료를 보여 주며) 그림 속에서 무슨 일이 있나요?
무엇 때문에 위험한 상황일까요?</td></tr>
<tr><td>전개</td><td colspan="3">2. 관련 경험을 이야기 나눈다.
T: 그림과 비슷한 경험을 한 적이 있나요?
그 상황에서 어떻게 행동했나요?

3. <자전거> 노래를 들으며, 자전거를 피하는 방법에 대해 안다.

목일신 작사
김대현 작곡

</td></tr>
</table>

<table>
<tr>
<td>전개</td>
<td>

T: (노래를 부르며 율동을 보여 준다.)
'자전거가 나갑니다 따르르릉' 은 어떻게 몸으로 표현했나요?
자전거를 탄 사람은 앞에 지나가는 사람에게 어떻게 알려 주면 좋을까요?
'어물어물 하다가는 큰일 납니다' 는 어떻게 몸으로 표현했나요?
자전거를 안전하게 피하는 방법은 무엇일까요?
어떻게 몸으로 표현하면 좋을까요?

4. 역할을 나누어 자전거를 안전하게 피하는 방법을 몸으로 표현해 본다.
T: 자전거를 탄 사람과 지나가는 사람 역할을 맡아 서로 안전하게 행동하는 것을 표현해 볼까요?

5. 노래를 부르며, 자전거의 위험성과 자전거를 안전하게 피하는 방법을 신체로 표현해 본다.
T: 노래를 부르며 각자 원하는 율동을 하며 신체로 표현해 볼까요?
</td>
</tr>
<tr>
<td>마무리</td>
<td>6. 활동을 평가한다.
T: 오늘 활동 재미있었나요?
무슨 활동들을 했었나요?</td>
</tr>
<tr>
<td>유의사항</td>
<td>• (4~5세 유아) 안전한 행동에 대한 율동을 새롭게 바꾸어 볼 수 있다.
• 노랫말을 이해할 수 있도록 그림이 있는 가사판을 준비하는 것이 좋다.</td>
</tr>
</table>

건강교육 항목	안전한 생활습관	활동 대상	유아
활동 명	동대문 놀이	활동 유형	음악 · 신체표현
놀이 주제	교통기관		
소주제	교통안전 규칙을 지켜요.		
2019 개정 누리과정 관련 요소	• 신체운동 · 건강 > 안전하게 생활하기 > 교통안전 규칙을 지킨다. • 신체운동 · 건강 > 신체활동 즐기기 > 신체 움직임을 조절한다.		
활동목표	• 교통안전 규칙을 안다. • 교통안전 규칙을 지켜 신체놀이를 해 본다.		
활동 자료	<동대문 놀이> 음원, 아이가 횡단보도를 건너려는 그림 자료, 신호등 그림 자료		
관련 놀이 상황	• 유아들이 황단보도를 건넌 경험에 대해 이야기 나눈다.		
	활동 방법		
도입	1. **횡단보도와 신호등 그림을 보며, 교통안전 규칙에 대해 관심을 가진다.** T: (그림 자료를 보여 주며) 그림 속에서 아이가 무엇을 하려고 하나요? 횡단보도를 언제 건너야 할까요?		
전개	2. **<동대문 놀이> 노래를 들으며 노래에 관심을 가진다.** 윤석중 작사 윤극영 작곡  T: ('열어라' 다음에 신호등 그림 자료를 보여 주며), 빨간 불인 경우 건너갈 수 있을까요? 초록 불로 바뀌었네요. 그럼 건너갈 수 있을까요? (그다음 부분 노래를 들려준다.) 3. **신호등 규칙을 지키며 노래를 불러 본다.** T: 선생님이 노래 중간에 신호등을 보여 주면, 건너갈 수 있으면 계속 노래를 부르고, 건너갈 수 없으면 노래를 멈춰서 기다리기로 해요.		

전개	4. 신호등 규칙을 지키며 몸으로 표현해 본다. T: 이번에는 친구들과 함께 기차를 만들고 2명은 문이 되어 줄까요? 선생님은 앞에서 신호등이 되어 신호를 알려 줄게요. 빨간 불이면, 기차는 문을 건너갈 수 있을까요? 그럼 어떻게 해야 할까요? 초록 불이면, 기차는 건너갈 수 있을까요? 그럼 다 같이 몸으로 표현해 봐요. 역할을 바꾸어서 한 번 더 해 볼까요?
마무리	5. 활동을 평가한다. T: 오늘 활동 재미있었나요? 무슨 활동들을 했었나요?
유의사항	• (4~5세 유아) 신호등 역할도 유아가 해 보도록 할 수 있다. • 노랫말을 이해할 수 있도록 그림이 있는 가사판을 준비하는 것이 좋다.

참고문헌

교육과학기술부, 보건복지부 (2013). 3~5세 연령별 누리과정 해설서. 서울: 교육과학기술부, 보건복지부.

교육부(2019). 교육부 고시 제2019-189호 유치원 교육과정. 세종: 교육부.

권경숙, 박지영 (2010). 어린이집 영아 안전사고에 대한 원장과 교사의 경험 및 영아 안전교육. 유아교육 · 보육복지연구, 14(4), 7-31.

김경철, 홍정선 (2008). 뇌 발달 연구모임을 통해 나타난 영아반 교사들의 역할 수행 변화. 교원교육, 24(2), 91-119.

김영훈 (2012). 아이의 공부두뇌. 서울: 베가북스.

김현주, 김은영, 황인주, 이승미 (2008). 자녀양육 역량 강화를 위한 부모교육 프로그램 영역별 활동집 개발을 위한 요구도 조사. 육아지원연구, 3(2), 177-192.

도모다 아케미 (2016). 아동학대와 상처받은 뇌. 서울: 군자출판사.

류미향 (2014). 영아의 스마트폰 사용실태 및 어머니 인식: 어머니의 양육효능감, 양육스트레스와의 관련성 탐구. 한국영유아보육학, 86, 307-329.

미국국립소아건강 및 인간개발연구소 (2017). Nurses: A continuing education opportunity for you. Retrieved from www.nichd.nih.gov/SIDS/Pages/sids.aspx.

미래창조과학부, 한국인터넷진흥원 (2016). 2016년 인터넷 이용실태조사. 미래창조과학부, 한국인터넷진흥원.

박지윤, 방경숙 (2013). 미숙아 발달 및 양육에 대한 어머니의 지식과 요구도. 부모자녀건강학회지, 16(1), 17-26.

보건복지부 (2013). 제3차 어린이집 표준보육과정 해설서. 세종: 보건복지부.

보건복지부 (2014a). 한국 영유아 발달 선별검사 도구(K-DST). 세종: 보건복지부.

보건복지부 (2014b). 한국 영유아 검진도구 독자 개발, 알기 쉬운 검진결과 통보서 마련. 2014. 5. 29. 보건복지부 보도자료.

보건복지부, 한국보육진흥원 (2017). 어린이집 평가인증 안내. 세종: 보건복지부.

보건복지부 (2020). 보건복지부 고시 제2020-75호 제4차 어린이집 표준보육과정. 세종: 보건복지부.

서현미, 전미양, 최나영 (2009). 학령전기 아동 부모의 아동건강지식 정도, 건강습관 지도 이행도 수준 및 건강교육 요구도 조사. 한국보건간호학회지, 23(2), 207-218.

수도권 대기환경청 (2013). 제2차 수도권 대기환경관리 기본계획 수립.

양수영 (2012). 뇌 기반 연구에 기초한 유아교육의 방향 탐색. 한국교육문제연구, 30(2), 87-113.

양수영 (2013). 2세 영아를 위한 뇌 기반 과학탐구 프로그램 개발. 한국영유아보육학, 82, 21-43.

양수영 (2014). 유아교사의 문제행동지도 자신감에 영향을 미치는 문제행동 관리능력. 열린유아교육연구, 19(2), 295-314.

양수영 (2016). 뇌 과학과 교육학 분야 간 융합연구를 통한 예비교사교육의 뇌 기반 교수-학습 전략 개발. 유아교육학논집, 20(3), 61-88.

양수영 (2017). 뇌 과학에 근거한 영유아 소프트웨어 교육 방향. 어린이미디어연구, 17(1), 61-83.

양수영 (2017). 영아 대상 뇌 기반 안전교육 방안 개발 및 효과. 유아교육학논집, 21(5), 197-218.

이순형, 이성옥, 민하영, 이영미, 한유진, 장영은, 최나야, 김지현, 김진경, 정현심 (2013). 영유아 건강교육(2판). 서울: 학지사.

이은정 (2009). 만 3세 유아-교사의 애착안정성과 사회적 기술 및 문제행동과의 관계. 배제대학교 대학원 석사학위논문.

이재윤 (2018. 05. 30.). 유아 TV, 스마트폰 사용실태 조사 결과. 연합뉴스.

장나리 (2019). 미세먼지에 대한 초등학생들의 지식, 인식, 태도 조사. 서울교육대학교 교육전문대학원 석사학위논문.

장혜진, 이정림, 윤은주, 김해인 (2013). 영유아 행복을 위한 부모역량 제고 방안 연구. 서울: 육아정책연구소.

조형숙, 유은영 (2011). 멀티미디어를 활용한 유아건강교육 프로그램이 유아의 건강소양에 미치는 영향. 유아교육학논집, 15(5), 599-624.

하새봄 (2014). 유아건강교육에 대한 어린이집 교사의 개념도 분석. 신라대학교 교육대학원 석사학위논문.

한국보육진흥원 (2020). 2020 어린이집 평가 매뉴얼(어린이집용). 서울: 한국보육진흥원.

환경부 (2009). 산모 · 영유아의 환경노출에 의한 건강영향조사. 세종: 환경부.

환경부 (2013). 제2차 수도권 대기환경관리 기본계획.

Aamodt, S. & Wang, S. (2012). *Welcome to your child's brain: How the mind grow from birth to university*. London, UK: Oneworld Publications.

American Association on Mental Retardation (AAMR) (2002). Mental retardation: Definition, classification, and systems of support. Washington, DC: Author.

Annie, M. P. (2010). *Origins: How the Nine Months Before Birth Shape the Rest of Our Lives*. NY: Free Press.

Arthur, J. (2013). *Citizens of character: New directions in character and values education*. UK: Andrews UK Limited.

Barbara, K., & Rasminsky, J. S. (2003). *Challenging behavior in young children*. Boston, MA: Pearson Education, Inc.

Barbara, S. & Jane, L. (2002). *Environmental health and nursing practice*. New York, NY: Springer Publishing Company.

Barker, D. (2013). Developmental biology: Support mothers to secure future public health. *Nature, 504*, 209–211.

Blackmore, C. & Mitchell, D. E. (1973). Environmental modification of the visual cortex and the neural basis of learning and memory. *Nature, 241*(5390), 467-468.

Bumin, G. & Kayihan, H. (2001). Effectiveness of two different sensory-integration programmes for children with spastic diplegic cerebral palsy. *Disability and Rehabilitation, 23*(9), 394-399.

Carducci, B. J. (2009). *The Psychology of Personality: Viewpoints, Research, and Applications*. NJ: Wiley-Blackwell.

Commodari, E. (2013). Preschool teacher attachment and attention skills. *Springerplus, 2*(673), 1-12.

Coue, E. (2017). *Self Mastery Through Conscious Autosuggestion*. UK: John Wiley & Sons Ltd.

Gabbard, C. (2008). *Lifelong motor development*. CA: Pearson Benamin Cummings.

Gallahue, D. L. & Ozmun, J. C. (2002). *Understanding motor development*. NY: McGraw-Hill Companies Inc.

Gazzaniga, M. S., Ivry, R. B., & Mangun, G. R. (2009). *Cognitive neuroscience: The biology of the mind*. New York, NY: W. W. Norton & Co.

Gonzalez-Mena, J. (2002). *The child in the family and the community*. NJ: Merrill Prentice-Hall.

Gretchen, A. G. & Melissa, L. H. (2007). 유아기 정서 및 행동장애. 서울: 시그마프레스.

Helland, I. B., Smith, L., Saarem, K., Saugstad, O. D., & Drevon, C. A. (2003). Maternal supplementation with very-long-chain n-3 fatty acids during pregnancy and lactation augments children's IQ at 4 years of age. *Pediatrics, 111*(1), 39-44.

High Doses of Niacin Changed Psychiatry (2016). *Abram Hoffer* (MD) Collection. NY: Books on Demand.

Hupp, S. & Jewell, J. (2015). *Great myths of child development*. UK: John Wiley & Sons, Inc.

Kaiser, B. & Rasminsky, J. (2003). *Challenging behavior: Understanding, preventing, and responding effectively*. MA: Pearson Education.

Lisabeth, F. D. & Mullineaus, P. Y. (2008). The effect of classroom environment on problem behaviors: A twin study. *Journal of School Psychology, 46*(2), 107-128.

MacLaughlin, S., Gillespie, L., & Parlakian, R. (2017). Using pediatric visits to support children and families: Ten positive outcomes from healthy steps. *Zero to Three, 37*(4), 46-52.

Malle, B. F. & Moses, L. J. (2003). *Intentions and Intentionality: Foundations of Social Cognition*. Cambridge, MA: MIT Press.

Maloney, S., Storr, M., Paynter, S., Morgan, P., & Ilic, D. (2013). Investigating the efficacy of practical skill teaching: A pilot-study comparing three educational methods. *Advances in Health Sciences Education, 18*(1), 71-80.

Mora, J. R., Iwata, M., & von Andrian, U. H. (2008). Vitamin effects on the immune system: vitamins A and D take centre stage. *Nature Reviews Immunology*, *8*(9), 685-698.

Nagin, D. S. & Tremblay, R. E. (2001). Parental and early childhood predictors of persistent physical aggression in boys from kindergarten to hign school. *Archives of General Psychiatry, 58*, 389-394.

OECD (2012). *Starting strong* III. Paris: OECD.

OECD (2015). Health statistics 2015. Retrieved from http://www.oecd.org/els/health-systems/health-data.htm.

O'Sullivan, S. B. & Schmitz, T. J. (2001). *Physical rehabilitation: Assessment and treatment*. Philadelphia: F.A. Davis.

Payne, V. G. & Isaacs, L. D. (2005). *Human motor development. A lifespan approach*. Boston: McGraw-Hill.

Purcell, T. (1994). *Teaching children dance: Becoming a master teacher*. Champaign, IL: Human Kinetics.

Quinn, M. M., Osher, D., Warger, C. L., Hanley, T. V., Bader, B. D., & Hoffamn, C. C. (2000). *Teaching and working with children who have emotional and behavioral challenges*. Longmont, CO: Sopris West.

Rucklidge, J. J., Frampton, C. M., Gorman, B., & Boggis, A. (2014). Vitamin-mineral treatment of attention-deficit hyperactivity disorder in adults: double-blind randomised placebo-controlled trial. *The British Journal of Psychiatry, 204*, 306-315.

Russ, R. (2011). *Genie: A Scientific Tragedy*. NY: Harper Perennial.

Sears, M. R., Taylor, D. R., & Poulton, R. (2003). Breastfeeding and asthma: appraising the controversy a rebuttal. *Pediatric Pulmonology*, *36*, 366-368.

Shaw, D. S., Gilliom, M., Ingoldsby, E. M., & Nagin, D. S. (2003). Trajectories leading to school-age conduct problems. *Developmental Psychology, 39*(2), 189-200.

Shonkoff, J. P. & Marshall, S. J. (2000). *Handbook of early childhood intervention*. New York, NY: Cambridge University Press.

Singer, R. N. (1972). *The psychomotor domain movement behaviors*. Philadelphia: Lea & Febiger.

Tunbull, R., Tunmull A., Shank, M., & Smith, S. J. (2004). *Exceptional lives: Special education in todays' schools*. NJ: Merrill/Prentice-Hall.

Turecki, S. & Tonner, L. (2000). *The difficult child: Expanded and revised edition*. UK: Bantam Books.

UNESCO (2008). Education for All by 2015: will we make it? UK: Oxford University Press.

Valenti, C. A. (2006). Infant vision guidance: Fundamental vision development in infancy. *Psychology*, *37*(3), 147-155.

Waller, T. (2007). The trampoline tree and the swamp monster with 18heads: Outdoor play in the foundation stage and foundation phase. *Education*, *35*(4), 3-13.

Waters, E. (1987). Attachment Q-set (Version 3). Retrieved from http://www.johnbowlby.com.

Williams, H. G. (1983). Assessment of gross motor functioning. In Paget, K. D. & Bracken, B. A. (Eds.), *The psychoeducational assessment of preschoolchildren*. NY: Grune & Stratton.

국가건강정보포털 (2010). health.cdc.go.kr

동아대병원 홈페이지 (www.damc.or.kr)

실종아동전문기관 홈페이지 (http://www.missingchild.or.kr)

중앙아동보호전문기관 홈페이지 (www.korea1391.go.kr)

중앙일보 (2017. 07. 07.). http://news.joins.com/article/21736973.

찾아보기

인명

내용

저자 소개

양수영(Suyoung Yang)

중앙대학교 유아교육과 학사
중앙대학교 대학원 유아교육과 석사
중앙대학교 대학원 유아교육과 박사
서울시 유치원 평가 현장평가위원
한국연구재단 연구사업 연구책임자(2014~2019)

현 한양여자대학교 유아교육과 교수
서울시 서초구 보육정책위원

<주요 논문>

양수영(2020). 「2019 개정 누리과정」에 대한 유아교사의 이해도. 학습자중심교과교육연구, 20(17), 425-448.

양수영(2020). 뇌 과학에 기초한 부모의 강압적 훈육행동 예측변인. 한국유아교육연구, 21(4), 45-66.

양수영(2019). 예비교사 대상 뇌 기반 영유아 건강교육 프로그램의 종단효과. 유아교육학논집, 23(5), 5-27.

양수영(2019). 부모의 유아발달, 양육지식 및 강압적 훈육에 대한 인식. 학습자중심교과교육연구, 19(3), 123-143.

양수영(2018). 뇌 과학에 근거한 영유아 소프트웨어 교육 방향. 어린이미디어연구, 17(1), 61-83.

양수영(2017). 영아 대상 뇌 기반 안전교육 방안 개발 및 효과. 유아교육학논집, 21(5), 197-218.

양수영(2016). 뇌 과학과 교육학 분야 간 융합연구를 통한 예비교사교육의 뇌 기반 교수-학습 전략 개발. 유아교육학논집, 20(3), 61-88.

양수영(2016). 뇌 과학 연구 결과에 기초한 예비교사교육의 교수-학습 전략 적용 및 효과에 대한 메타분석. 유아교육연구, 36(3), 24-49.

양수영(2014). 뇌 기반 창의 동작활동 중심의 동작교육이 예비유아교사의 동작교수효능감에 미치는 영향 및 경험의 의미. 유아교육학논집, 18(1), 171-197.

양수영(2013). 예비유아교사 대상 과학교육 태도 증진을 위한 뇌 기반 수업모형 개발 및 메타 분석. 유아교육연구, 33(6), 39-63.

그 외 뇌 기반 교육 관련 단독연구 다수

효과적인 예비교사교육을 위한 뇌 기반

영유아 건강교육(2판)

-「2019 개정 누리과정」,「제4차 표준보육과정」 반영-

Health Education for Young Children (2nd ed.)

2018년 8월 20일 1판 1쇄 발행
2021년 2월 25일 2판 1쇄 발행

지은이 • 양수영
펴낸이 • 김진환
펴낸곳 • (주) 학지사
04031 서울특별시 마포구 양화로 15길 20 마인드월드빌딩
대표전화 • 02)330-5114 팩스 • 02)324-2345
등록번호 • 제313-2006-000265호

홈페이지 • http://www.hakjisa.co.kr
페이스북 • https://www.facebook.com/hakjisa

ISBN 978-89-997-2311-7 93370

정가 23,000원